藝術文獻集成

玉臺書史 玉臺畫史

〔清〕厲鶚
〔清〕湯漱玉
〔清〕汪遠孫

浙江人民美術出版社

圖書在版編目(CIP)數據

玉臺書史/(清)厲鶚輯;劉幼生點校.玉臺畫史/(清)湯漱玉,(清)汪遠孫輯;劉幼生點校.—杭州:浙江人民美術出版社,2019.12 (2025.4重印)
(藝術文獻集成)
ISBN 978-7-5340-7485-1

Ⅰ.①玉… ②玉… Ⅱ.①厲… ②湯… ③汪… ④劉… Ⅲ.①女性-書畫家-列傳-中國-古代 Ⅳ.①K825.72

中國版本圖書館CIP數據核字(2019)第152778號

玉臺書史　玉臺畫史
〔清〕厲鶚 輯　〔清〕湯漱玉〔清〕汪遠孫 輯
劉幼生 點校　劉幼生 點校

責任編輯　霍西勝　張金輝　羅仕通
責任校對　余雅汝　於國娟
裝幀設計　劉昌鳳
責任印製　陳柏榮

出版發行　浙江人民美術出版社
（浙江省杭州市體育場路347號）
網　　址　http://mss.zjcb.com
經　　銷　全國各地新華書店
製　　版　浙江時代出版服務有限公司
印　　刷　三河市嘉科萬達彩色印刷有限公司
版　　次　2019年12月第1版
印　　次　2025年4月第3次印刷
開　　本　880mm×1230mm　1/32
印　　張　13.75
字　　數　200千字
書　　號　ISBN 978-7-5340-7485-1
定　　價　79.80圓

前言

一

《玉臺書史》不分卷，或曰一卷，清厲鶚輯。是中國歷史上第一部專門收録女性書家的匯編體書史著作。

「玉臺」一詞，有多種釋義。最早是作爲臺觀名稱來使用。以後，玉臺成爲「玉鏡臺」即玉製鏡臺的省稱，與女性發生瓜葛。此外，玉臺還可以代指聘禮，又可代指硯臺。晉陸機《塘上行》「發藻玉臺下，垂影滄浪淵」句下注云：「玉臺以喻婦人之貞。」南朝陳徐陵編纂《玉臺新詠》，專爲陳後主陳叔寶的寵妃張麗華而編〔一〕，「撰録艷歌，凡爲十卷」〔二〕。該書收録自漢至南朝梁的近八百首詩歌作品，選録標準主要爲有關男女閨情之作。以致後世有玉臺體之稱，專指艷歌，即風格纖巧綺艷、内容有關男女情愛的詩歌作品。然而，關於玉臺體的定義，後來不免産生分歧，或將玉臺體視同女性作品，玉臺也成了女性的代稱。《四庫全書簡明目録》卷十九《玉臺新詠》的提要説：「或以爲選録女子之詩，則尤未睹而臆説矣。」《四庫全書總目提要》卷一百九十七《然脂集例》的提要也説：王士禄「嘗欲輯古今閨閣之文爲一書，取徐陵《玉臺新詠序》『然脂暝寫』之語爲名。然陵所選乃艷歌，非女子詩，士禄蓋誤引也。」厲鶚在輯録《玉臺書史》時，正是犯了這樣的錯誤，將「玉臺」作爲女性的代稱以命名其書。其後的湯漱玉蹈跡循轍，亦將「玉臺」作爲女性代稱來命名《玉臺畫史》。還有清代徐範，曾將歷代女性書法作品輯編成《玉臺名翰》，命意與《玉臺書史》及《玉臺畫史》完全相同。不過，明江元禧曾編有《玉臺文苑》八卷，輯録歷代女性文賦；明汪砢玉所輯《珊瑚網》卷十八有《玉臺翰墨餘芳》，收録能書女性若干人。其以「玉臺」爲女性之代稱，又在厲氏等人之前。

厲鶚（一六九二—一七五二），字太鴻，又字雄飛，號樊榭，晚號南湖花隱，錢塘

（今浙江杭州）人。他家境清貧，刻苦讀書，康熙五十九年（一七二〇）中舉，曾兩試進士不第。乾隆元年（一七三六），又應博學鴻詞科，未中。從此絶意仕進，專心著述。生平成就，以詩詞爲最著。其詩文輯爲《樊榭山房集》，另有《宋詩紀事》《遼史拾遺》《東城雜記》《湖船録》《南宋院畫録》《玉臺書史》等著作。

《玉臺書史》不分卷，共列七門：宫闈、女仙、名媛、姬侍、名妓、靈異、雜録。另有女尼一人，附見女仙。宫闈自漢至明，共收五十人。女仙自晉至唐，共收七人，附元女尼一人。名媛自先秦至清，共收一百零五人。姬侍自五代至清〔三〕，共收十二人。名妓自唐至明，共收三十三人。靈異收宋二人。雜録自宋至明，共收三人。以上合計，共收先秦至清女性書家二百一十三人。每位女性書家的傳記資料均從歷代典籍或書畫題跋引録，所引書名以小字附於傳後，偶標注撰者名氏。個别條目加有注文或按語。《玉臺書史》曾有續作，如清代徐道貞有《續玉臺書史》四卷，現存鈔本。

《玉臺畫史》五卷，又《别録》一卷，是中國歷史上第一部專門收録女性畫家的匯編體畫史著作。成書晚於《玉臺書史》。

關於《玉臺畫史》的作者，各種版本大都著録爲湯漱玉，亦有將《别録》一卷署爲汪遠孫者。根據《玉臺畫史》的内容及相關記載，將此書署爲湯漱玉與汪遠孫合作輯録比較合乎事實，説詳見下。

湯漱玉，字德媛，浙江錢塘人。生年不詳，約卒於道光十四年（一八三四）〔四〕。湯漱玉「生託名門，幼耽翰墨」〔五〕。據説其「好讀書，知詩文，能畫梅蘭以寄興，罕爲外人作」〔六〕。《清代閨閣詩人徵略》則云其「性愛六法，於古今宫閨善畫者，俱能鑒别精審」〔七〕。她在出嫁前，就開始仿照厲鶚《玉臺書史》的體例，輯編《玉臺畫史》一書。但是「粗具端倪，未窮蒐輯」。她的身體不好，患有瘵病〔八〕。胡敬曾説她是「香桃瘦削，已染沈痾」〔九〕，出嫁後不久病逝。關於湯漱玉的繪畫作品，目前尚無發現。僅有一幅《寒閨病趣圖》，見於項廷紀、黄士珣、吴衡照等七八人題詠，或曰《題湯德媛漱玉寒閨病趣圖》，或曰《題湯德媛女士寒閨病趣圖》，或曰《爲汪小米題其室湯德媛女史寒閨病趣圖》。然汪遠孫《借閒生詩》卷一《歲暮雜詩》四首之三云：「獸炭頻添向藥爐，薰香問損肺還無。何人點筆能工畫，倩寫《寒閨病趣圖》。」其下小字注曰：「時婦方病。」《借閒生詞》中《瑣窗寒》一闋，詞下注云：「余曾繪《寒閨病趣圖》。」結合來看，此圖應爲汪遠孫所繪，畫面表現的是湯漱玉在冬季臥病的情景。或者湯漱玉亦曾繪有相同題材的畫作，則未可知也。

汪遠孫（一七九四—一八三六），字久也，號小米，又號借閒漫士、借閒生，祖籍安徽黟縣，其十世祖遷居錢塘，遂爲錢塘人。嘉慶二十一年（一八一六）舉人，官内閣中書。兩年後因父病歸鄉，從此絶意仕進，以著述爲業。著作有《經典釋文補條例》《漢書地理志校本》《國語發正》《三家詩考證》《借閒隨筆》《借閒生詩詞》等，又輯録東軒吟社同人作品爲《清尊集》。特别需要提到的是，汪氏爲當時著名的藏書世家。自其曾祖汪憲開始，經歷其祖父汪璐、父親汪諴到汪遠孫，四世藏書刻書不輟，汪氏振綺堂亦成爲當時著名的藏書樓。據汪諴所編《振綺堂書目》載，振綺堂藏書達三千三百餘種、六萬五千餘卷。

湯漱玉出嫁前開始輯録《玉臺畫史》，到其嫁給汪遠孫時，該書「粗具端倪，未窮蒐輯」，雖已行世，疏誤較多。她嫁給汪遠孫後，《玉臺畫史》纔算進入最後的擴充和校訂階段。一來，有汪遠孫憑藉自己深厚的學力，和她一同搜集鑒別相關資料；二來，汪氏豐富的藏書，也一定會起到關鍵的作用。胡敬在《玉臺畫史序》中敘述夫妻二人共同編輯《玉臺畫史》的過程説：「偕吾友摭摭遺佚，商略甄收。蠟炬代吟，茶甌笑覆。家饒武庫，龍威之簡漆同探；室貯文宣，馬帳與幔紗分啓。拈出一花一葉，指亦生香；訪來某水某山，眉爲飛彩。相與焚香展讀，喜可知已。」不但寫出了二人相偕輯録《玉臺畫史》的情景，還描摹出夫妻之間的閨樂雅趣。同時，也點出汪氏藏書對《玉臺畫史》最終成書的關鍵作用。可惜，湯漱玉享年不永，和汪遠孫共同生活不到一年就病逝了。可以想見，其後《玉臺畫史》的最終定稿，都是由汪遠孫獨力完成。據汪遠孫敘述，其元配梁端，生前撰《列女傳校注》，「每獲一義，輒共余商榷，余亦時舉所聞益之」。到梁端去世，「殘編賸墨，鐍置篋中，不忍復啓視」。直到十年以後，「懼是書之終無善本，而端之名與身没也。遂更爲之整比，條分件繫，三月而畢」。然後刊刻印行〔一〇〕。正與《玉臺畫史》成書的情形相似。《清代閨閣詩人徵略》則云：湯漱玉「優曇易謝，未有成書。小米亦爲搜羅軼事，共得數百人，成《玉臺畫史》若干卷」〔一一〕。胡敬則乾脆説：「配梁孺人著有《列女傳校注》，湯孺人著有《玉臺畫史》，半爲君所訂正云。」〔一二〕上述可以概見汪遠孫在《玉臺畫史》成書過程中不可或缺的作用。其次，《玉臺畫史》中有若干小字注文，對涉及的人物事蹟進行訂正或注釋，這些注文，極有可能出自汪遠孫之手。又有數條按語，則直接標明「借閒漫士曰」，都是汪遠孫直接參與《玉臺畫史》輯録工作的例證。此外，《玉臺畫史》有《别録》一卷，共十五則，收録善畫女子二十人，完全出自汪遠孫之手。當爲汪氏在整理編定《玉臺畫史》時所搜集到的新資料，另輯爲《别録》附於書後。總之，《玉臺畫史》一書，應視爲湯漱玉與汪遠孫二人合作輯録而成。胡敬所云，《玉臺畫史》其書「粗具端倪，未窮蒐輯」，是指湯漱玉早期的工作。其後又説：「是非擢吉光於片羽，閲神駿於庭閑，窺豹别斑，選雞留蹠，其能該備如是乎？」〔一三〕從最初的「粗具端倪，未窮蒐輯」，到「該備如是」，正是因爲有了汪遠孫的參與。

《玉臺畫史》的體例與《玉臺書史》相彷彿，共分四門：宫掖、名媛、姬侍、名妓。

另有盧昭容一人，跡近靈異，附於宫掖之後。卷一爲宫掖，自先秦至明，共收二十一人。卷二卷三爲名媛，自晉至清，共收一百三十四人。卷四爲姬侍，自宋至清，共收十七人。卷五爲名妓，自唐至清，共收四十一人。《别録》共收二十人，均爲清代名媛。以上合計，共收先秦至清女性畫家二百三十三人。除《别録》外，每位女性畫家的傳記資料均從歷代典籍或書畫題跋引録，個别條目有輯録者所加注文或按語。傳記前先標明出處書名，若該書首見，則標明撰著者姓名，然亦偶有例外。《玉臺畫史》亦曾有過續作，清祝顥（女）所繪《花卉册頁》之馮焯跋語云：「嘉興沈觀察濤嘗續《玉臺畫史》，首列太君，以爲南樓老人之後一人。」其書未見。

二

《玉臺書史》與《玉臺畫史》的版本及整理工作概況如下：

《玉臺書史》現有道光十年（一八三〇）《賜硯堂叢書新編》本、道光十三年（一八三三）《昭代叢書》本、光緒年間《翠琅玕館叢書》本和《藏修堂叢書》本、民國年間

《芋園叢書》本等。此次整理工作，以《昭代叢書》本爲底本，參校他本。

《玉臺畫史》編定後，由錢唐汪氏振綺堂於道光十七年丁酉（一八三七）秋十月刊行〔一四〕。此後，《玉臺畫史》各種刊本流布較廣，有十餘種之多，其中點校本一種，即于安瀾輯編之《畫史叢書》本。此次對《玉臺畫史》進行整理工作，以振綺堂道光十七年刊本爲底本，參校《畫史叢書》本、《芋園叢書》本、《説庫》本、《美術叢書》本等。

《玉臺書史》與《玉臺畫史》都是匯編體的書畫史著作，即引録前人著述或題跋詩文，注明出處，加以分類，按時代先後編排成書，并非自己撰作。而《玉臺書史》與《玉臺畫史》的各種刊本差異不大，校點工作遂轉向將二書的引文與原書進行對勘，這一部分工作量較大。其所引用的原書有些現在已經無從得見，只能與其他圖書的轉引文字對勘，甚至暫付闕如。在進行上述整理工作時，發現《玉臺書史》與《玉臺畫史》的若干錯誤，如不與原書對勘，則無從揭出。由於《玉臺書史》與《玉臺畫史》主要注意女性書畫家有關書畫的事跡，所以對原書文字多僅摘引與書畫有關的數句，其餘一律删節。遇到這種情形，一般在校記中標明「引文有删節」。對該女性書畫家有興趣的讀者，可依校記中標明的卷數條目，翻檢原書。此外，古人引書，不甚規範，多有與原書文字出入較大的情形。例如，引文對原書删節過多，輯録者往往在文中加入個别字句，以使文意通貫。又如，二書在引録原書時，有時會將傳主的字號、籍貫、生卒年等重要材料亦加以删節。遇到上述情形，如其不害原書文意，一般就不加校記，而有關的重要材料，則從原書迻録於校記，以便讀者。由於二書在引録原書時，并未標明圖書的版本信息，因此在校勘時，只能盡量采用較好或通行的原書版本，却不一定就是輯録者采用的版本，因而不可避免地會有文字的差異。

《玉臺書史》與《玉臺畫史》二書，原來均無目録，此次校點，重新編製目録，置於書前。另編有附録三種：一，各家有關《玉臺書史》與《玉臺畫史》的著録和提要以及作者的有關傳記資料。二，參考引用書目。三，人名字號筆畫索引。

三

《玉臺書史》和《玉臺畫史》，是中國歷史上第一次將女性書畫家的有關資料輯録於一編的書畫史著作，具有開創意義，疏漏也在所不免。文字方面的訛誤，已在校記中標明，而女性書畫家的遺漏，下面略舉數例：

明朱中楣《隨草》卷上有《題湘揚女子韻并序》，略言於新城旅邸「睹壁間塵土漫滅中，小楷數行。拭而讀之，乃湘揚女子感憤而作也。爲詩三首，冠以小序」。《玉臺書史》於朱氏《隨草續編》收録管夫人《畫竹卷題跋》〔一五〕，未收録此湘揚女子。

明周暉《續金陵瑣事》卷下云：「珠市伎郝昭文，小楷法《黄庭》，甚工。亦能詩，有句云：『願求舉案侶，羞學倚門粧。』從良之心殊切。後嫁遼東指揮，鄰姬泣送，嫌其遠。昭文曰：『溷於風塵，寸步不樂。既得從良，再遠過遼東，亦所甘心。』」按，郝昭文當歸入明代名妓，《玉臺書史》失收。

明姚旅《露書》卷三，有「游宗謙侍人范鹿，字允馭。少美姿容，善吹洞簫，能琴能書能詩，詩多膾炙人口。王長公贈之詩曰：『除去數行《童約》外，也應事事勝方回。』」同書卷四有「徐安卿，姑蘇人。美風姿，善寫蘭竹梅花，且善書」云云。按，《玉臺書史》曾徵引《露書》，而同書中善書女性，有收有不收，疑其或從《六藝之一録》及《佩文齋書畫譜》等書轉引，并未翻檢原書。

《玉臺書史》據《珊瑚網》收録楊叔卿，僅言其「喜學《麻姑壇》」。而明潘之恒《亘史鈔》外紀卷七有《楊叔卿小傳》，略言其「明窗淨几，惟對《黄庭經》摹搨，酷似之。又喜作颜魯公《麻姑壇》，字落素繭，如畫銀鉤。得一染齊紈，可易百錦」。則楊叔卿不僅限於學颜真卿書。其下録郝之璽《贈楊叔卿詩》二首，其二有句云：「琴聲不肯調司馬，書法翻能嗣右軍。」亦可證。《亘史鈔》同卷又有《齊瑞春傳》，略言：瑞春原號愛春，齊氏第五女也。「愛春瘦長娉婷，清揚嫵媚，自詞翰、書畫、歌舞、簫管、蹋蹴、走馬、六博，靡不擅場。而尤喜圍棋彈琴，至忘寢食」。《玉臺書史》失收。

《玉臺畫史》遺漏女性畫家的情形，亦復不少。

明姚旅《露書》，《玉臺畫史》曾徵引，然《露書》卷四有「蔡清卿，名彬别，字弱雲，廣陵人。母夢白衣女人持隻繡授之而生，幼棄五葷。父以貪故，攜之長安，令學歌舞。……工琴奕蘭竹怪石，尤善韻言」。《玉臺畫史》失收。

清朱彝尊《靜志居詩話》、《玉臺畫史》亦曾徵引，而其卷二十二有沈關關，原文云：顧有孝字茂倫，吴江縣學生，「晚自稱雪灘釣叟。松陵女子沈關關，刺繡作《雪灘濯足圖》。一經裝池，過江人士，以不與題辭爲恨」。《玉臺畫史》未收。按，湯氏或以此爲刺繡而非繪畫，故摒之不取。然清姜紹書《無聲詩史》卷七收録顧姬，即「顧繡」之創始者。其正以刺繡畫作得名，亦收入畫史。蓋以刺繡畫作，如不諳繪事，則難以形神兼備地在繡件上反映原畫。

明潘之恒《亘史鈔》外紀《妓品》卷八有《谷姗姗傳》云：「谷氏自淮陽徙居休寧之東門，由蘭芳而名始著。蘭芳者，行三。其姊以善歌傾一時，至蘭芳，以吴音度曲，一洗習俗之陋。小字笑兒，人以姗姗稱之。喜畫蘭，師丁南羽，得管夫人筆意。酒態憨甚，吐氣若蘭，終夕惺惺無怠色，顧能攝酒人豪，名流咸與定交，門炙轂矣。蓋十年而聲益起，坐無蘭芳，覺羣情不暢。乃忽發觀濤興，染疾而歸，癸丑春二日疾卒。是歲秋杪，程民逸持其蘭扇索題，餘韻猶習習生氣。」按，潘之恒《亘史》，《玉臺畫史》未引録。

明陳繼儒《眉公集》卷四，有《新秋雨中贈士倩女俠畫扇頭》詩：「翩翩俠骨校書才，纔寫殘山未點苔。獨坐小窗停筆想，畫中添却載花來。」按，此士倩爲名妓，失其姓。善畫。《玉臺畫史》引録陳繼儒《太平清話》，未及此書。

明李因工詩善畫，已收入《玉臺畫史》。其著有《竹笑軒吟草》，初集有《寄王畹生較書》二首，題下注云：「爲玉煙女弟，工奕棋畫蘭。」又有《懶園寄别章韻先較書》二首，題下注云：「善雜劇、畫蘭。」三集有《題素芳較書畫蘭》詩。按，王畹生、章韻先、素芳（失姓）三人均爲名妓而善畫，《玉臺畫史》失收。

清王端淑《名媛詩緯初編》卷四十名曰《繪集》，專收能畫名媛，計有許靜芬、顧夫人、阮月卿、韋雪梅、范元坤、王氏、何玉仙、吴小坤、王莊淑、文淑、周祜、范道坤、周禧、范隆坤、趙粹貞、丁完淑、朱淑姬、王智珪、倪素坤、湯顧、王畹生、章韻先、谷蘭芳、仲愛兒、陳淩雲、馬徵玉、周素、連璧、王琬、張素芷、馮靜容、李文靜三十二人，而《玉臺畫史》所收録者不足十人。按，《名媛詩緯初編》刊行於康熙年間，《玉臺畫史》未引録該書。

拙著（合作）《山西古代畫家傳》，收録山西女畫家十餘人，其中清張學典、張學聖、張學賢三姊妹，本爲太原人，闔家徙居吴縣（今江蘇蘇州），均工書畫。在世年代早於湯漱玉。又有文水人岳筠、襄汾人儀寶華、太原人辛絲，俱善畫，大致與湯漱玉爲同時人。《玉臺畫史》失收。

《玉臺畫史別録》收清代名媛二十人，「大多爲其交游者之妻或妹或女，或者據人見告，或者録自畫跋，僅有二則引自他書」[一六]。然而，汪遠孫之伯姊汪靜芳善畫，汪遠孫《借閒生詩》卷一有《題靜芳伯姊菊孫〈眠琴緑陰圖〉》七言律，吴藻亦有《減蘭·題汪靜芳女士〈瞑琴緑陰圖〉》[一七]。又《借閒生詩》卷二《夏松如之盛招集濃華書屋分得原字》詩末注云：「松如姬人工畫，故戲及之。」《借閒生詞》有《疏影》一闋，題下注云：「題湯雨生參戎畫《梅樓圖》。雨生名貽汾，與淑配董雙湖夫人并工畫梅。」又《玉漏遲》一闋，題下注云：「題孫嫻卿夫人《停琴佇月寫照》。」詞末注云：

「夫人諸姊，皆多才早世。」上述汪靜芳、夏松如姬、董夫人、孫夫人等，均未收入《別録》。

《別録》所收張淨因，亦見於《揚州畫舫録》卷九，且文字較詳。同書同卷又有「蘇高三，名殷，號鳳卿，小字雙鳳」。「未幾高病，因自畫蘭竹帳額，自題絶句云：『裊裊湘筠馥馥蘭，畫眉筆是返魂丹。旁人慢疑圖花譜，自寫飄蓬與自看。』年未三十，以病死」。此蘇高三爲清代揚州名妓，《玉臺畫史》失收。

清程庭鷺《箬庵畫塵》卷上曰：「五代婦人童氏，畫范蠡、張志和等乘舟而隱居者六人，山水樹石，人物如豆，亦甚可重。見《畫鑑》。吾友錢唐汪小米中翰，其配湯淑玉曾輯《玉臺畫史》，歷朝閨秀之善畫者，咸詳備焉，似未及此。」按，道光十七年刊本《玉臺畫史》卷二有五代童氏，所引即《宣和畫譜》。程庭鷺所見當爲《玉臺畫史》較早之刊本或稿本。

總之，《玉臺書史》與《玉臺畫史》作爲歷史上首部專門輯録女性書畫家的書畫史著作，有其開創之功和積極的社會意義，但也有遺漏和訛誤。此次整理工作，僅對其原文進行校點，無暇顧及其他。二書的遺漏，僅爲校點過程中翻檢有關古籍時的隨手札記，略舉數例如上。

筆者學識淺薄，讀書未富，校點訛誤，當必不少，敬請方家指正。

〔一〕關於《玉臺新詠》的編纂者，章培恒又提出即張麗華本人的新説，詳見《文學評論》二〇〇四年第二期。

〔二〕見南朝陳徐陵《玉臺新詠序》。

〔三〕按，《玉臺書史》將五代南唐姑臧太守張憲之侍妾墨娥歸入六朝，誤。

〔四〕關於湯漱玉的生卒年，謝巍《中國畫學著作考録》云：湯漱玉「乾隆六十年（一七九五）生，約咸豐五年（一八五五）卒，年約六十一」。所云湯漱玉生於乾隆六十年（一七九五），不知何所據而言。至於云其卒於咸豐五年（一八五五），則誤矣。據汪遠孫在道光十三年（一八三三）爲其元配梁端所撰《列女傳校注》而寫的序文，説梁端於「乙酉六月，子曾撰生而端没」。又説：「余與端倡隨十有五載。」同書梁德繩所撰序文，則説梁端「歲辛未，嬪於汪奉章」，因爲全力著書，「用是心氣沖耗，以娩亡」。可知汪遠孫於嘉慶十六年辛未（一八一一）與梁端結褵，經十五年至道光五年乙酉（一八二五）六月，梁端因難産而亡。胡敬所撰《内閣中書小米汪君傳》（見《借閒生詩》卷首）云：「梁孺人没，篤於伉儷，鰥居九載。以内顧事冗，不得已續娶於湯，爲醴泉茂才女。未踰年，又以瘵没。」則汪遠孫在梁端死後九年約道光十三年（一八三三）續娶湯漱玉，不到一年湯漱玉就因病去世，約當道光十四年（一八三四）。上述三人，汪遠孫爲梁端與湯漱玉之夫；胡敬爲汪遠孫生前好友，來往頗密；梁德繩則是梁端的祖姑（梁端祖父梁玉繩之妹），所記應該可信。再閲胡敬《玉臺畫史序》，其中連用荀粲、元稹、越姬的典故，都是説男性失偶，由此可確知湯漱玉逝世在汪遠孫生前。汪遠孫自己也説：「時余再賦悼亡。」即指自己第二次喪偶（見《借閒生詞》中《凄涼犯・題陳二山觀西空房對月圖》詞後注）。既知湯氏出嫁之年爲道光十三年，如依《中國畫學著作考録》所云爲乾隆六十年（一七九五）生，則其嫁給汪遠孫時已近四十歲。在當時女子以如此高齡出嫁，可能性極小。姑存疑。

〔五〕見清胡敬《玉臺畫史序》。

〔六〕見謝巍《中國畫學著作考録》。

〔七〕見清施淑儀《清代閨閣詩人徵略》卷八。

〔八〕關於湯漱玉所患爲癆病，即肺結核病，有三條資料可證：一是胡敬所撰《内閣中書小米汪君傳》（見《借閒生詩》卷首）云：汪遠孫「續娶於湯，爲醴泉茂才女。未踰年，又以瘵没」。瘵，多指癆病而言。二是胡敬説湯漱玉出嫁前即「香桃瘦削，已染沈痾」（見胡敬《玉臺畫史序》）。身體瘦弱而頰呈桃色，沈痾難愈，是肺結核的典型癥狀。三是汪遠孫《借閒生詩》卷一《歲暮雜詩》四首之三中有句云：「獸炭頻添向藥爐，薰香問損肺還無。」詩下小字注曰：「時婦方病。」丈夫擔心熬藥的爐煙對妻子的肺有所影響，所以纔會殷勤致問。

〔九〕見清胡敬《玉臺畫史序》。

〔一〇〕以上見清汪遠孫《列女傳校注序》。

〔一一〕見清施淑儀《清代閨閣詩人徵略》卷八。優曇，即優曇缽花。傳説其花一開即斂。

〔一二〕見清胡敬《内閣中書小米汪君傳》。

〔一三〕見清胡敬《玉臺畫史序》。

〔一四〕相關論著有曰道光四年甲申（一八二四）首次刊行者，有曰道光十一年辛卯（一八三一）首次刊行者，均爲汪氏振綺堂刊刻。詳見本書附録。這二種版本均未寓目。不過，其時湯漱玉尚未嫁入汪家，《玉臺畫史》亦未最終編定，雖經刊行，疏誤不免。清程庭鷺《箬庵畫麈》提到《玉臺畫史》遺漏五代童氏，而道光十七年丁酉刊本已收録此人。據此則知道光十七年刊本之前，《玉臺畫史》確已刊行或以稿本行世，而爲程庭鷺所睹。此亦可證汪氏與湯氏二家交往頗密，因此汪氏振綺堂才會屢次刊刻湯漱玉所撰之《玉臺書史》。另外，孫殿起《販書偶記》卷十著録有道光丁卯刊本，「卯」爲「酉」字之誤。

〔一五〕按，疑厲氏實未檢朱中楣諸集，於他書轉引而未標明，參見《玉臺書史》「管夫人」條相關校記。

〔一六〕見謝巍《中國畫學著作考録》。

〔一七〕見清吴藻《花簾詞》，《小檀欒室彙刻閨秀詞》第五集。

總目

前言 …………………………………………… 一

玉臺書史 ………………………………………… 一

玉臺畫史 ………………………………………… 一八一

附錄

一、各家著錄提要及作者傳記資料 ……………… 三四九

二、參考引用書目 ………………………………… 三六二

玉臺書史

玉臺書史目録

宮闈
漢
許皇后……一三
竇皇后……一四
陰皇后……一四
鄧皇后……一五
梁皇后……一五
馮嫽……一六
王美人……一六
左姬……一七
魏
甄皇后……一七
吴
趙夫人……一八
晉
楊皇后……一九
王皇后……二〇
齊
韓蘭英……二〇
梁
陳
郗皇后……二一

章皇后……二一
沈皇后……二二
北魏
馮皇后……二三
胡皇后……二三
唐
竇皇后……二四
武則天……二五
上官昭容……二七
臨川公主……二八
晉陽公主……二八
楊貴妃……二九
後唐
陳氏……二九
南唐
种氏……三〇
周氏……三〇
黃氏……三一
耿先生……三一
宮人喬氏……三二
宋
曹皇后……三三
向皇后……三四
安妃劉氏……三四
憲聖吳皇后……三六
劉貴妃……三八
楊皇后……三九
楊妹子……四〇

度宗昭儀王氏……四三
荆國大長公主……四四
魏國大長公主……四四
王氏……四五
韋氏……四五
金
元妃李氏……四六
明
李太后……四六
鄭貴妃……四七
王妃……四九
陳司綵……四九
婁妃……五〇
楊妃……五〇
安福郡主……五一
女仙
晉
魏夫人……五二
豫章女巫……五三
唐
吴彩鸞……五三
謝自然……六〇
盧眉娘……六一
嵩山女子……六一
曹文姬……六二
附尼
元
妙湛……六三

名媛

周
魯秋胡妻……六四
漢
馬夫人……六五
蔡文姬……六六
晋
衛夫人……六七
郗夫人……七二
謝夫人……七二
傅夫人……七三
荀夫人……七四
汪夫人……七四
荀夫人……七四
蔡夫人……七五
桓夫人……七五
李意如……七六
宋
謝夫人……七六
北魏
李夫人……七七
李彪女……七七
北齊
魏夫人……七八
唐
劉秦妹……七八
房璘妻高氏……七九
柳夫人……八一

崔瑗……八一
楊夫人……八二
白金鑾……八二
陳燕子丁……八三
廉女貞……八三
鄧敞妻李氏……八三
關氏……八四
薛媛……八四
封絢……八五
後唐
李夫人……八六
五代蜀
黃崇嘏……八六
宋
朱嚴妻……八七
崔氏……八七
楊夫人……八八
權太君……八八
武昌縣君郭氏……八八
和國夫人……八九
章煎……八九
唐氏……九〇
史炎……九〇
慶國夫人邢氏……九一
謝夫人……九二
李清照……九二
秦國潘夫人……九四
徐夫人……九四

韓玉父……九六
張夫人……九七
游夫人……九七
張穠……九八
胡夫人……九八
陳述古女……九九
邵安人……一〇〇
趙夫人……一〇一
方氏……一〇一
李夫人……一〇二
丁夫人……一〇二
朱淑真……一〇三
朱億女……一〇五
吴氏三一娘……一〇五
王排岸女孫……一〇六

元

管夫人……一〇六
王夫人……一一四
八達太夫人……一一四
趙夫人……一一五
游夫人……一一六
危郡君……一一六
徐如珪……一一七
劉氏……一一七
柯氏……一一七
段氏……一一八
曹妙清……一一八
陳自幼……一一九

明

高妙瑩……一一九
蔡氏……一二〇
徐氏……一二〇
楊夫人……一二一
馬氏……一二一
黄氏……一二二
金元賓妻……一二二
邢慈静……一二三
黄氏……一二四
姚氏……一二五
徐夫人……一二六
陸大家……一二七
張徽卿……一二八
雲濤　玉液……一二八
葉小鸞……一二九
袁氏……一三〇
沈伯姬……一三〇
葉紈紈……一三一
蔡夫人……一三二
沈紉蘭……一三四
馬孺人……一三四
二方夫人……一三五
徐範……一三五
梁小玉……一三六

清

黄媛介……一三七
黄皆令女……一三九

姜淑齋……一三九
沈無非……一四〇
吴貞閨　吴靜閨……一四一
郭𤩅……一四一
張在貞……一四二

姬侍

六朝

墨娥……一四三

宋

王朝雲……一四四
翠翹……一四五
田田　錢錢……一四五
意真……一四六
廚娘……一四六

明

何玉仙……一四七
張家婢……一四八
柳如是……一四八

清

韓郎中姬……一四九
高密單氏妾……一五〇

名妓

唐

薛濤……一五一

宋

王英英……一五三
馬眪……一五四
李琪……一五四

楚珍……一五五
謝天香……一五六
温琬……一五六
陳相……一五七
嚴蕊……一五七
趙總憐……一五八
蘇翠……一五八
延平樂妓……一五九
楊韻……一六〇

元

梁園秀……一六〇

明

姜舜玉……一六一
林奴兒……一六二
馬湘蘭……一六三
薛素素……一六三
馬如玉……一六四
朱無瑕……一六五
顧文英……一六六
卞賽……一六六
王少君……一六七
郝文姝……一六七
郝賽……一六八
趙麗華……一六九
李貞孋……一六九
梁昭……一七〇
孫瑶華……一七〇
楊宛……一七一

楊蕙娘……一七二
沙嫩……一七二
楊叔卿……一七三
靈異
宋
李媛……一七四
紫姑……一七五
雜録
宋
南陽驛女子……一七六
盱江驛舍婦人……一七六
明
曇陽子……一七七
玉臺書史跋……一七九

宫闈

漢

許皇后

孝成許皇后，大司馬、車騎將軍、平恩侯嘉女也。后聰惠，善史書。《漢書·外戚傳》〔一〕

〔一〕見《漢書》卷九十七下《外戚傳》下。引文有删節。按，許皇后爲漢成帝劉驁（前三二—前七在位）皇后。史書，本指《史籀篇》，共十五篇，相傳爲周宣王時太史籀撰。是一部字書，字體爲大篆。善史書，有不同説法，一謂善大篆，一謂善隸書，一謂善草書，一謂善諸種書體，一謂精於法律文書。多以爲與書法有關。

竇皇后

章德竇皇后，扶風平陵人，大司馬融之曾孫也。年六歲，能書，親家皆奇之。《後漢書·皇后紀》〔一〕

〔一〕見《後漢書》卷十上《皇后紀》上。引文有删節。「竇皇后」下，原有「諱某」二字。「大司馬」，《四庫》本《後漢書》作「大司徒」，中華書局標點本《後漢書》作「大司空」。按，竇皇后爲漢章帝劉炟（七六—八八在位）皇后。

陰皇后

和帝陰皇后，光烈皇后兄執金吾識之曾孫也。后少聰慧，善書藝。《後漢書·皇后紀》〔一〕

〔一〕見《後漢書》卷十上《皇后紀》上。「陰皇后」下，原有「諱某」二字。按，陰皇后爲漢和帝劉肇（八九—一〇五在位）皇后。

鄧皇后

和熹鄧皇后，后諱綏，太傅禹之孫也。父訓，護羌校尉。六歲能史書，十二通《詩》《論語》，家人號曰「諸生」。是時，方國貢獻，競求珍麗之物。自后即位，悉令禁絶，歲時但供紙墨而已。《後漢書·皇后紀》〔一〕

〔一〕見《後漢書》卷十上《皇后紀》上。引文有刪節。按，鄧綏於永元十四年（一〇二）繼陰皇后爲漢和帝皇后。

梁皇后

順烈梁皇后，諱妠，大將軍商之女，恭懷皇后弟之孫也。少善女工，好史書。嘗以列女圖畫置於左右，以自監戒。《後漢書·皇后紀》〔一〕

〔一〕見《後漢書》卷十下《皇后紀》下。引文有刪節。按，梁妠爲漢順帝劉保（一二六—一四四在位）皇后。

馮　嫽

楚主侍者馮嫽，能史書，習事。嘗持漢節爲公主使，行賞賜於城郭諸國，敬信之，號曰馮夫人。《漢書·西域傳》〔一〕

〔一〕見《漢書》卷九十六下《西域傳》下。引文有删節。

王美人

王美人，趙國人也。祖父苞，五官中郎將。美人聰敏有才，能書會計。《後漢書·皇后紀》〔一〕

〔一〕見《後漢書》卷十下《皇后紀》下。引文有删節。「聰敏有才」，《四庫》本、中華書局標點本《後漢書》皆作「聰敏有才明」。按，王美人爲漢靈帝劉宏（一六八—一八九在位）美人，漢獻帝劉協生母。能書會計，謂能書寫及計算。

左姬

左姬，字小娥，安帝生母也。善史書，喜詞賦。和帝賜諸王宮人，因入清河第。《清河孝王傳》〔一〕

〔一〕見《後漢書》卷五十五《章帝八王傳·清河孝王慶傳》。引文有删節。「左姬，字小娥，安帝生母也」，《四庫》本《後漢書》卷八十五、中華書局標點本《後漢書》卷五十五皆作「帝所生母左姬，字小娥」。按，左小娥爲清河王劉慶姬妾，漢安帝劉祜（一〇七—一二五在位）生母。

魏

甄皇后

文昭甄皇后，中山無極人。明帝母，漢太保甄邯後也。父逸，上蔡令。后年九歲，喜書，視字即識，數用諸兄筆硯。兄謂后言：「汝當習女工，用書爲學，當作女博士邪？」后言：「聞古賢女，未有不覽前世成敗，以爲己誡者。不知書，何由見之！」

《魏志》本傳〔一〕

〔一〕見《三國志》卷五《魏志・后妃傳》。引文有删節。自「后年九歲」以下，爲裴松之注引《魏書》的文字。「后年九歲」，原無「后」字。「后言」，原作「后答言」。「聞古賢女」，原作「聞古者賢女」。「未有不覽前世成敗」，「覽」原作「學」。「以爲己誡者」，原無「者」字。按，甄皇后名宓，爲魏文帝曹丕（二二〇—二二六在位）皇后，魏明帝曹叡生母。

吴

趙夫人

吴主趙夫人，丞相達之妹。善書畫，巧妙無雙。能於指間以綵絲織雲霞龍蛇之錦，大則盈尺，小則方寸，宮中謂之「機絶」。孫權常歎魏蜀未夷，軍旅之隙，思得善畫者，使圖山川地勢軍陣之像。達乃進其妹，權使寫九州江湖方岳之勢。夫人曰：「丹青之色，甚易歇滅，不可久寶。妾能刺繡，作列國方帛之上，寫以五岳河海城邑行陣之形。」既成，乃進於吴主。時人謂之「針絶」。雖棘刺木猴〔二〕、雲梯、飛鳶，無過此

麗也。《拾遺記》〔二〕

〔一〕「棘刺木猴」，應爲「棘刺母猴」。《韓非子·外儲説》：「燕王徵巧術人，衛人請以棘刺之端爲母猴。」

〔二〕見晉王嘉《拾遺記》卷八，引文個别字詞與原書不同。按，據《三國志》卷十八《吴志》趙達本傳，趙達本人精於數學，但并未在吴國擔任過丞相的職務。且言孫權欲問其術之奥秘，趙達秘而不言，「由此見薄，禄位不至」。另外，孫權諸位后妃中，亦無趙姓者。

晉

楊皇后

武元楊皇后，諱艷，字瓊芝，弘農華陰人也。少聰慧，善書。《晉書》本傳〔一〕

〔一〕見《晉書》卷三十一《后妃傳》上。引文有删節。按，楊艷爲晉武帝司馬炎（二六五—二九〇在位）皇后。

王皇后

安僖王皇后，諱神愛，琅邪臨沂人也。父獻之，尚新安愍公主，無子，唯一女，後立爲安僖皇后。后亦善書。張懷瓘《書斷》〔一〕

〔一〕見唐張懷瓘《書斷》卷中。引文有刪節。按，「安僖王皇后，諱神愛，琅邪臨沂人也」數句，《書斷》無，而見於《晉書》卷三十二《后妃傳》下。可知此則乃厲氏合《晉書》及《書斷》而成。王神愛爲著名書法家王獻之之女，晉安帝司馬德宗（三九七—四一八在位）皇后。

齊

韓蘭英

韓蘭英，吴郡人。有文辭，宋孝武時獻《中興賦》，被賞入宮。宋明帝時，用以爲宮中職僚。及武帝，以爲博士，教六宮書學。以其年老多識，呼爲韓公云。《南史·齊武穆裴后傳》〔一〕

〔一〕見《南史》卷十一《后妃傳》上。「韓蘭英，吴郡人」，原作「婦人吴郡韓蘭英」。

梁

郗皇后

武德郗皇后，諱徽，高平金鄉人也。后幼明慧，善隸書，讀史傳。《南史·梁后妃傳》〔一〕

〔一〕見《南史》卷十二《后妃傳》下。引文有删節。按，郗徽爲梁武帝蕭衍（五〇二—五四九在位）妻，蕭衍稱帝後追封爲皇后。

陳

章皇后

武宣章皇后，諱要兒，吴興烏程人。本姓鈕，父景明爲章氏所養，因改姓焉。后少聰慧，美容儀，善書計，能誦《詩》及《楚詞》。《南史·陳后妃傳》〔一〕

〔一〕見《南史》卷十二《后妃傳》下。引文有删節。按，章要兒爲陳武帝陳霸先（五五七—五五九在位）皇后。

沈皇后

後主沈皇后，諱婺華，吴興武康人也。后性端静，聰明强記，涉獵經史，工書翰。《南史·陳后妃傳》〔一〕

沈氏后德，名標婺華。允光親署，獨美可嘉。如晚晴陣雲，傍日落霞。注云：「今見署啟一紙。」竇臮《述書賦》〔二〕

後主皇后沈氏，吴興人，君理之女。善書。《書史會要》〔三〕

〔一〕見《南史》卷十二《后妃傳》下。引文有删節。「聰明强記」，原作「聰敏强記」。按，沈婺華爲陳後主陳叔寶（五八三—五八九在位）皇后。

〔二〕見唐竇臮《述書賦》卷上。「傍日落霞」，原作「傍日殘霞」。「注云」，爲句後雙行小字注，全文如下：「煬帝后沈氏，吴興人。君理之女。今見署啟一紙。婺華，后字。」按，《隋書》卷三十六《后妃傳》并無沈后。《南史》本傳末言：陳亡於隋，沈皇后「乃與後主俱入長安」，「隋煬帝每巡幸，恒令從駕。及煬帝被殺，后自廣陵過江，於毗陵天静寺爲尼，名觀音。貞觀初卒」。

〔三〕見元陶宗儀《書史會要》卷四。「善書」後有「評者謂：如晚晴陣雲，傍日殘霞」數語。

北魏

馮皇后

文成文明皇后馮氏，長樂信都人也。父朗，秦雍二州刺史，坐事誅，后遂入宫。高宗踐極，立爲皇后。后性聰達，學書記。作《勸戒歌》三百餘章，又作《皇誥》十八章。《魏書・后妃傳》〔一〕

〔一〕見《魏書》卷十三《皇后傳》。引文有删節。「后性聰達，學書記」，原作「太后性聰達，自入宫掖，粗學書計」。「又作《皇誥》十八章」，「章」原作「篇」。按，馮皇后爲北魏文成帝拓跋濬（四五二—四六五在位）皇后。

胡皇后

宣武靈皇后胡氏，安定臨涇人，司徒國珍女也。后姑爲尼，世宗初入講禁中，諷左右稱后姿行。世宗聞之，召入掖庭，爲承華，進爲充華嬪。肅宗踐祚，尊爲皇太后，

臨朝聽政。性聰悟，多才藝。略得佛經大義，親覽萬幾，手筆決斷。《魏書·后妃傳》〔一〕

〔一〕見《魏書》卷十三《皇后傳》。引文有删節。「手筆決斷」，原作「手筆斷決」。按，胡氏爲北魏宣武帝元恪（五〇〇—五一五在位）妃嬪，孝明帝元詡（五一六—五二八在位）生母，孝明帝尊爲皇太后。

唐

竇皇后

太穆竇皇后，京兆始平人，隋定州總管神武公毅之女也。善書，學類高祖之書，人不能辨。工篇章而好存規誡。《舊唐書》本傳〔一〕

〔一〕見《舊唐書》卷五十五《后妃傳》上。引文有删節。按，竇氏爲唐高祖李淵（六一八—六二六在位）妻，李淵建唐後封爲皇后。

武則天

則天皇后武氏，諱曌，并州文水人也。上元元年，高宗號天皇，皇后號天后，天下謂之「二聖」。宏道元年，爲皇太后，臨朝稱制。天授元年，后自稱皇帝，改國號周。長安五年，上后號曰則天大聖皇帝。《唐書》本紀〔一〕

唐則天順聖皇后武氏，凜凜英斷，脱去鉛華脂韋氣味，乘高宗溺愛，而窺覦竊起，遂能不出重闈深密之地，駕馭英雄，使人人各爲其用，不旋踵嘿移唐室。使之善自退託，有《周南·卷耳》之志，則其用心豈減古賢后妃哉！惜乎不知出此，乃欲以牝鷄司晨，宜乎不克令終，而張柬之等起而正子明辟也。新史貶而傳之，舊史以爲窮妖白首，良以爲訓。攷其出新意，持臆説，增減前人筆畫，自我作古，爲十九字，曰：𠀑天、埊地、𡆠日、𡈡月、〇星、𠺞君、𠦚年、𠙺正、𢘑臣、曌照、𤩰戴、𡕀載、圀國、𡔈初、𨹗證、𥠢授、𤯔人、𨲢聖、𤯓生。當時臣下章奏與天下書契，咸用其字，然獨能行于一世而止。唐之石刻，載其字者，知其在則天時也。雖然，亦本於喜作字。初得晉王導十世孫方慶者家藏其祖父二十八人書迹，摹搨把玩，自此筆力益進，其行書駸駸稍能有丈夫勝氣。今御府所藏行書一：《夜宴詩》。《宣和書譜》〔二〕

武后君臨，藻翰時欽。順天經而永保先業，從人欲而不顧兼金。注曰：「則天皇后，沛國武氏士彠女。臨朝稱尊，號曰大周金輪皇帝。時鳳閣侍郎石泉王公方慶，即晉朝丞相導十一世孫，有累代祖父書迹，保傳於家。凡二十八人，輯成一十一卷。后墨制問方慶，因而獻焉。后不欲奪志，遂盡模寫留内，其本加寶飾錦繢，歸還王氏。人到於今稱之。右史崔融撰《王氏寶章集序》，具紀其事。」竇臮《述書賦》〔三〕

薦福寺，天后飛白題額。崇福寺，武后題額。《歷代名畫記》〔四〕

周《昇仙太子碑》，聖曆二年武后撰并行書。《金石録》〔五〕

延載初，周允元除鳳閣鸞臺平章事，證聖元年卒。則天爲七言詩傷之，又自繕寫，時以爲榮。《舊唐書·周允元傳》〔六〕

〔一〕見《新唐書》卷四《則天皇后本紀》，參見《舊唐書》卷六《則天皇后本紀》。引文有删節。按，武則天本爲唐高宗李治（六五〇—六八三在位）皇后，後自立爲帝。

〔二〕見《宣和書譜》卷一。

〔三〕見《述書賦》卷下。引文有删節。「十一世孫」，原作「十世孫」。按，《舊唐書》卷八十九及《新唐書》卷一百一十六《王方慶傳》，均言王導爲其十一代祖。

〔四〕見唐張彦遠《歷代名畫記》卷三《記兩京外州寺觀畫壁》。

〔五〕見宋趙明誠《金石録》卷四。原作「周《昇仙太子碑》上，武后撰并行書。聖曆二年六月」。按，聖曆（六九八—六九九）爲武則天大周年號。

〔六〕見《舊唐書》卷九十《周允元傳》。引文有删節。

上官昭容

上官昭容，名婉兒，西臺侍郎儀之孫。天性韶警，善文章。自通天以來，内掌詔命，掞麗可觀。帝即位，進拜昭容。景雲中，謚惠文。《舊唐書》本傳〔一〕

呂温《上官昭容書樓歌序》云：「貞元十四年，友人崔仁亮于東都買得《研神記》一卷，有昭容列名書縫處。」《呂衡州集》〔二〕

千福寺額，上官昭容書。《歷代名畫記》〔三〕

〔一〕見《新唐書》卷七十六《上官婉兒傳》。引文有删節。按，「《舊唐書》本傳」，見《舊唐書》卷五十一《上官婉兒傳》，然所引文字實出《新唐書》，厲氏誤記。

〔二〕見唐吕温《吕衡州集》卷二。所引文字爲詩題下雙行小字序文，「有昭容列名書縫處」下有「因用感嘆，而作是歌」二語，厲氏未録。

〔三〕見唐張彦遠《歷代名畫記》卷三《記兩京外州寺觀畫壁》。原書「千福寺」下有小字注云：「在安定坊。會昌中毁寺後却置，不改舊額。」「上官昭容書」下有小字注云：「毁寺後有僧收得，再置却懸之。」

臨川公主

臨川公主，太宗女。韋貴妃所生，下嫁周道務。工籀隸，能屬文。高宗立，上《孝德頌》，帝下詔褒答。永徽初，進長公主，恩賞卓異。《唐書》本傳〔一〕

〔一〕見《新唐書》卷八十三《諸帝公主傳》。小字「太宗女」三字，爲厲氏所加注文。

晉陽公主

晉陽公主，太宗女。字明達，幼字兕子，文德皇后所生。主臨帝飛白書，下不能

辨。《唐書》本傳〔一〕

〔一〕見《新唐書》卷八十三《諸帝公主傳》。引文有删節。「下不能辨」之下，原有「薨年十二」一語。小字「太宗女」三字，爲厲氏所加注文。

楊貴妃

貴妃楊氏，宋張端義云：「真定大歷寺有藏殿，其殿藏經，皆唐宫人所書。經尾題名，皆極可觀。有塗金匣，藏《心經》一卷，字體尤婉麗。其後題云『善女人楊氏爲大唐皇帝李三郎書』。」《貴耳集》〔一〕

〔一〕見宋張端義《貴耳集》卷下。引文有删節。

後唐

陳氏

魏國夫人陳氏，襄陽人也。善書。《唐書·沙陀傳》〔一〕

〔一〕見《新唐書》卷二百一十八《沙陀傳》。引文有删節。按，陳氏本爲唐昭宗李曄之宫嬪。乾寧二年（八九五），由唐昭宗賜給李克用。李克用死後，陳氏落髮出家，法名智願。

南唐

种　氏

先主后种氏，江西良家女。性警悟，通書計。馬令《南唐書》〔一〕

〔一〕見宋馬令《南唐書》卷六。引文有删節。「先主后种氏」，原作「先主种氏，不知其品秩也」。檢陸游《南唐書》卷十六，亦僅言「烈祖後宫种氏，名時光」，均未言种氏爲皇后。先主，南唐開國皇帝李昇，廟號烈祖。

周　氏

後主昭惠后周氏，小字娥皇，大司徒宗女。通書史，善音律，尤工琵琶。元宗賞其藝，取所御琵琶，時謂之「燒槽」者賜焉。後病亟，以元宗所賜琵琶及常臂玉環，親

遺後主。又自爲書，請薄葬。馬令《南唐書》〔一〕

〔一〕見馬令《南唐書》卷六。引文有删節。按，昭惠皇后，名周薔，南唐後主李煜（九六一—九七五在位）皇后，史稱大周后。

黄　氏

保儀黄氏，江夏人，後主選爲保儀。書學技能，多出于天性。後主屬意，會小周專房，品秩不加，第以掌墨寶而已。初，元宗、後主皆妙於筆札，博收古書，有獻者厚賞之。宫中圖籍萬卷，尤多鍾、王墨蹟，皆繫保儀所掌。馬令《南唐書》〔一〕

〔一〕見馬令《南唐書》卷六。引文有删節。

耿先生

耿先生，軍大校耿謙女。好書善畫，往往有佳句。雅通黄白之術，能拘制鬼魅。奇瑰怳忽，莫知其所由來。爲女道士，自號天自在山人。保大中，因宋齊邱以入宫，元宗處之别院，號曰「先生」。常被碧霞帔，手如鳥爪，題詩牆壁，自稱比大先生。鄭

文寶《耿先生傳》〔一〕

〔一〕見《佩文齋書畫譜》卷四十九。參見《玉臺畫史》卷二「耿先生」條相關校記。

宫人喬氏

李後主手書金字《心經》一卷，賜其宫人喬氏。喬氏後入太宗禁中，聞國主薨，自内庭出其經，捨在相國寺西塔院資薦，且自書於後曰：「故李氏國主宫人喬氏，伏遇國主百日，謹捨昔時賜妾所書《般若心經》一卷在相國寺西塔院。伏願彌勒尊前，持一花而見佛」云云。其後，江南僧持歸故國，置之天禧寺塔相輪中。寺後失火，相輪自火中墮落而經不損，爲金陵守王君玉所得。君玉卒，子孫不能保之，以歸寧鳳子儀家。喬氏所書在經後，字極整潔，而詞甚悽惋。所記止此。徐鍇集南唐制誥，有《宫人喬氏出家誥》，豈斯人也耶？王銍《默記》〔一〕

〔一〕見宋王銍《默記》卷中。「聞國主薨」，原作「聞後主薨」。「捨在相國寺西塔院資薦」，原作「捨在相國寺西塔院以資薦」。「豈斯人也耶」，原作「豈斯人也」。

宋

曹皇后

仁宗曹皇后，真定人，樞密使惠武王彬之孫也。性慈儉，重稼穡，常於禁苑種穀親蠶。善飛帛書。《宋史》本傳〔一〕

慈聖曹皇后工飛白，蓋習觀昭陵落筆也。先人舊藏一「美」字，徑二尺許，筆勢飛動，用「慈壽宮寶」。《老學庵筆記》〔二〕

〔一〕見《宋史》卷二百四十二《后妃傳》上。引文有删節。「樞密使惠武王彬」，原作「樞密使周武惠王彬」，《玉臺書史》「惠武」二字誤乙。

〔二〕見宋陸游《老學庵筆記》卷二。「曹皇后」，原作「曹太后」。文末原有「今不知何在矣」六字。

向皇后

神宗向皇后，河内人，宰相敏中曾孫。哲宗立，尊爲皇太后。《宋史》本傳〔一〕

向皇后，工行草。《書史會要》〔二〕

〔一〕見《宋史》卷二百四十三《后妃傳》下。引文有删節。

〔二〕見《書史會要》卷六。原文作「欽聖憲肅皇后向氏，河内人。故宰相敏中曾孫，神宗后。工行草」。

安妃劉氏

安妃本酒保家女，初事崇恩宫。宫罷，出居宦者何訢家。内侍楊戩譽其美，復召入。明達貴妃以同姓養爲女。遂有寵，爲才人，進淑妃，政和四年加貴妃。朝夕侍上，擅愛專席。林靈素以技進，目爲九華安妃，肖像於神霄帝君之左。宣和三年薨，謚明節和文，册贈爲皇后。《宋史》本傳〔一〕

明節劉后，一時遭遇，寵傾六宫。忽苦瘵疾，臨終戒左右云：「我有遺祝在領巾上，候我氣絶，奏官家親自來解。」語畢而終。左右馳奏，上至，哀慟悲不自勝。領巾上蠅頭細字，其辭云：「妾出身微賤，而無寸長，一旦遭遇聖恩，得與嬪御之列。命分寒薄，至此夭折，雖埋骨于九原，魂魄不離左右。切望陛下以宗廟社稷之重，天下生靈之衆，大王帝姬之多，不可以賤妾一人，過有思念，深動聖懷。況後宫千計，勝如妾者不少。妾深欲忍死，面與君父訣别，謫限已盡，不得少留。冤痛之情，言不能盡。」自後左右每欲寛解，必提領巾，上愈傷感。聞者謂李夫人不足道也。林靈素謂后是九華安妃，臨終聞本殿異香音樂。次年，有青城道士見后於巫山，彷彿「金釵」、「鈿合」云。《錢氏私志》〔二〕

〔一〕見《宋史》卷二百四十三《后妃傳》下。引文有删節。「安妃本酒保家女」，原作「時又有安妃劉氏者，本酒保家女」。「目爲九華安妃」，原作「目爲九華玉真安妃」。「宣和三年薨」下，原有「年三十四」數字。

〔二〕見宋錢世昭《錢氏私志》。引文有删節，且若干字詞不同。

憲聖吴皇后

高宗憲聖慈烈吴皇后，開封人。父近，以后貴進封吴王。年十四，高宗爲康王，被選入宫。王即位，封和義郡夫人。后博習書史，又善翰墨，由是寵遇日至，尋進貴妃。紹興十三年，詔立爲皇后。高宗内禪，稱太上皇后，名所御殿曰慈福。《宋史》本傳〔一〕

德壽、慈福兩宫御書《觀音經》，共八段。初在碑石庫，嘉定三年，置架設於羣玉堂東偏。《中興館閣録》〔二〕

《羣玉堂法帖》十卷，第一卷有憲聖慈烈皇后御書《千文》《歸田賦》。《中興館閣録》〔三〕

慈福皇太后喜親翰墨，尤愛《蘭亭》。嘗作小楷一本，全是王體，流傳内外。故陸升之代劉珙造《春帖子》有云：「内仗朝初退，朝曦滿翠屏。硯池深不凍，端爲寫《蘭亭》。」《蘭亭博議》〔四〕

憲聖慈烈皇后吴氏，開封人。吴宣靖王近之女，高宗后。博習書史，妙於翰墨。帝嘗書《六經》，賜國子監刊石。稍倦，即命后續書，人莫能辨。《書史會要》〔五〕

宋憲聖皇后書《養蠶圖》，自浴種至翦帛，凡二十四事，使閲者宛然置身田舍，見婦子劼�不遑之景也。每段下題小字，極其工緻。至元中鄭足老題云：「爲顯仁皇后字。后習高宗字，高皇手書《九經》，每倦則令后書續之，人未易辨。」金華宋景濂云：「圖出於潛令樓璹。璹獲召見，以圖上進。上携至宫，憲聖慈烈皇后逐段題之。皇后姓吴，配高宗，其書絶相類。」謂非顯仁韋后書。余攷之顯仁韋后，乃高宗母也。從徽宗北轅，老年始歸。憲聖慈烈吴后，乃高宗繼后。史稱其善翰墨，則爲吴后書無疑。金華之言爲確矣。《庚子銷夏記》〔六〕

〔一〕見《宋史》卷二百四十三《后妃傳》下。引文有删節。

〔二〕見宋陳揆《南宋館閣録》卷三。「初在碑石庫」以下，原爲雙行小字注文。「初在」，原作「元在」。按，《中興館閣録》及《中興館閣續録》，宋陳騤撰。清乾隆年間修《四庫全書》，自《永樂大典》中輯出，改稱《南宋館閣録》及《續録》。

〔三〕見《南宋館閣録》卷三。引文有删節。

〔四〕見《六藝之一録》卷三百十三下引《蘭亭博議》。按，《蘭亭博議》，宋桑世昌撰。《説郛》卷六十二所收《蘭亭博議》，與此段文字出入較大，而《六藝之一録》卷三百十三下、《佩文齋書畫譜》卷二十、《金石文考略》卷三所引，與此全同或小異。

〔五〕見《書史會要》卷六。

〔六〕見清孫承澤《庚子銷夏記》卷一。「自浴種至翦帛」之上，原有「《蠶織圖》所繪」五字。宋濂跋語，見《文憲集》卷十三《題織圖卷後》。引文有删節。

劉貴妃

劉貴妃，臨安人。紹興十八年入宮，專掌御前文字，工書畫。陳善《杭州府志》〔一〕

劉夫人字希，號夫人。建炎間，掌内翰文字及寫宸翰字，高宗甚眷之。亦善畫，上用「奉華堂印」。《書史會要》〔二〕

三子慶於毘陵得李伯時畫《草堂十志》，前有「奉華堂」大小印，向曾收入劉娘子位者。後有「閉關頌酒之裔」一印，此雖用劉伯倫事，然于婦人恐不

類耳。〔三〕

〔一〕見萬曆《杭州府志》卷八十七。引文有删節。

〔二〕見《書史會要》卷六。按，「亦善畫，上用『奉華堂印』」，萬曆《杭州府志》卷八十七作「工書畫，畫上用『奉華堂印』」。

〔三〕按，此段文字爲厲氏所加按語。《樊榭山房續集》卷三《和沈房仲論印》十二首之八曰：「閉關頌酒屬蛾眉，匕首夫人善巧思。不見雉皋雙窈窕，書中有女畫中詩。」詩後小字注文云：「宋奉華劉妃，有『閉關頌酒之裔』印。予嘗見明妓徐驚鴻書扇，印文曰『徐夫人』。皆以婦人用男子事，徐更巧合。又嘗見冒辟疆姬人金玥、蔡含合筆畫《紅梅玉茗》，小印文曰：『書中有女，畫中有詩。』」參見《玉臺畫史》卷一「劉夫人」條及卷三「蔡含」條相關校記。

楊皇后

寧宗恭聖仁烈楊皇后，少以姿容選入宫。慶元三年四月，進封婕妤，五年進婉儀，六年進貴妃。恭淑皇后崩，中宫未有所屬，貴妃與曹美人俱有寵。韓侂胄見妃任權術而曹美人性柔順，勸帝立曹。而貴妃涉書史，知古今，性復機警，帝竟立之。皇

子昀即位，加尊號壽明仁福慈睿皇太后。《宋史》本傳〔一〕

恭聖仁烈皇后楊氏，寧宗后，忘其里氏，或云會稽人。楊次山者，亦會稽人，后自謂其兄也。少以姿容選入宫，頗涉書史，知古今，書法類寧宗。《書史會要》〔二〕

太清宫，寧宗時建，楊皇后書《道德經》石幢。《武林舊事》〔三〕

〔一〕見《宋史》卷二百四十三《后妃傳》下。引文有删節。按，楊皇后（一一六二—一二三二），宋寧宗趙擴（一一九四—一二〇〇在位）皇后。

〔二〕見《書史會要》卷六。

〔三〕見宋周密《武林舊事》卷五。引文有删節。「楊皇后」，原作「楊太后」。

楊妹子

楊妹子，馬河中遠進御及賜貴戚畫，寧宗每命楊妹子題署，有楊娃印章。楊娃者，寧宗恭聖皇后妹也。書法類寧宗，以藝文供奉内廷。其蹟惟遠畫見之。《清賞録》〔一〕

楊妹子，乃宋寧宗恭聖皇后妹。其書類寧宗，凡御府馬遠畫，多命題詠。余曾見馬遠《松院鳴琴》小幅，楊娃題其左方云：「閑中一弄七弦琴，此曲少知音。多因淡然無味，不比鄭聲淫。松院静，竹樓深，夜沉沉。清風拂軫，明月當軒，誰會幽心。」調寄《訴衷情》。波撇秀穎，妍媚之態，映帶縹緗。《韻石齋筆談》〔二〕

寧宗皇后妹，時稱楊妹子。書法類寧宗，馬遠畫多其所題。《書史會要》〔三〕

楊妹子題馬遠《紅梅》。遠在畫院中最知名，余有紅梅一枝，菁艷如生。楊妹子題詩于上，字亦工。按楊妹子者，寧宗恭聖皇后之妹。書法類寧宗，凡御府馬遠畫，多令之題。此幀李梅公見而愛之，携去，竟燬于火。余又有《女誡》一卷，爲馬麟畫。相傳爲寧宗書，實楊妹子書，用御書之印耳。此卷今在畿南士夫家。《庚子銷夏記》〔四〕

六月二十四日，赴鑑叔招，出馬遠單條四幅，俱楊妹子題。其一《白玉蝶梅》：「重重疊疊染緗黄，此際春光已半芳。開處不禁風日暖，亂飄晴雪點衣裳。」再題「晴雪烘香」四字。其一《著雪紅梅》：「銖衣翠蓋映朱顔，未委何年入帝關。默被畫工傳寫得，至今猶似在衡山。」再題「朱顔傅粉」四字。其一《煙鎖紅梅》：「夭桃艷杏豈相同，紅潤姿容冷淡中。披拂輕煙何所似，動人春色碧紗籠。」再題「霞鋪煙表」四字。其一《緑萼玉蝶》：「渾如冷蝶宿花房，擁抱檀心憶舊香。開到寒梢猶可愛，此般必是漢宫妝。」再題「層疊冰綃」四字。後各有「楊娃之章」一，小方印。與余家所藏妹子題馬遠《楊葉》《竹枝》二册，字畫差大，然筆腕瘦嫩畧相似。二册，《楊葉》題「線撚依依緑，金垂裊裊黄」；《竹枝》題「雨洗娟娟淨，風吹細細香」。項鼎鉉《呼桓日記》〔五〕

嘗觀馬和之四小景，有楊妹子各題一絶云：「人道中秋明月好，欲邀同賞意如何。華陽洞裏秋壇上，今夜清光此處多。」「石楠葉落小池清，獨下平橋弄扇行。倚日緑陰無覓處，不如歸去兩三聲。」「清獻先生無一錢，故應琴鶴是家傳。誰知默鼓無弦曲，時向珠宫舞幻仙。」「雨洗東坡月色清，市人行盡野人行。莫嫌犖确坡頭路，自愛鏗然曳杖聲。」沈津《吏隱録》〔六〕

〔一〕見明包衡、張翼《清賞録》卷一。按，據啓功《談南宋院畫上題字的楊妹子》及江兆申《楊妹子》二文考證，「楊娃」之印，實爲「楊姓」之印，楊妹子與楊皇后爲一人，而非楊皇后之妹。

〔二〕見清姜紹書《韻石齋筆談》卷下。

〔三〕見《書史會要》卷六。引文有删節。

〔四〕見清孫承澤《庚子銷夏記》卷八。原題作《馬遠紅梅》，無「楊妹子題」四字。

〔五〕見明項鼎鉉《呼桓日記》卷二。引文有删節。「開到寒梢猶可愛」，原作「開到寒梢尤可愛」。

〔六〕按，明沈津《吏隱録》其書未見。清厲鶚《南宋院畫録》卷三引沈津《吏隱録》有此則。「倚日緑陰無覓處」，「倚日」作「蔽日」。「時向珠宫舞幻仙」，「幻仙」作「列仙」。又第三首，《真蹟日録》卷五亦收録，題作楊妹子《題劉松年趙清獻琴鶴圖》。「人道中秋明月好」詩，爲白居易所作《華陽觀中八月十五日夜招友翫月》，見《白香山詩集》卷十三。「石楠葉落小池清」詩，爲賀鑄所作《游莊嚴寺園》，見《慶湖遺老詩集》卷九。「石楠葉落小池清」，原作「石榴花落小池清」。「倚日緑陰無覓處」，「倚日」原作「蔽日」。「清獻先生無一錢」詩，爲蘇軾所作《題李伯時畫趙景仁琴鶴圖》二首之一，見《東坡詩集註》卷二十七。「時向珠宫舞幻仙」，「舞幻仙」，原作「作幻仙」。「雨洗東坡月色清」詩，爲蘇軾所作《東坡》，見《東坡詩集註》卷六。

度宗昭儀王氏

會寧郡夫人、昭儀王秋兒，東宫直書閣，能屬文，鶴骨癯貌。度皇自即位後，萬幾

之暇，批答書閣，式克欽承，皆出其手。《隨隱漫録》〔一〕

〔一〕見元陳世崇《隨隱漫録》卷二。引文有删節。

荆國大長公主

荆國大長公主，太宗女，幼不好弄。真宗即位，封萬壽長公主，下嫁駙馬都尉李遵勗。主善筆札，喜圖史，能爲歌詩，尤善女工之事。《宋史》本傳〔一〕

〔一〕見《宋史》卷二百四十八《公主傳》。引文有删節。

魏國大長公主

魏國大長公主，英宗第二女。神宗時，封蜀國公主，下嫁左衛將軍王詵。好讀古文章，善書札。《宋史》本傳〔一〕

〔一〕見《宋史》卷二百四十八《公主傳》。引文有删節。「善筆札」，原作「喜筆札」。《書史會要》卷六又作「工筆札」。

王　氏

越國夫人王氏，端獻王頵之妻。作篆隸，有古法。《書史會要》〔一〕

〔一〕見《書史會要》卷六。「端獻王頵之妻」，「妻」原作「室」。

韋　氏

華國夫人韋氏，魏惠獻王愷妻，特封韓魏兩國夫人。《魏王愷傳》〔一〕

謝翱《翠鑠亭避雨》詩云：「仰面無所覩，梁間有題字。問此何人書，婉婉有弱氣。云昔魏王妃，學書似李衛。乘雲到此山，灑墨在空翠。」自注云：「亭有魏王妃所題字尚新。王嘗以成德軍節度鎮明，故妃至其處。」《晞髮集》〔二〕

〔一〕見《宋史》卷二百四十六《宗室傳》三。引文有刪節。「魏惠獻王愷」，原作「魏惠憲王愷」。

〔二〕見元謝翱《晞髮集》卷五。按，原詩前後各四句未引，「自注云」以下，原爲詩序。「王嘗以成德軍節度鎮明」，原作「王嘗以皇子、成德軍節度使鎮明」。

金

元妃李氏

章宗元妃李氏師兒，大定末，以監户女子入宮。是時，宮教張建教宮中，師兒與諸宮女皆從之學。章宗問建：「宮教中女子誰可教者？」建曰：「就中音聲清亮者，最可教。」章宗以建言求得之。章宗好文辭，妃性慧黠，能作字，知文義，遂大愛幸。明昌四年，封爲昭容，明年進封元妃。《金史》本傳〔一〕

〔一〕見《金史》卷六十四《后妃傳》下。引文有删節。「就中音聲清亮者」，「音聲」原作「聲音」。

明

李太后

慈聖李太后，神宗生母也，東安人。神宗在位，上尊號慈聖宣文明肅皇太后。嘗

書「謙謹持家」四字，以貽其父李公。《名山藏·坤則記》〔一〕

慈壽寺，神宗爲慈聖皇太后建也。寶藏閣係聖母御筆題。《燕都游覽志》〔二〕

文華殿後殿所懸扁，凡十二字，每行二字，共分六行。其文曰：「學二帝三王治天下大經大法。」乃慈聖御筆。臣下但見龍翔鳳翥，結構波磔之妙，以爲御書而實非也。《萬曆野獲編》〔三〕

〔一〕見明何喬遠《名山藏》卷三十一《坤則記》二。引文有删節。「慈聖李太后」，原無「慈聖」二字。「嘗書『謙謹持家』四字」前，原有「太后」二字。按，李太后（？—一六一四）爲明穆宗朱載垕貴妃，明神宗朱翊鈞生母。

〔二〕見《古今圖書集成·職方典》卷四十七《順天府部雜録》八引元孫國敉《燕都游覽志》。引文有删節。

〔三〕見明沈德符《萬曆野獲編》卷三「母后聖製」條。引文有删節。

鄭貴妃

神宗貴妃鄭氏，大興人，父憲成。妃姣媚多智，生皇三子，封皇貴妃，帝寵之顓

房。崇禎三年七月薨，謚恭恪惠榮和靖皇貴妃，葬銀泉山。《明史稿》〔一〕

鄭貴妃泥金書《觀世音普門品經》一卷，在甆青紙上，梵本刻絲錦裝。卷首題云：「大明萬曆甲辰年十二月吉日，皇貴妃鄭謹發誠心，沐手親書金字《觀世音菩薩普門品經》一卷，恭祝今上聖主，祈願萬壽洪福，永享康泰，安裕吉祥。」楷法秀整，前繪佛像甚精細。今藏吾杭趙谷林齋中。余題絶句四首云：『梵夾瓷青出漢京，翼坤鄭貴妃宮名。題處最分明。依稀買得硯神記，紙上香多蠹不成。』『巧笑由來雨露偏，佛恩遣在聖人前。開函稽首無他願，一筆泥金壽一年。』『柘館餘閒罷女紅，祝釐不與衆嬪同。也勝密誓含元殿，小字親封玉合中。』『城南詩老觀空久，丁君敬身同賦。特賦新詞繼夢華。他日秋山黄葉下，與君禮足九蓮花。』〔二〕

〔一〕見清王鴻緒《明史稿·后妃傳》下。引文有删節。按，《明史稿·外戚傳》有《鄭成憲傳》，云：「鄭成憲，神宗鄭貴妃父也。貴妃有寵，鄭氏父子宗族並驕恣，帝悉不問。成憲累官至都督同知，卒。」《明史》卷三〇〇《外戚傳》文字與《明史稿》同，惟將鄭成憲校改爲鄭承憲。據此，「父憲成」，應作「父成憲」。

〔二〕見清厲鶚《樊榭山房集》卷六。原題作「《明鄭貴妃書泥金普門品經同丁敬身作》四首」，詩題下有雙行小字注云：「卷首題云：『大明萬曆甲辰年十二月吉日，皇貴妃鄭謹發誠心，沐手親書《觀世音菩薩普門品經》一卷，恭祝今上聖主，祈願萬萬壽洪福，永享康泰，安裕吉祥。』」第一首，「翼坤」作「翊坤」，其下無注文。詩後有雙行小字注文云：「明大内寫金字經，多用瓷青紙。翊坤，鄭妃宫名。」第四首，第一句「城南詩老觀空久」下無注文。第三句「他日秋山黄葉下」，作「更待秋山黄葉下」。詩末有雙行小字注文云：「靈隱寺有慈聖李太后賜九蓮觀音一。」

王　妃

武宗王妃，燕京人。以才色得幸于武宗，侍幸薊州温泉，題詩自書刻石。今石刻尚存。《列朝詩集》〔一〕

〔一〕見清錢謙益《列朝詩集》閏集卷四。「燕京人」下，原有「能詩工書」四字。

陳司綵

洪武二十年，詔選民間淑女入宫，分司六尚。陳二妹，字瑞貞，仲裕女也。貌端

莊，與焉。善六書，曉大義，精女工。嬪嬙皆師事之，人稱爲女中君子。二十四年，命爲司綵，賜歸省。《棗林雜俎》〔一〕

〔一〕見明談遷《棗林雜俎·義集》。引文有删節。「洪武二十年」，「二十年」原作「廿年」。「陳二妹」前，原有「番禺」二字。

婁　妃

婁妃書倣詹孟舉，楷書《千文》極佳。江省永和門並龍興、普賢寺額，其筆也。後人以其賢，不忍更之。《書史會要》〔一〕

〔一〕見明朱謀垔《續書史會要》。

楊　妃

楊妃書法趙文敏，頗得筆意，但偏鋒耳。《書史會要》〔一〕

〔一〕見明朱謀垔《續書史會要》。按，楊妃，鉛山郡王朱縉嵜妃。

安福郡主

安福郡主，寧靖王奠培之長女。工草書，能詩。《列朝詩集》〔一〕

〔一〕見《列朝詩集》閏集卷四。引文有删節。

女仙

晉

魏夫人

南嶽魏夫人，諱華存，字賢安。位紫虛元君，領上真司命。《真靈位業圖》〔一〕魏夫人，左僕射舒之女，太保公掾南陽劉幼彦之室，光禄勳璞之母。天才卓異，少讀《莊》《老》及《春秋》三傳、五經百子，後修真得道。夫人善書。《書史會要》〔二〕

〔一〕見南朝梁陶弘景《洞玄靈寶真靈位業圖・第二中位・女真位》。引文有删節，且字句前後次序不同。

〔二〕見《書史會要》卷三。引文有删節。

豫章女巫

豫章女巫，太元中有神降之，能空中與人言，且善書。《書史會要》〔一〕

〔一〕見《書史會要》卷三。按，《書史會要》卷二「神書」下亦有豫章女巫事跡且文字較詳，云：「晉太元中，豫章有女巫神降之，能空中與人言，多驗。其書類飛白而不真，筆勢遒勁，莫能傳學。或云仙人吴猛，非也。」

唐

吴彩鸞

女仙鸞，自言西山吴真君之女。太和中，進士文蕭客寓鍾陵。南方風俗：中秋月夜，婦人相持踏歌，婆娑月影中，最爲盛集。蕭往觀焉，而彩鸞在歌場中，作調弄語以戲蕭。蕭心悦之，伺歌罷，躡蹤其後。至西山中，忽有青衣燃松明以燭路者。彩鸞見蕭，遂偕往。復歷山椒，有宅在焉。至其處，坐席未煖，而彩鸞據案，如府司治事，所問皆江湖溺死人數。蕭他日詢之，彩鸞初不答，問至再四，乃語之：「我仙子也，所領水府事。」言未既，忽震雷迅發，雲物晦冥，彩鸞執手板伏地，作聽罪狀。如聞謫詞云：「以汝泄機密事，罰爲民妻一紀。」彩鸞泣謝，喻蕭曰：「與汝自有冥契，今當往人世矣。」蕭拙於爲生，彩鸞爲以小楷書《唐韻》一部，市五千錢，爲餬口計。然不出一日間，能了十數萬字，非人力可爲也。錢囊羞澀，復一日書之，且所市不過前日之數，由是彩鸞《唐韻》世多得之。歷十年，蕭與彩鸞遂各乘一虎仙去。《唐韻》字畫雖小，而寬綽有餘，全不類世人筆，當於仙品中别有一種風氣。今御府所藏，正書一十有三：《唐韻》平聲上，《唐韻》平聲下，《唐韻》上聲，《唐韻》去聲，《唐韻》入聲，《唐韻》上下二，《唐韻》六。《宣和書譜》〔二〕

鍾陵西山有游帷觀，每至中秋，車馬喧闐，十里若闤闠。豪傑多召名姝善謳者，夜與丈夫間立，把臂連踏而唱，惟對答敏捷者勝。太和末，有書生文蕭往觀，覩一姝甚妙，其詞曰：「若能相伴陟仙壇，應得文蕭駕彩鸞。自有繡襦并甲帳，瓊臺不怕雪霜寒。」生意其神仙，植足不去，姝亦相眄。歌罷，獨秉燭，穿大松徑將盡，陟山扣石，冒險而升。生躡其蹤，姝曰：「莫是文蕭耶？」相引至絶頂坦然之地，後忽風雨裂帷覆機，俄有仙童持天判曰：「吴彩鸞以私欲洩天機，謫爲民妻一紀。」姝乃與生下山，歸鍾陵爲夫婦。《誠齋雜記》〔二〕

仙人吴彩鸞書孫愐《唐韻》，凡三十七葉。此唐人所謂「葉子」者也。按彩鸞隱居在鍾陵西山下，所書《唐韻》，民間多有。余所見共六本，此一本二十九葉彩鸞書，其八葉後人所補，氣韻肥濁，不相入也。《黄山谷集》〔三〕

裴鉶《傳奇》載：成都古仙人吴彩鸞，善書小字，嘗書《唐韻》鬻之。今蜀中導江迎祥院經藏中《佛本行經》六十卷，乃彩鸞所書，亦異物也。張邦基《墨莊漫録》〔四〕

洪龜父朋《寫韻亭》詩云：「紫極宮下春江横，紫極宮中百尺亭。水入方洲界玉局，雲映遠山羅翠屏。小楷四聲餘翰墨，主人一粒盡仙靈。文蕭彩鸞不復返，至今神界花冥冥。」吕本中《紫薇詩話》〔五〕

樓鑰《跋宇文廷臣所藏玉篇鈔》云：「始予讀《文蕭傳》，言吴彩鸞書《唐韻》字，疑其不然。後於汪季路尚書家見之，雖不敢必其一日可辦，然亦奇矣。爲之賦詩，且辨其爲陸法言《切韻》。茲見樞密宇文公所藏《玉篇鈔》，則又過之，尤可寶也。既謂之『鈔』，竊以爲如《北堂書鈔》之類，蓋節文耳。以今《玉篇》驗之，果然。不知舊有此鈔而書之耶，抑彩鸞以意去取之耶？有可用之字畧之，有非日用之字而反取之。部居如今本，以朱字别之，而『三』字『五』字，止以墨字書之，次序皆不與今合，不可致詰。輒書前歲所與汪氏詩跋於左，庶來者得以覽觀。」《攻媿集》〔六〕

宇文廷臣文孫家有吴彩鸞《玉篇韻》，今世所見者《唐韻》耳。其書「一先」爲「廿三先」、「廿四仙」，不可曉。又導江迎祥寺有彩鸞書《佛本行經》六十卷，或者以爲唐經生書。《硯北雜志》〔七〕

鮮于伯機有吴彩鸞書《切韻》一本。其書「[illegible]先」爲「二十三先」、「二十四仙」，不可曉。字畫尤古。《志雅堂雜鈔》〔八〕

龍興紫極宫寫韻軒，世傳吴彩鸞寫《韻》于此，軒以之得名。予昔在圖書之府及好事之家，有其所寫《唐韻》，皆硬黄書之，紙素芳潔，界畫精整，結字遒麗，皆人間之奇玩也。《道園學古録》〔九〕

虞集《題吴彩鸞唐韻真蹟後》：「豫章城頭寫韻軒，繡簾窣地月娟娟。尋常鶴唳霜如月，書到人間第幾篇。」《道園學古録》〔一〇〕

元詹玉《題寫韻軒》，調《桂枝香》：「紫薇花露，瀟灑作涼雲，點商勾羽。字字飛仙，下筆一簾風雨。江亭月觀今如許，歎飄零，墨香千古。夕陽芳草，落花流水，依然南浦。甚兩兩，凌風駕虎。恁天孫標致，月娥眉嫵。一笑生春，那學世間兒女。筆牀硯滴，曾窺處，有西山青眼如故。素箋寄與，玉簫聲徹，鳳鳴鸞舞。」鳳林書院《草堂詩餘》〔一一〕

彩鸞與文蕭遇，在文宗太和末，而《法苑珠林》則寫于天寶年間，豈神仙隱現，原非時代之可限歟？陳宏緒《寒夜録》〔一二〕

吴彩鸞龍鱗楷《韻》後，柳誠懸題云：「吴彩鸞，世傳謫仙也。一夕書《唐韻》一部，即鬻于市人，不測其意。稔聞此説，罕見其書。數載勤求，方獲此本。觀其神全氣古，筆力遒勁，出於自然，非古今學人所及也。時惟太和九年九月十五日題。」其制共五十四葉，鱗次相接，皆留紙縫。天寶八年製。《庚子銷夏記》〔一三〕

項氏寶藏吴彩鸞正書《唐韻》全部，原係鮮于伯機故物，後爲陸太宰全卿所購，名迹也。雖字細僅若蠅頭，而位置寬綽有餘，全不類世人行筆，當于仙品中求之乃得。《清河書畫舫》〔一四〕

〔一〕見《宣和書譜》卷五。「女仙鸞」，原作「女仙吴彩鸞」。「中秋月夜」，原作「中秋夜」。「坐席未煖」，原作「席未暇暖」。「溺死人數」，原作「喪溺人數」。「雲物晦冥」，原作「雲物冥晦」。

〔二〕見元林坤《誠齋雜記》卷上。「把臂連踏而唱」，「把臂」原作「握臂」。

〔三〕見宋黄庭堅《山谷集别集》卷十一，題作《跋張持義所藏吴彩鸞唐韻》。「仙人吴彩鸞」之上，原有一「右」字。

〔四〕見宋張邦基《墨莊漫録》卷三。「亦異物也」之下，原有「今世間所傳《唐韻》猶有，皆旋風葉，字畫清勁。人家往往有之」數語。按，所云「裴鉶《傳奇》」，爲唐裴鉶所撰志怪小説集，現有輯本。文中「文蕭」原皆作「文簫」。

〔五〕見宋吕本中《紫薇詩話》。「雲映遠山羅翠屏」，「遠山」原作「連山」。「文蕭彩鸞不復返」，「文蕭」原作「文簫」。詩後復有「作詩至此，殆無遺恨矣」一語。按，洪朋《寫韻亭》詩，亦見《洪龜父集》卷上，文字與《紫薇詩話》同。

〔六〕見宋樓鑰《攻媿集》卷七十八，原題作《跋宇文廷臣所藏吴彩鸞玉篇鈔》。「始予讀《文蕭傳》」，「予」原作「余」，「蕭」原作「簫」。「言吴彩鸞書《唐韻》字」，「字」原作「事」。「後於汪季路尚書家見之」，「後於」原作「近于」。「尤可寶也」，原作「是尤可寶也」。「竊以爲如《北堂書鈔》之類」，「竊以爲」原作「竊謂」。「抑彩鸞以意去取之耶」，原無「去」字。「有可用之字畧之」，原作「有可用之字而畧之」。「次序皆不與今合，不可致詰」，原作「次序亦不與今合，皆不可致詰」。文末復有數語，厲氏未引。

〔七〕見元陸友仁《研北雜志》卷下。「《玉篇韻》」，原作「《玉篇鈔》」。「爲『廿三先』、『廿四仙』」，原作「爲『廿三先』，爲『廿四仙』」。「或者以爲唐經生書」，原作「或者以爲特唐經生書也」。

〔八〕見宋周密《志雅堂雜鈔》，原書此條上并無「鮮于伯機」四字，僅言「又有」云云。然其上二條曰「伯機所收」，厲氏因加此四字。按，《志雅堂雜鈔》，原作「志雅雜鈔」，脱「堂」字，今補。

〔九〕見元虞集《道園學古録》卷三十八《寫韻軒記》。引文有删節。「世傳吴彩鸞寫《韻》于此」，「吴彩鸞」原作「吴仙」。「有其所寫《唐韻》以下數句，原作「往往有其所寫《唐韻》，凡見三四本。皆硬黄書之，紙素芳潔，界畫精整，結字遒麗，神氣清明，豈凡俗之所可能者哉！要皆人間之奇玩也」。

〔一〇〕見《道園學古録》卷四，原題作《題吴彩鸞所書唐韻》。「尋常鶴唳霜如月」，「月」原作

「水」。

〔一一〕見鳳林書院輯録《精選名儒草堂詩餘》卷上，原題作《桂枝香·題寫韻軒》。

〔一二〕見明陳弘緒《寒夜録》卷下。引文有删節。按，吴彩鸞書《法苑珠林》事，亦見《寒夜録》，云：「《吉安志》載，唐天寶間，彩鸞曾游安成福聖寺，手植兩羅漢柏觀音閣前。入小室中，七日寫《法苑珠林》二十軸。一夕去，不知所往。其紙粘連處，至今不斷絶。彩鸞更有此一奇也。」以下云「傳稱」，即接本書所引文字。天寶共十四年（七四二—七五五），太和共九年（八二七—八三五）。即以天寶末至太和初計，其間亦相差七十餘年，故云「原非時代之可限」。

〔一三〕按，《四庫》本及《風雨樓叢書》本《庚子銷夏記》俱無此條。檢元王惲《玉堂嘉話》卷二及《秋澗集》卷九十四收録此條，清王士禛《居易録》卷八亦從《玉堂嘉話》轉引。疑厲氏誤記爲《庚子銷夏記》，俟考。

〔一四〕見明張丑《清河書畫舫》卷五上。

謝自然

謝自然，華陽女貞也。幼而入道，善筆札，能屬文。《續仙傳》〔一〕

〔一〕見唐沈汾《續仙傳》卷上。引文有删節。「華陽女貞也」，原作「蜀華陽女真也」。

盧眉娘

永貞元年，南海貢奇女盧眉娘，年十四，幼而慧悟，工巧無比。能於一尺絹上繡《法華經》七卷，字之大小，不過粟粒，而點畫分明，細於毛髮。其品題章句，無有遺缺。至元和中，憲宗以金鳳環束其腕。眉娘不願住禁中，遂度以黄冠，放歸南海，號曰逍遥。後神遷，香氣滿室。弟子將葬，舉棺覺輕，即撤其蓋，惟有藕履而已。後人往往見乘紫雲，游於海上。《杜陽雜編》〔一〕

〔一〕見唐蘇鶚《杜陽雜編》卷中。引文有删節。「年十四」下，原有雙行小字注文云：「眉娘生而眉如線細長也。」

嵩山女子

嵩山女子，佚其名。任生者，隱居嵩山讀書，常夜聞異香。忽一女子開簾而入，年可二十餘，凝態艷質，世莫之見。有雙環青衣，左右翼侍。顧謂侍者曰：「郎君書籍中，取一幅紙兼筆硯來。」乃作詩一首，筆札秀麗。後三日來，又贈二篇。良久出門，閃閃上空中，去地百餘丈，猶隱隱見於雲間。生以三篇示於人，皆知其神仙。《神仙感遇傳》〔一〕

〔一〕見《雲笈七籤·神仙感遇傳》下「任生」條，引文有删節。按，三家本《道藏》中五卷本《神仙感遇傳》未收此條。

曹文姬

文姬本長安倡女也，生四五歲，好文字戲。及笄，姿艷絶倫，尤工翰墨。自牋素外，至於羅綺、窗户，可書之處必書之，日數千字，人號爲「書仙」。筆力爲關中第一。後歸任生，三月晦日，偕任生乘雲仙去。劉斧《青瑣高議》〔一〕

曹文姬，本長安倡。姿艷絶倫，尤工翰墨。欲偶者，請先投詩。岷山任生詩曰：「一點塵心謫九天，玉皇殿上掌書仙。莫怪濃香薰骨膩，霞衣曾帶御爐煙。」女曰：「真吾夫也。不然，何以知吾事耶？」遂事之。五年，忽對任曰：「吾本上天司書仙女，以情

愛謫人寰二紀。將歸，子可偕行。」騰雲而去。後以所居爲書仙里。《書史會要》〔二〕

〔一〕見宋劉斧《青瑣高議》前集卷二《書仙傳》，原題下有小字注云：「曹文姬本係書仙。」引文有删節。「後歸任生」以下數語，與原文不同，係厲氏撮要而録之。

〔二〕見《書史會要》卷五。「本長安倡」，原作「本長安倡女」。所引任生詩，首二句原作「玉皇殿前掌書仙，一染塵心謫九天」。「吾本上天司書仙女」，「仙女」原作「仙人」。

附 尼

元

妙 湛

比丘尼妙湛，管夫人爲寫《長明庵圖》，妙湛小行書題其上。《珊瑚網》〔一〕

〔一〕見明汪珂玉《珊瑚網》卷四十四《勝國十二名家圖册》第二幅管夫人《長明庵圖》之跋語。引文有删節。按，妙湛小行書所題，爲七絶：「有比丘尼妙湛詩云：『松樹陰陰落翠巖，一燈千古破幽關。也知諸法皆如幻，甘老煙霞水石間。』小行書題其上。此尼想即庵畫中人也。」

名媛

周

魯秋胡妻

雕蟲篆，魯秋胡妻所作。秋胡隨牒遠仕，荏苒三年。桑時閒玩，集寫此書，亦云「戰筆書」。其體遒律，垂畫纖長，旋繞屈曲，有若蟲形。僧夢英《十八體書》〔一〕

二十二：蟲書。魯秋胡婦浣蠶所作，亦曰「雕蟲篆」。韋續《纂五十六種書》〔二〕

〔一〕見宋朱長文《墨池編》卷一《宋僧夢英十八體書》。引文有删節。「桑時閒玩」，原作「乘時閒玩」。

〔二〕見唐韋續《墨藪》卷一。「蟲書」，原作「蟲書者」。「亦曰『雕蟲篆』」五字，原書無。《書苑菁華》卷三、《佩文齋書畫譜》卷一、《六藝之一録》卷二百六十七等所載則與厲氏引文全同。

漢

馬夫人

扶風馬夫人，安定皇甫規妻，不知何氏女也。規初喪室家，後更娶之。妻善屬文，能草書，時爲規答書記，衆人怪其工。《後漢書·列女傳》〔一〕

扶風馬夫人，大司農皇甫規之妻也。有才學，工隸書。夫人寡，董卓聘之，夫人不屈，卓殺之。《書斷》〔二〕

後漢皇甫規妻馬夫人，行隸中中品。韋續《九品書人論》〔三〕

〔一〕見《後漢書》卷八十四《列女傳》。引文有删節。「扶風馬夫人」五字，原書無。「皇甫規妻」下，原有「者」字。

〔二〕見唐張懷瓘《書斷》卷中。「聘之」，原作「聘以爲妻」。

〔三〕見《墨藪》卷一《九品書》，原書「中中十一人」下，馬夫人在第二，文曰：「後漢皇甫規妻馬夫人行隸。」

蔡文姬

蔡文姬，蔡邕女也。博學有才辨，又妙於音律。興平中亂，没於南匈奴，曹操贖之。操問曰：「聞夫人家多墳籍，猶能憶識之否？」文姬曰：「昔亡父賜書四千許卷，今所誦憶，裁四百餘篇耳。」操曰：「當使十吏就夫人寫之。」文姬曰：「男女之别，禮不親授。乞給紙筆，真草惟命。」於是繕書送之，文無遺誤。《後漢書·列女傳》〔一〕

蔡邕得筆法於神人，傳女文姬，文姬傳之鍾繇。《古今傳授筆法人名》〔二〕

「我生之初尚無爲，我生之後漢祚衰。」蔡炎書。《淳化閣帖》〔三〕

蔡炎《胡笳引》，自書十八章，極可觀。不謂流傳僅餘兩句，亦似斯人身世耶？《山谷題跋》〔四〕

〔一〕見《後漢書》卷八十四《列女傳》。引文有删節。

〔二〕見唐張彦遠《法書要録》卷一「傳授筆法人名」條。引文有删節。「蔡邕得筆法於神人」，原作「蔡邕授於神人」。「傳女文姬」，原作「而傳之崔瑗及女文姬」。

〔三〕見清徐朝弼《淳化閣帖釋文》卷五蔡琰《我生帖》。按，此帖殘缺，僅餘二行如上，即傳爲蔡琰所作《胡笳十八拍》之首二句。

〔四〕見《山谷題跋》卷四「跋法帖」條。「蔡炎」，原作「蔡琰」，《山谷集》卷二十八「跋法帖」亦作「蔡琰」。「不謂流傳僅餘兩句」，「流傳」，原作「流落」，《山谷集》同。

晉

衛夫人

晉中書院李充母衛夫人，善鍾法，王逸少之師。羊欣撰録〔一〕

衛夫人名鑠，字茂漪，廷尉展之女弟、恒之從女，汝陰太守李矩之妻也。隸書尤善規矩，鍾公云：「碎玉壺之冰，爛瑶臺之月，婉然芳樹，穆若清風。」右軍少常師之。永和五年卒，年七十八。子充爲中書郎，亦工書。《書斷》〔二〕

鍾繇傳之衛夫人，衛夫人傳之王羲之。《傳授筆法人名》〔三〕

庾肩吾《書品》，列中之上〔四〕。

李嗣真《書後品》〔五〕，列上下品，云：衛夫人正體尤絶〔六〕。

韋續《九品書人論》：上中品，有李矩妻衛夫人正、行〔七〕。

唐人書評：「衛夫人書如插花舞女，低昂芙蓉；又如美女登臺，仙娥弄影；紅蓮映水，碧沼浮霞。」《書苑菁華》〔八〕

晉衛夫人《筆陣圖》：夫三端之妙，莫先乎用筆；六藝之奥，莫重乎銀鈎。昔秦丞相李斯見周穆王書，七日興歎，患其無骨。蔡尚書入鴻都觀觀碣，十旬不返，嗟其出羣。故知達于其源者少，闇于其理者多。近代以來，殊不師古而緣情棄道，纔記姓名，或學不該贍，聞見又寡，致使成功不就，虚費精神。自非通靈感物，不可與談斯道也。今删李斯筆妙，更加潤色，總七條并作其形容，列事如左。貽諸子孫，永爲模範，庶將來之君子時復覽焉。

筆要取崇山絶仞中兔毛，八九月收之。其筆頭長一寸，管長五寸，鋒齊腰强者。其硯取前涸新石，潤澀相間，浮津耀墨者。其墨取廬山之松煙，代郡之鹿膠，十年以上，强如石者爲之。紙取東陽魚卵，虚柔滑淨者。

凡學書字，先學執筆。若真書，去筆頭二寸一分；若行書，去筆頭三寸一分。執之下筆，點畫波撇屈曲，皆須盡一身之力而送之。若初學者，先大書，不得先從小。善鑒者不寫，善寫者不鑒。善筆力者多骨，不善筆力者多肉。多骨微肉者，謂之筋書。多肉微骨者，謂之墨豬。多力豐筋者聖，無力無筋者病。一一從其消息而用之。

一　如千里陣雲，隱隱然其實有形。

丶　如高峰墜石，磕磕然實如崩也。

丿　陸斷犀象。

乚　百鈞弩發。

丨　萬歲枯藤。

㇏　崩浪雷奔。

𠃌　勁弩筋節。

右七條筆陣出入斬斫圖。

執筆有七種：有心急而執筆緩者，有心緩而執筆急者，若執筆近而不能緊者，心手不齊、意後筆前者敗，若執筆遠而急、意前筆後者勝。又有六種用筆：結構圓潤如篆法，飄颺灑落如章草，凶險可畏如八分，窈窕出入如飛白，耿介特立如鶴頭，鬱拔縱横如古隸。然心存委曲，每爲一字，各象其形，斯造妙矣，書道畢矣。永和四年上虞製記〔九〕。

晉衛夫人《與師帖》：「衛稽首和南：近奉勑寫《急就章》，遂不得與師書耳。但衛隨世所學，規摹鍾繇，遂歷多載。年廿著詩論草隸通解，不敢上呈。衛有一弟子王逸少，甚能學衛真書，咄咄逼人，筆勢洞精，字體遒麗，可詣晉尚書館書耳。仰求至鑒，大不可言。弟子李氏衛和南。」《淳化閣帖》〔一〇〕

黄長睿云：衛夫人帖，蓋唐初李懷琳作。事見竇臮《述書賦》。《東觀餘論》〔一一〕

黄山谷《題絳本法帖》云：「王會稽初學書於衛夫人，中年遂妙絶古今。今人見衛夫人遺墨，疑右軍不當北面，而蓋不知九萬里則風斯在下耳。」《黄山谷集》〔一二〕

〔一〕按，「撰録」非書名，其書稱《采古來能書人名》，見《法書要録》卷一宋羊欣《采古來能書人名》，題下注：齊王僧虔録。因該書正文前有王僧虔啓，中云：「羊欣所撰録，一卷。」疑厲氏因此誤以

「撰録」爲書名。參見余紹宋《書畫書録解題》。

〔二〕見《書斷》卷中。

〔三〕見《法書要録》卷一「傳授筆法人名」條。引文有删節。

〔四〕見《法書要録》卷二梁庾肩吾《書品論》。其中「中之上」共十五人，衛夫人在第五，其名下雙行小字注云：「名鑠，字茂猗。」

〔五〕《書後品》，原作「書」，脱「後品」二字，今據《舊唐書·經籍志》及《新唐書·藝文志》補。

〔六〕見《法書要録》卷三唐李嗣真《書後品》。「衛夫人正體尤絶」，原無「夫人」二字。原書「上下品一十二人」，衛夫人在第四，其名下小字注云：「正。」

〔七〕見《墨藪》卷一《九品書》，原書「上中十三人」，衛夫人在第九，云：「晉李矩妻衛夫人正、行。」

〔八〕見宋陳思《書苑菁華》卷五「唐人評書」條。

〔九〕見《書苑菁華》卷一。按，衛夫人《筆陣圖》，多種書法論著均收録，文字不無小異。如第二句「莫重乎銀钩」，「重」字或作「若」，或作「匪」，或作「深」，爲省篇幅，未加詳校。

〔一〇〕見《淳化閣帖釋文》卷五。「字體遒麗」，「遒麗」原作「遒媚」。「可詣晉尚書館書耳」，

「可諧」原作「師可請」。「仰求至鑒」，原作「仰憑至鑒」。

〔一一〕見宋黄伯思《東觀餘論》卷上。按，「事見竇臮《述書賦》」，見竇臮《述書賦》卷下。原書云：「爰有懷琳，厥跡疎壯，假他人之姓字，作自己之行狀。高風甚少，俗態尤多，吠聲之輩，或浸餘波。」其下小字注云：「李懷琳，洛陽人。國初時好爲僞迹，其《大急就》稱王書。及士賢書，假云薛道衡作敘。及《竹林敘事》并衛夫人『咄咄逼人』、嵇康《絶交書》，並懷琳之僞迹也。」

〔一二〕見《山谷集》卷二十八。「而蓋不知」，原無「而」字。《山谷題跋》卷四同。

郗夫人

郗夫人，王羲之之妻也。甚工書。孔元舒《在窮記》〔一〕

〔一〕見《説郛》卷六十上《在窮記》。原作「郗氏，羲之妻也。甚工書」。

謝夫人

謝夫人，字道韞，王凝之妻，安西將軍奕之女也。《晉書·列女傳》〔一〕

道韞有才華，亦善書，爲其舅氏所重。《王羲之外傳》〔二〕

李嗣真《書後品》云：謝道韞是王凝之妻，雍容和雅，芬馥可翫。列中下品〔三〕。
韋續《九品書人論》：下上品，有王凝之妻謝道韞行草〔四〕。

〔一〕見《晉書》卷九十六《列女傳》。引文有删節。「謝夫人，字道韞，王凝之妻」，原作「王凝之妻謝氏，字道韞」。
〔二〕見《佩文齋書畫譜》卷二十三引《王羲之外傳》。「爲其舅氏所重」，原無「其」字。按，謝道韞之夫王凝之，爲王羲之次子。古時已嫁婦女稱公婆爲舅姑，其舅氏即指王羲之。
〔三〕見《法書要録》卷三唐李嗣真《書後品》。原書「中下品七人」，謝道韞在第三。
〔四〕見《墨藪》卷一《九品書》。原書「下上品八人」，謝道韞在第三。文曰：「謝韞行草。」

傅夫人

傅夫人，郗愔之妻也。善書。《書斷》〔一〕
韋續《九品書人論》：下上品，有傅夫人正、隸〔二〕。

〔一〕見《書斷》卷中「郗愔」條。原作「妻傅氏，善書」。
〔二〕見《墨藪》卷一《九品書》。原書「下上品八人」，傅夫人在第四。文曰：「晉郗愔妻傅夫人正、篆。」

荀夫人

荀夫人，王洽之妻也。亦善書。《書斷》〔一〕

〔一〕見《書斷》卷中「王洽」條。原作「妻荀氏，亦善書」。

汪夫人

汪夫人，《宣和書譜》作「江」。〔一〕王珉之妻也。善書。《書斷》〔二〕

〔一〕見《宣和書譜》卷十四，《四庫》本已改爲「汪」。

〔二〕見《書斷》卷中「王珉」條，原作「妻汪氏，善書」。「《書斷》」，原作「同上」，爲求劃一，今改署書名。

荀夫人

荀夫人，庾亮之妻也。韋續《九品書人論》上下品，有庾亮荀夫人正、行、隸、篆[一]。

[一]見《墨藪》卷一《九品書》。原書「上下十三人」，荀夫人在第四。文曰：「晉庾亮妻荀夫人正、行、隸、篆。」

蔡夫人

蔡夫人，羊衡母。韋續《九品書人論》：上中品[一]。

[一]見《墨藪》卷一《九品書》。原書「上中十三人」，蔡夫人在第十。文曰：「晉羊衡母蔡夫人正書。」

桓夫人

唐人書評云：桓夫人書，如快馬入陣，屈伸隨人。《書苑菁華》[一]

[一]見《書苑菁華》卷五「唐人評書」條。按，《墨藪》卷一評桓玄書用此語，非桓夫人。史上實無「善書」之桓夫人。參見張金梁《桓夫人善書考》，載《古籍整理研究學刊》二〇〇九年第五期。

李意如

李意如，琅邪王獻之保母也。姓李，名意如，廣漢人也。在母家有志行，歸王氏，柔慎謹恭。善屬文，能草書，解釋老旨趣。《雲麓漫鈔》〔一〕

〔一〕見宋趙彦衛《雲麓漫鈔》卷五。引文有删節。「在母家有志行」，原作「在母家志行高秀」。「柔慎謹恭」，原作「柔慎恭懃」。原書後有「年七十，興寧三年歲在乙丑二月六日，無疾而終」數語，厲氏未録。

宋

謝夫人

謝夫人，孔琳之妻謝氏，亦善書。《書斷》〔一〕

〔一〕見《書斷》卷中「孔琳之」條。原作「妻謝氏，亦善書」。

北魏

李夫人

高慎妻李氏，趙郡李徽伯女。艷且慧，兼善書記，工騎乘。《北史·高乾傳》〔一〕

〔一〕見《北史》卷三十一《高乾傳》附《高慎傳》。引文有删節。「高慎妻李氏，趙郡李徽伯女」，原作「慎後妻，趙郡李徽伯女也」。

李彪女

李彪女，幼而聰令，彪教之書學，讀誦經傳。後宣武聞其名，召爲婕好。在宫中，常教帝妹書，誦授經史。後宫咸師宗之。《北史·李彪傳》〔一〕

〔一〕見《北史》卷四十《李彪傳》。引文有删節。「在宫中」，原無「中」字。其下復云：「宣武崩後，爲比丘尼，通習經義，法座講説，諸僧歎重之。」厲氏未録。按，李彪女既入宫爲婕好，當歸入「宫闈」。

北齊

魏夫人

韋續《九品書人論》：下下品，有北齊魏夫人正、行〔一〕。

〔一〕見《墨藪》卷一《九品書》。原書「下下九人」，魏夫人在第九。文曰：「北齊魏夫人正、行。」

唐

劉秦妹

馬家劉氏，臨効逼斥，《安西》《蘭亭》，貌奪真蹟。如宓妃遺形於巧素，再見如在之古昔。注云：「翰林書人劉秦妹，歸馬氏。」竇臮《述書賦》〔一〕

劉秦妹，善臨《蘭亭》及《西安帖》，奪真。亦唐翰林書人。《法書苑》〔二〕

〔一〕見《述書賦》卷下。

〔二〕見明王世貞《古今法書苑》卷二十八引《書史會要》。檢《書史會要》卷五云：「劉氏，翰林書人劉秦妹，歸馬氏。臨效逼斥，《安西》《蘭亭》，逸奪真蹟。」按，《法書苑》全稱《古今法書苑》，一爲宋周越所輯，今存一卷十三則，無劉秦妹事蹟。一爲明王世貞所輯，共七十六卷。實則劉秦妹事蹟，已見於五代南唐張泌《妝樓記》，該書「善臨寫」條云：「劉秦妹，善臨寫右軍《蘭亭》及《西安帖》，足奪真蹟。秦亦當時翰林書人也。」「《西安帖》」，《六藝之一録》卷一百五十三引《法書苑》同，《六藝之一録續編》卷十三《玉臺書史》本作「《安西帖》」。

房璘妻高氏

太原府交城縣石壁寺《鐵彌勒像頌》《安公美政碑》，俱參軍房璘妻高氏書。《石壁寺碑》乃行書。《學林新編》〔一〕

房璘妻高氏，嘗書石刻，字畫潔媚。《墨池編·續書斷》〔二〕

《太谷縣令安庭堅美政頌碑跋》：開元二十九年《安公美政頌》，房璘妻高氏書。安公者，名庭堅，其事蹟非奇而文辭亦匪佳作。惟其筆畫遒麗，不類婦人所書。余所集録，亦已博矣。而婦人之筆著於金石者，高氏一人而已。然余嘗與蔡君謨論書，以爲書之盛，莫盛于唐；書之廢，莫甚于今。余之所録如于頔、高駢，下至陳游瓌等書皆有，蓋唐之武夫悍將暨楷書手輩，字皆可愛。今文儒之盛，其書屈指可數者無三四人。非皆不能，蓋忽不爲爾。唐人書見於今而名不知於當時者，如張師丘、繆師愈之類，蓋又不可勝數也。非余録之，則將遂泯然於斯世矣。余于集古，不爲無益也夫。《集古録》〔三〕

撰人姓名殘缺，房璘妻高氏書。開元廿九年三月。《金石録》〔四〕

《太原府交城縣石壁寺鐵彌勒像頌碑跋》：《太原府交城縣石壁寺鐵彌勒頌》者，林諤撰，參軍房璘妻高氏書。余所集録古文，自周秦而下，迄于顯德，凡爲千卷，唐居其十七八。其名臣顯達，下至山林幽隱之士，所書莫不皆有，而婦人之書惟此高氏一人耳。然其所書刻石，存於今者惟此《頌》與《安公美政頌》耳。二碑筆畫字體，遠不相類，殆非一人之書。疑模刻不同，亦不宜相遠如此，又疑好事者寓名以爲奇也。識者當爲辨之。《集古録》〔五〕

林諤撰，房璘妻高氏書。開元二十九年六月。《金石録》〔六〕

〔一〕見宋王觀國《學林》卷七「高氏書」條。引文有删節且語多不同，厲氏蓋撮其大要而録之。
〔二〕見宋朱長文《墨池編》卷三《續書斷》下。
〔三〕見宋歐陽修《集古録》卷六，原題作《唐安公美政頌》。「開元二十九年」，原爲題下小字注文。
〔四〕見宋趙明誠《金石録》卷六《唐安公美政頌》。「廿九年」，原作「二十九年」。
〔五〕見《集古録》卷六，原題作《唐石壁寺鐵彌勒像頌》，題下小字注云「開元二十九年」。又文後有「治平元年端午日書」一句。
〔六〕見《金石録》卷六《唐石壁寺鐵彌勒像》。

柳夫人

柳夫人，崔簡妻，宗元伯姊。善隸書，爲雅琴以自娱。《柳河東集》〔一〕

〔一〕見唐柳宗元《柳河東集》卷十三《亡姊崔氏夫人墓誌蓋石文》，引文有删節。

崔　瑗

崔瑗，永州刺史博陵崔簡女，嫁爲朗州員外司户河東薛巽妻。善筆札，讀書通古

今。《柳河東集》〔一〕

〔一〕見《柳河東集》卷十三《朗州員外司户薛君妻崔氏墓誌》，引文有删節。

楊夫人

柳柳州宗元室，善翰墨。《書史會要》〔一〕

〔一〕見《書史會要補遺》。按，唐柳宗元《柳河東集》卷十三有《亡妻弘農楊氏誌》，載楊氏事跡較詳，可參看。

白金鑾

白氏金鑾，居易女。十歲忽書《北山移文》示家人，居易以終南紫石刊之。《書史會要》〔一〕

〔一〕見《書史會要補遺》。「白氏金鑾」，原作「白氏名金鑾」。「十歲」，原作「年十歲」。

陳燕子丁 德宗時人

獨菴比丘道衍《法華經跋》云：「唐僧義道與女人陳燕子丁，共以小楷細書是經，爲薦亡母解脱清升。點畫波撇，若出一手。」《金華府志》〔一〕

〔一〕按，檢萬曆《金華府志》，未見此則。

廉女貞

廉女貞，善隸書，常爲内中學士。《李遠集》〔一〕

〔一〕見《增訂注釋全唐詩》卷五一二李遠《觀廉女真葬》詩，詩題下小字注文云：「女真善隸書，常爲内中學士。」按，女真，即女道士。《六藝之一録》卷三百三十二及《佩文齋書畫譜》卷三十引《李遠集》，「真」均作「貞」。

鄧敞妻李氏

鄧敞，封敖門生，婚李氏。其父嘗爲福建從事，官至評事。有女二人，皆善書。

敞之所行卷，多二人筆跡。敞官至秘書少監。《玉泉子》〔一〕

〔一〕見唐佚名《玉泉子》，引文有删節。按，詳繹文義，善書者或爲鄧敞之二女，而非其妻李氏。

關　氏

關氏，南楚人圖之妹。甚聰慧，文學書札，罔不動人。圖常語同僚曰：「某家有一進士，但不櫛耳。」後圖以妹妻常修，關氏與修讀書二十餘年，才學優博，越絶流輩，咸通六年登科。《南楚新聞》〔一〕

〔一〕見《太平廣記》卷二百七十一「關圖妹」條引《南楚新聞》。引文有删節。按，《南楚新聞》，唐尉遲樞撰。《説郛》卷四十六下收録一卷，無此條。

薛　媛

薛媛，濠梁人南楚材妻。楚材旅游陳潁，受潁牧之眷，無返舊意。瑗寫真寄之，曰：「欲下丹青筆，先拈寶鏡端。已驚顔索莫，漸覺鬢凋殘。淚眼描將易，愁腸寫出難。恐君渾忘却，時展畫圖看。」夫妻遂偕老焉。時人嘲之曰：「當時婦棄夫，今日夫

棄婦。若不湜丹青，空房應獨守。」《全唐詩話》〔一〕

媛善書畫，妙屬文。《雲溪友議》〔二〕

〔一〕見清尤袤《全唐詩話》卷六引《雲溪友議》。引文有刪節且字詞有不同。可參看《玉臺畫史》卷二「薛媛」條相關注釋。

〔二〕見唐范攄《雲溪友議》卷上「真詩解」條，文字較《全唐詩話》爲詳。厲氏僅録此數字。

封絢

封絢，殷保晦妻，封敖孫也，名絢，字景文。能文章草隸。保晦歷校書郎，黄巢入長安，共匿蘭陵里。賊悦封色，欲取之。封罵曰：「我公卿子，守正而死，猶生也。終不辱逆賊手。」遂遇害。《唐書》本傳〔一〕

〔一〕見《新唐書》卷二百零五《列女傳》。引文有刪節。

後唐

李夫人

李夫人，西蜀名家後。唐郭崇韜伐蜀得之。大人以崇韜武弁，嘗抑鬱不樂。善屬文，尤工書畫。《書史會要》〔一〕

〔一〕見《書史會要》卷五。「嘗抑鬱不樂」，原作「常鬱悒不樂」。

五代蜀

黄崇嘏

黄崇嘏，臨邛人。周庠知邛州，崇嘏上詩，稱鄉貢進士，年三十許，袛對詳敏，復獻長歌。庠益奇之，召與諸生姪同游。善琴奕，妙書畫。翼日，薦攝府司户參軍，胥吏畏服，案牘一清。庠美其風采，欲以女妻之。崇嘏袖封狀謝，仍貢詩曰：「幕府若

容爲坦腹，願天速變作男兒。」庠覽詩驚駭，召見詰問，故黄使君女也。乞罷歸臨邛，不知所終。《玉溪編事》〔一〕

〔一〕見《玉溪編事》「參軍」條，引文有删節，且字句多不同。

宋

朱嚴妻

王禹偁《贈朱嚴》詩云「妻裝秋卷停燈坐」，自注云：「嚴妻能書。」《小畜集》〔一〕

〔一〕見宋王禹偁《小畜集》卷十。全詩如下：「未得科名鬢已衰，年年顑頷在京師。妻裝秋卷停燈坐，兒趁朝餐乞米炊。尚對交朋賒酒飲，徧看卿相借驢騎。誰憐所好還同我，韓柳文章李杜詩。」詩下注云：「嚴妻能書，常寫文卷。」

崔氏

安國夫人崔氏，韓琦妻。善書札，體法甚老，殊無婦人氣。《安陽集》〔一〕

〔一〕見宋韓琦《安陽集》卷四十六《録夫人崔氏事迹與崔殿丞請爲行狀》。引文有删節。「殊無婦人氣」，原作「殊無婦人氣格」。小字「韓琦妻」，爲厲氏所加注文。

楊夫人

夏竦妻楊氏，工筆札。《宋史·夏竦傳》〔一〕

〔一〕見《宋史》卷二百八十三《夏竦傳》。引文有删節。原作「竦娶楊氏。楊亦工筆札，有钩距」。「钩距」，猶言機謀、機心。

權太君

天水郡太君權氏，善草隸。書誦數經，能畧通其説。《臨川集》〔一〕

〔一〕見宋王安石《臨川文集》卷九十五《贈尚書刑部侍郎王公墓誌銘》。引文有删節。

武昌縣君郭氏

郭氏，曾祖昶，祖遵式，父昭晦。聰明孝謹，能讀書史，善書畫。選歸於皇從孫右

監門衛將軍世單，封武昌縣君。《歐陽文忠公集》〔一〕

〔一〕見宋歐陽修《文忠集》卷三十七《右監門衛將軍夫人武昌縣君郭氏墓誌銘并序》。引文有删節。「右監門衛將軍世單」，「世單」原作「世覃」。按，趙世覃封馮翊侯，趙令誠之父。厲氏作「世單」，誤。

和國夫人

和國夫人王氏，宗室趙仲輗室。能詩章，善字畫。《書史會要》〔一〕

〔一〕見《書史會要》卷六。

章　煎

章煎，友直女。工篆書，傳其家學。友直執筆，自高壁直落至地如引繩，而煎亦能如其父。《書史會要》〔一〕

〔一〕見《書史會要》卷六。「章煎」，原作「章氏煎」。「亦能如其父」下，原有「以篆筆畫棋局，筆筆匀正，縱橫如一」數句。

唐氏

唐氏能書。梅堯臣《泗州觀唐氏書》詩云：「唐氏能書十載聞，誰教精絶到紅裠。百金買盡蒲葵扇，不必更求王右軍。」《宛陵集》〔一〕

〔一〕見宋梅堯臣《宛陵集》卷四十七。「唐氏能書」，原無此四字。「百金買盡蒲葵扇」，「盡」原作「書」。

史炎

史炎字炎玉，州刺史張闇聘爲冢子祺之配。祺亦有才，倡和成集，名曰《和鳴》。山谷作字用秃筆，體法古勁。黄山谷與祺父有内親，而祺弟祉亦以進士爲青神尉。山谷親來訪之，炎玉致書，嘗緘緑菜以贈，山谷爲之贊曰：「蔡蒙之下，彼江一曲。有茹生之，可以爲蔌。蛙蠙之衣，采采盈掬。芼以辛鹽，宜酒宜餗。在吴則紫，在蜀則緑。頒我旨蓄，史君炎玉。」曹學佺《蜀中詩話》〔一〕

徐宏中《跋山谷緑茹贊》云：「按此贊末句言『史君炎玉』，蓋指眉陽望族史氏女，名炎，字炎玉。髫丱資穎嗜學，蘋蘩綫纊，一不介意。善屬文。雅安張闇少卿出守眉陽，聞其才賢，納爲冢嗣子履之婦。炎玉日游心於編簡翰墨，平生游覽之勝，燕笑之適，與子履詩酒酬唱，格調閑雅。久而盈筐，手自敘次，目曰《和鳴集》。而少卿之室，于山谷老人爲姑輩，子履實其親表也，因寓書致緑菜爲信。山谷珍其品，以贊謝之，褒其爲古女校書云。紹興甲戌秋，徐宏中跋。」《式古堂書畫彙考》〔二〕

〔一〕見明曹學佺《蜀中詩話》卷三。引文有删節。「史炎」，原作「史琰」。「芼以辛鹽」，原作「芼以辛鹹」。「在蜀則緑」之下，原有「其臭故同，遠故不録」二句。又此條下原注：「出《眉州志》。」按，《黄庭堅全集·别集》卷三《緑菜贊》，較《蜀中詩話》所引多四句，可參看。

〔二〕見《式古堂書畫彙考》卷十一《魯直緑菜贊》。引文有删節。「名炎」，原作「名琰」。「久而盈筐」，原作「久而盈篋」。

慶國夫人邢氏

余與天台謝傑景英爲忘年交。謝，趙出也，爲余言外氏丞相家法甚悉。今見邢氏趙夫人手書《戒婦子》一紙，往往與景英言合。邢尚書、趙丞相事，具國史。至其故家典型，要自令人起敬。陳傅良《止齋集》〔一〕

〔一〕見宋陳傅良《止齋集》卷四十一《跋邢氏慶國夫人手書》。「往往與景英言合」，「言」原作「語」。

謝夫人

謝夫人，譚文初妻，潁川汝陰人。居家雞晨以興，家之事無不遍視。舍此則讀書，觀古人書畫，二事皆精。鄭俠《西塘集》〔一〕

〔一〕見宋鄭俠《西塘集》卷四《謝夫人墓表》。引文有删節。「舍此則讀書，觀古人書畫，二事皆精」，原作「舍此則讀書觀古文，無事則書畫，二事皆精至，而於水墨尤有閑澹之趣」。

李清照

李清照，號易安居士，禮部員外郎格非女，知湖州趙明誠室〔一〕。易安居士能書能畫，而又能詞，尤長于文藻。迄今學士每讀《金石録序》，頓令

心神開爽。何物老嫗，生此寧馨？大奇。《才婦録》〔二〕

李易安《一翦梅詞帖》：紅藕香殘玉簟秋，輕解羅裳，獨上蘭舟。雲中誰寄錦書來，雁字回時，月滿西樓。花自飄零水自流，一種相思，兩處閒愁。此情無處可消除，纔下眉頭，却上心頭。右調《一翦梅》。

《跋李易安書一翦梅詞》云：易安詞稿一紙，乃清閟閣故物也。筆勢清真可愛。此詞《漱玉集》中亦載，所謂《離别曲》者邪？卷後無題識，僅有「點定」兩字耳。《書畫舫》〔三〕

〔一〕見《六藝之一録》卷三百五十一。「號易安居士」下，原有「濟南人」三字。按，此條厲氏原未注明出處。

〔二〕見明張丑《清河書畫舫》卷九上引《才婦録》。「而又能詞」，原無「而」字。「大奇」，原作「大奇大奇」。按，《才婦録》，今不見其書。王學初《李清照著作考》云：「如所引《才婦録》一條，今無此書，蓋自《清河書畫舫》録出而没其來源，一似曾見其書者。」

〔三〕見《清河書畫舫》卷九上。

秦國潘夫人

周必大《題秦國潘夫人書》云：右靖國元年辛巳，祖妣秦國潘夫人從祖父初任忻州司法時，與鄭州叔祖母姚氏書。夫人，富文忠公彌孫。其云「奉文」，乃運使金紫及奉使太師小字。後批「三管散」一行，金紫年十四代寫。常記祖母張秦國道祖父之言：舊小吏事上官極恭，太守禮上法曹與他掾窄袖捧案。此書亦云：起五更，每日兩衙，極邊小壘，事體尚爾，況藩府乎？今儀門外雖有「州縣官於此下馬」牌，然皆肩輿直造客位。初到略展衙禮，遠不過三日，近則是日亟免。并記此以示後人。嘉泰三年十月旦立石。《平園集》〔一〕

〔一〕見宋周必大《文忠集》卷四十六，原題作《題祖妣秦國潘夫人書》。「夫人，富文忠公彌孫」，原作「富文忠公彌生」。按，周必大著《平園集》二百卷，《四庫全書》收録，易名《文忠集》。

徐夫人

徐氏諱蘊行，自號悟空道人，臨川蔡教授誂之母。學虞書，得楷法。《誠齋集》〔一〕

徐夫人名蘊行，善讀書，工歐虞筆法。爲通判蔡逴妻，以賢婦稱。暮年留心内典，手寫《華嚴》諸部經，號悟空道人。《撫州府志》〔二〕

蔡同年之母徐夫人，手寫佛經九十五卷。得唐人筆法，字畫亦細楷。《止齋集》〔三〕

周必大《跋徐夫人所書華嚴經梁武懺》：鬱林蔡侯子羽故母徐氏，三衢人，宣和間刑部侍郎諱敷言之女。潛心内典，學虞世南書。嘗手寫《華嚴經》《梁武懺》，皆終部帙，所謂女人身得度者。其子將藏是書于名山，求予一言。予謂夫人爲善如此，郗氏之業，在所不論，二經果報，寧復唐捐？《華嚴經》云：「南方國有長者，妻名曰善慧。見佛神力，心生覺悟。」《法華經》云：「比丘尼憍曇毗，得佛授記，後名光相如來。」予知夫人此念不斷盡，未來世豈止資其冥福而已。慶元丙辰六月丙寅。《平園集》〔四〕

〔一〕見宋楊萬里《誠齋集》卷二十三《跋悟空道人墨蹟》詩。厲氏所引，爲詩題下雙行小字注文。原文曰：「臨川蔡教授誂之母徐氏，諱蘊行，自號悟空道人。學虞書，得楷法。手抄佛書，跋以五言。」

〔二〕見弘治《撫州府志》卷二十四。「善讀書」，原作「亶讀書」。「諸部經」下，原有「艮齋謝諤、誠齋楊萬里皆爲題跋」一語，厲氏未録。亦見康熙《撫州府志》卷二十五、雍正《撫州府志》卷二十九，字詞有不同。

〔三〕見宋陳傅良《止齋集》卷四十二《跋徐夫人手寫佛經》。引文有删節。「得唐人筆法」，原作「往往得唐人筆法」。「字畫亦細楷」，原無「楷」字。

〔四〕見宋周必大《文忠集》卷四十七。「未來世豈止資其冥福而已」，原作「未來世當證二説，豈止資其冥福而已」。

韓玉父

韓玉父，秦人，家于杭。李易安嘗教以詩，後父母以妻閩人林子建。子建得官歸閩，韓自錢塘往三山。比至，林已官盱江矣。復回延平，假道昭武，夜宿漠口鋪，題詩于壁。《四朝詩集》〔一〕

〔一〕按，厲鶚《宋詩紀事》卷八十七韓玉父《題漠口鋪并序》之小序，較上引文字爲詳。末注出《彤管遺編》。見明酈琥《彤管遺編後集》卷十一。《四朝詩集》其書未見，疑即《御選四朝詩》，然其中之《御選宋詩》卷二十四韓玉父《題漢口鋪》詩，序文未録，僅於《姓名爵里》二韓玉父名下綴寥寥數語，較此則文字簡甚。俟考。

張夫人

張氏，蜀之故家，漢御史綱之後，通判宋若水之妻也。性賢孝，讀書史，善筆札，通古今，識義理，而不肯爲詞章。其方直之操，士大夫或有愧焉。《朱子文集》〔一〕

〔一〕見清朱玉編《朱子文集大全類編·序文全集》卷二十《通判宋公墓誌銘》。引文有删節。

游夫人

建安郡夫人游氏，贈光禄大夫黄崇妻，而子則端明殿學士中也。建安建陽人。幼受班昭《女訓》，通大義，至他組紃筆札之藝，皆不待刻意而能，輒過人。《朱子文集》〔一〕

〔一〕見清朱玉編《朱子文集大全類編·序文全集》卷十七《建安郡夫人游氏墓誌銘》。引文有删節。「而子則端明殿學士中也」，「子」原作「于」，據《藏修堂叢書》本改。

張 穠

張俊有愛妾，乃錢塘妓張穠也。頗涉書史，俊文字穠皆與之。柘皋之役，俊發書屬穠照管家事，穠報俊引霍去病、趙雲事，以堅其心。且言：「今日之事，惟在宣撫，不當以家爲念，勉思報國！」俊以其書繳奏，上大喜，親書獎諭以賜穠，仍加封雍國夫人。郭翼《雪履齋筆記》〔一〕

〔一〕見元郭翼《雪履齋筆記》。引文有删節。「頗涉書史」，原作「頗涉詩書」。按，「穠報俊」，「俊」原作「後」；「《雪履齋筆記》」，原作「履雪齋筆記」，皆誤，今據《雪履齋筆記》改。

胡夫人

黄子由尚書夫人胡氏，元功尚書之女也。俊敏强記，經史諸書略能成誦，善筆札，時作詩文亦可觀，於琴奕寫竹等藝尤精。自號蕙齋居士，時人比之李易安云。《齊東野語》〔一〕

黄尚書子由帥蜀，中閤乃胡給事晉臣之女，過雪堂，行書《赤壁賦》于壁間。劉改之從後題《沁園春》一闋，其詞云：「按轡徐驅，兒童聚觀，神仙畫圖。正芹塘雨過，泥香路軟，金蓮自拆，小小籃輿。傍柳題詩，穿花覓句，嗅蕊攀條得自如。經行處，有蒼松夾道，不用傳呼。　清泉怪石盤紆，信風景江淮各異殊。想東坡賦就，紗籠素壁，西山句好，簾捲晴珠。白玉堂深，黄金印大，無此文君載後車。揮毫處，看淋漓雪壁，真草行書。」後黄知爲劉作，厚有饋貺。張世南《游宦紀聞》〔二〕

〔一〕見宋周密《齊東野語》卷十「黄子由夫人」條。引文有删節。

〔二〕見宋張世南《游宦紀聞》卷一。引文有删節。「黄尚書子由帥蜀」，原作「黄尚書由帥蜀」。「劉改之從後題《沁園春》一闋」，原無「沁園春」三字。

陳述古女

陳述古諸女亦多有文。有適李氏者，從其夫仕晉寧軍判官，部使者以小雁屏求詩。李婦自作黄魯直小楷題其上：「紅蓼淡蘆欹曲水，幾雙容與對西風。扁舟阻向

江鄉去，却喜相逢一枕中。」「曲屏誰畫小瀟湘，雁落秋風蓼半黄。雲淡雨疎孤嶼遠，泠泠清夢到高唐。」《耆舊續聞》〔一〕

〔一〕見宋陳鵠《耆舊續聞》卷三。「小楷題其上」，原作「小楷題二絶於其上」。「紅蓼淡蘆欹曲水」，原作「蓼淡蘆欹曲水通」。「泠泠清夢到高唐」，原作「會令清夢遶寒塘」。

邵安人

安人邵氏道沖，字用之，武經郎林延齡之室，家定海。母朱氏方娠，夢丹書金篆在霄漢間，生而敏慧，未齔知書。稍長，觀《漢書》、《資治通鑑》至成誦。歸于林，姑嫠居，亡愛子，斥奩具營喪葬，無靳色。姑疾經年，醫禬備至，人稱其孝。延齡仕不進，一閑十三年，邵安之觴詠，琴奕以相娱。喜繙内典，手書《法華》《圓覺》《金剛》等經。寶慶《四明縣志》〔一〕

〔一〕見寶慶《四明志》卷九。引文有删節。「夢丹書金篆」，原作「夢丹雲金篆」。

趙夫人

俞似官廣州鈐轄，題英州金山寺壁云：「轉食膠膠擾擾間，林泉高步未容攀。興來尚有平生履，管領東南到處山。」似妻趙夫人親書此詩于壁，字畫徑四寸，遒麗類薛稷。《容齋隨筆》〔一〕

〔一〕見宋洪邁《容齋隨筆》卷十三「俞似詩」條。引文有刪節。按，詩共二首，所引爲第二首。又文句與原書多不同，蓋厲氏撮要而録之。

方氏

方氏，桐廬人，陳暉經畧子婦。臨《蘭亭》并自作草書，皆可觀。《畫繼》〔一〕

〔一〕見《畫繼》卷五。引文有刪節。「方氏，桐廬人，陳暉經畧子婦」，原作「陳暉晦叔經略子婦桐廬方氏」。

李夫人

李夫人，名至規，號淡軒，宋狀元黃朴之女，適尚書李珏子。善撫琴畫蘭，爲郎中孫榮甫作《九畹圖》，自序其後曰：「予家雙井公以蘭比君子，父東野翁甚愛之。予亦愛之，每女紅之暇，嘗寫其真，聊以備閨房之玩，初非以此求聞於人也。」王惲《秋澗集》〔一〕

〔一〕見元王惲《秋澗集》卷十一《李夫人畫蘭歌》詩後注文。引文有删節。

丁夫人

丁夫人，洪慶善夫人，賢而有文，字畫勁麗。張綱《華陽老人集》〔一〕

〔一〕見宋張綱《華陽集》卷三十三《跋洪慶善先夫人丁氏詩文手墨》。引文有删節。按，同書同卷又有《跋丁氏手簡并剛巽詩卷》，亦言及丁夫人書法，厲氏未録。張綱，號華陽老人，著作稱《華陽集》。

朱淑真

朱淑真，海寧人，文公姪女也。文章幽艷，才色清麗，實閨門之罕有。因匹配非倫，勿遂素志，賦《斷腸集》十卷以自解。《古今女史》〔一〕

辛亥冬，于京師見宋朱女郎淑真手書《璿璣圖》一卷，字法妍嫵，有記云：「若蘭名蕙，姓蘇氏，陳留令道質季女也。年十六，歸扶風竇滔。滔字連波，仕苻秦爲安南將軍。以若蘭才色之美，甚敬愛之。滔有寵姬趙陽臺，善歌舞。若蘭苦加捶楚，由是陽臺積恨，讒毁交至，滔大恚恨。時詔滔留守襄陽，若蘭不願偕行，竟挈陽臺之任。若蘭悔恨自傷，因織錦字回文，五彩相宣，瑩心駭目，名曰《璿璣圖》，亘古以來所未有也。乃命使齎至襄陽，滔感其妙絶，遂送陽臺於關中，具輿從迎若蘭於漢南，恩好踰初。其著文字五千餘首，世久湮没，獨是圖猶存。唐則天嘗序圖首，今已魯魚莫辨矣。初，家君宦游浙西，好拾清玩，凡可人意者，雖重購不惜也。一日，家君宴郡倅衙，偶於壁間見是圖，償其值得歸遺予。於是坐卧觀究，因悟璿璣之理，試以經緯求之，文果流暢。蓋璿璣者，天盤也。經緯者，星辰所行之道也。中流一眼者，天心也。極星不動，蓋運轉不離一度之中，所謂居其所而斡旋之。處中一方，太微垣也，乃疊字四言詩。其二方，紫微垣也，乃四言回文。二方之外四正，乃五言回文；四維，乃四言回文。三方之外四正，乃交首四言詩，其文則不回也；四維，乃三言回文。三方之經以至外四經，皆七言回文詩，可周流而讀者。紹定三年春二月望後三日，錢塘幽棲居士朱氏淑真書。」首有「璿璣變幻」四小篆，後有小朱印。予向見《斷腸集》，不載斯文。《池北偶談》〔二〕

〔一〕見明趙世傑《古今女史》卷首《姓氏字里》。

〔二〕見清王士禛《池北偶談》卷十五《朱淑真璿璣圖記》。引文有刪節。「時詔滔留守襄陽」，「守」原作「鎮」。「因織錦字回文」，原作「因織錦字爲回文」。「瑩心駭目」，原作「瑩心眩目」。「滔感其妙絶」，原作「感其妙絶」。「遂送陽臺於關中」，「於」原作「之」。「中流一眼者」，「流」原作「留」。「可周流而讀者」，原「者」下有「也」字。

朱億女

尚書朱億女，郡人也。淑行婉質，工琴書。至道初，裴愈奉使兩浙，聞其才藝，奏之。召至京師，既入宫掖，賜號白蓮花夫人。後出俗，刺血書《蓮花經》一部，改賜慈濟廣慧大師。洪武《蘇州府志》〔一〕

〔一〕見洪武《蘇州府志》卷四十一。引文有删節。

吴氏三一娘

樓鑰云：「今《玉篇》〔一〕惟越本最善，末題云：『會稽吴氏三一娘寫。』問之越人，無能知者。楷法最精。」《攻媿集》〔二〕

〔一〕《玉篇》，原作「玉編」，誤。據《攻媿集》改。

〔二〕見宋樓鑰《攻媿集》卷七十八《跋宇文廷臣所藏吴彩鸞玉篇鈔》。引文有删節。「末題云」，原無「云」字。「楷法最精」，原作「楷法殊精」，其下復有「豈亦彩鸞苗裔耶」一句。

王排岸女孫

廬陵王排岸之女孫，眉目秀麗，能琴棊，善翰墨。失身富家，常鬱鬱不樂，慕名勝而終焉。郡有朱淵未第，其室寢廢，家事不治，經營一妾，頗難其人。鄰媪云：「排岸女孫歸久，試與官人謀之。」朱笑曰：「恐無此理。」行成，以八百券爲質。一至其家，内外之事皆若素定。《貴耳集》〔一〕

〔一〕見宋張端義《貴耳集》卷中。引文有刪節。

元

管夫人 趙魏公室

管夫人道昇，字仲姬，延祐四年封魏國夫人。翰墨文章，不學而能。心信佛法，手書《金剛經》至數十卷，以施名山名僧。天子命夫人書《千文》，敕玉工磨玉軸，送秘書監裝池收藏。又命孟頫書六體爲六卷，雍亦書一卷。且曰：「令後世知我朝有

善書婦人，且一家皆能書，奇事也。」《松雪齋集》〔一〕

管夫人書牘行楷，與鷗波公殆不可辨同異，衛夫人後無儔。《容臺集》〔二〕

管夫人《題漁父詞》：「遥想山堂數樹梅，凌寒玉蕊發南枝。山月照，晚風吹，只爲清香苦欲歸。　南望吴興路四千，幾時閒去霅溪邊。名與利，付之天，笑把漁竿上畫船。　身在燕山近帝居，歸心日夜憶東吴，斟美酒，膾新魚，除却清閑總不如。人生貴極是王侯，浮利浮名不自由。爭得似，一扁舟，弄月吟風歸去休。右《漁父詞》，仲姬書。」〔三〕

吴興郡夫人不學詩而能詩，不學畫而能畫，得于天者然也。此《漁父詞》，皆相勸以歸之意，無貪榮苟進之心。其與老妻强顔道「雙鬢未全斑，何苦行吟澤畔，不近長安」者異矣。　皇慶二年十二月十八日，子昂書。《清河書畫舫》〔四〕

管夫人手寫《璇璣圖》詩，五色相間，筆法工絶。《居易録》〔五〕

管仲姬《與中峰帖》：「道昇和南拜覆本師中峰和尚大禪師法座前：道昇拜别頂相，動是數載，瞻仰之心，日積不忘。年時得以中首座來都，如見師父尊顔。備審道體清安，甚爲慰喜。道昇手書《般若經》，報薦先父母深恩，及救薦亡兒女輪迴之苦，極感謝我師大發慈悲，點化亡者，皆得離苦海。我師但起一念，何獨道昇公姑、父母、兒女得生淨土，一切法界含靈者皆成佛道，盡證菩提矣。道昇粉骨碎身，生生世世報答我師大和尚慈悲深恩耶。道昇疊蒙賜書，知前年吾師所惠書及録題經讚法語寄來，至今並未曾收得，不審當先何人送去，聞知怏怏。道昇一面作書於家間，問舍姪去也。去歲以中送去《般若經》五卷，又蒙本師慈悲，展讀點化，又各得題讚，存没重感我師。道昇宿業本重，每日人事擾擾，不能安静，長想我師慈悲指教尋思話頭，但提起終得受用。道昇與良人誠心至願，但得到家，只就家庭修設，拜懇本師大和尚大發慈悲，普度一切鬼神、一切有主孤魂、一切無主孤魂、一切冤親、良人與道昇祖上父母兒女外祖妣奴婢及一切法界含靈，莫墮三塗惡苦，願皆得早生佛界。此乃良人與道昇心願，已託以中兄先覆知師父大和尚。今春僕回，又拜吾師惠書及心疏。道昇等拜觀，如心如願。良人見之，生歡喜心，尤增感佩。我師如此大發慈悲，度脱一切衆生，是道昇等七世師父之恩，何以報謝深恩！今因的便，特拜此書報安，更乞善保

愛不宣。六月初七日,女弟子管氏道昇和南拜覆。」《式古堂書畫彙考》〔六〕

右趙承旨手牘十一紙,魏國夫人一紙,皆與天目幻住公者。承旨所云,悉爲夫人没後,與住商評,欲修事薦嚴。時承旨老矣,音詞宛惻,讀之可爲興感,不知當時本老答語,何以寫其憂也。夫人以書《般若》,得公讚歎致謝云云,皈依之誠,尤爲迫切。本之徒寧通作一卷,今歸黄令公淮東書院藏之,間出以相示。余謂三士皆從菩薩地來,所謂應以比丘、宰官、信女身而得度者,因緣聚會乃如此,今皆還淨土矣。學士大夫不能釋然于現在之時,而余爲勘破於過去之日。相對一笑,摩挲移日,不獨以其翰墨之妙而已也。吴門祝允明跋。《式古堂書畫彙考》〔七〕

趙魏公書散滿天下,亦時時獲觀,惟夫人真蹟爲世罕有。此卷之可貴者,正在此耳。或謂松雪嗜好佛法太過者,彼其時宗社墟矣,《黍離》之懷,不於空觀而焉寄此,則在所當慨,而不當認夢爲實也。弘治癸亥十月,在錦衣君清雅堂書。前進士吴郡楊循吉。《式古堂書畫彙考》〔八〕

子昂書中龍象,當時與之同世者,皆沾餘潤,遂成名家,況畫眉閣彦,寧不傳受筆

訣，與之俱化耶？魏國夫人尺一題。董其昌。《式古堂書畫彙考》〔九〕

管夫人家書：余見管仲姬字一卷，平安家書付三哥長壽收拆，娘押封。「娘書付三哥吾兒：昨日福山寺僧來，得五哥六月内書，知汝安好，家中及道院平善，方得放心。可收香盟寺呈子至先還借錢一百定？如得入手，可與四五哥、大一哥商量，交孫行可買東横錢百户屋地，并西邊蘿蔔地及德清園前地。我已分付五哥了。此地若别對付錢買了，却將此錢好生實封了，付的便寄來。九月間沈山主周年，切須與三定錢、油三斤、米五斗，請十僧，燈斛做父母名字，追薦沈山主則箇。可憐此人多與我家出氣力，切須報答他。書到便與哥哥每説知，分付福和、萬六道、徐慶一等，好生與我安排供養爲好。蘇灣田塍，交徐壽二好生修理休誤，桑樹好生照管澆灌。山上亦宜照管，交梓沛兄，令人多接栗樹，多種椒樹。只此不一。七月廿六日，娘付三哥收。」此池灣沈氏所藏，子趙奕有跋。《太平清話》〔一〇〕

夫人能畫與詩，嘗入覲中宫，命寫梅稱旨。且命題之詩云：「雪後瓊枝嫩，霜中玉蕊寒。前村留不得，移入月中看。」《霏雪録》〔一一〕

管仲姬《竹卷後跋》云：「操弄筆墨，故非女工，然而天性好之，自不能已。竊見吾松雪精此墨竹，爲日已久，亦頗會意。因大丞相不忽夫人之命，敬寫一卷，鄙拙可愧耳。」此卷藏豫章楊寨雲家。《因樹屋書影》〔一二〕

李瓚貽管夫人《畫竹卷》，長丈餘，離披錯落，姿態百出，與怪石奔峭相間，氣韻生動，真奇作也。後自題二句云：「竹勢撒崩雲觸石，應是瀟湘夜雨集。皇慶三年秋日作，道昇。」下有「管氏道昇」、「仲姬」二印。《隨草續編》〔一三〕

夫人畫竹，風格勝子昂。此幀凡三竿，極其蒼秀。自題一詩云：「春晴今日又逢晴，閑與兒曹竹下行。春意近來濃幾許，森森稚子日邊生。」法似子昂。有友人見而愛之，携去。《庚子銷夏記》〔一四〕

祁縣戴楓仲藏管夫人道昇小畫一幀，有細書小字云：「山迴新綺閣，竹掩舊朱門。」《池北偶談》〔一五〕

〔一〕見元趙孟頫《松雪齋集》外集《魏國夫人管氏墓誌銘》。引文有删節。「又命孟頫」，原作「因又命余」。

〔二〕見《佩文齋書畫譜》卷三十九引明董其昌《容臺集》。《式古堂書畫彙考》卷四十六亦引《容臺集》董其昌爲管夫人所寫《墨竹》之跋語，較此文字加詳。

〔三〕見《清河书画舫》卷十下，題作《管夫人漁父圖》，題下雙行小字注云：「水墨短卷，全學董、巨。或云畫屬承旨，容考。」「晚風吹」，原作「曉風吹」。「幾時閑去」，原作「幾時回去」。

〔四〕見《清河書畫舫》卷十下，原爲趙孟頫題於管道昇題詞之下。趙孟頫尚有《漁父詞》二首，未録。「老妻强顏道」，「道」字厲氏作「色」字，據原書改。「子昂書」之下，原有「真蹟」二小字。其下復有數語，涉及書法，迻録於左：「趙文敏公是小楷真書，全學李北海。管仲姬作草書，得章帝、索靖、皇象遺意。」

〔五〕見清王士禛《居易録》卷五。引文有刪節。

〔六〕見《式古堂書畫彙考》卷十六。文前有封皮文字云：「和南拜覆本師中峰大禪師法座前。女弟子管氏道昇謹封。」「不知當先」，原作「不知當元」。「存没重感」，原作「存殁重感」。「宿業本重」，原作「宿業甚重」。「七世師父之恩」，「師父」二字原乙。

〔七〕見《式古堂書畫彙考》卷十六。按，厲氏原注「同上」，現改署書名。下二則同。「間出以相示」，原作「間以相示」。

〔八〕見《式古堂書畫彙考》卷十六。「惟夫人真蹟」，原作「惟夫人珍蹟」。跋後原有雙行小字注文云：「行楷書，連祝跋一紙。」

〔九〕見《式古堂書畫彙考》卷十六。「況畫眉閣彦」，原作「況畫眉閨彦」。跋後原有雙行小字注云：「行書。綾本。」按，管夫人《與中峰帖》下，原有題跋六則，厲氏僅録其三。

〔一〇〕見明陳繼儒《太平清話》卷四。「香盟寺」，原作「音盟寺」。「好生與我安排供養爲好」，「好生」上原有一「交」字。

〔一一〕按，《霏雪録》二卷，明鎦績撰。檢《四庫》二卷本《霏雪録》及《筆記小説大觀》一卷本《霏雪録》，俱無此則。俟考。

〔一二〕見清周亮工《因樹屋書影》卷四。「豫章楊寨雲」，原作「豫楊寨雲」。

〔一三〕見清王士禛《居易録》卷十一。按，檢《石園全集》卷十三卷十四之《隨草》、卷十五之《隨草詩餘》及卷十七之《隨草續編》，俱無此則。疑厲氏采自《居易録》而誤植爲《隨草續編》。

〔一四〕見《庚子銷夏記》卷二「管夫人墨竹」條。「夫人畫竹」，原作「管夫人畫竹」。「自題一詩云」，原無「云」字。「森森稚子日邊生」，「日」原作「石」。

〔一五〕見《池北偶談》卷十六「管夫人畫」條。引文有删節。「細書小字」，原作「細書十字」。

王夫人

夫人字圭卿，號春温，工書畫。曹文貞公嘗題其書畫卷，第所云「漕府參軍時見益」者，不知指何人也。《霏雪録》〔一〕

曹伯啓《題王夫人書畫卷後》云：「畫傳當代功尤妙，字學前賢體更多。」《漢泉漫稿》〔二〕

〔一〕按，檢《四庫》二卷本《霏雪録》及《筆記小説大觀》一卷本《霏雪録》，俱無此條。俟考。「漕府參軍時見益」，爲曹伯啓題詩中句。

〔二〕見《漢泉漫稿》卷四。按，《四庫》本《曹文貞公詩集》無此詩，《元詩選》初集、丙集亦無，上海書店版《叢書集成續編》所收《涵芬樓秘笈叢書》五卷本，卷四有題而無句，題作《題王夫人書畫卷》。參見《玉臺畫史》卷二「王夫人」條相關校記。「字學前賢體更多」，《玉臺畫史》卷二作「字比前賢體更多」。

八達太夫人

八達太夫人，忽都虎郡王太夫人也。長清縣靈巖山寺中碑，至治元年八達氏有

詩二句云：「巖前松檜時時緑，殿上君王歲歲春。」大字刻之，不類婦人筆。《金石文字志》〔一〕

〔一〕見清顧炎武《金石文字志》卷六。按，《六藝之一録》卷九十九亦有此條，題作《靈巖寺忽都虎郡王太夫人八達氏詩》，文字與此小異，注引《求古録》。檢清顧炎武《求古録》此條，文字與《金石文字記》全同，題作《靈巖寺宋李迪詩》，文曰：「右小石刻，在長清縣靈巖山寺中。其山距府九十里，南接泰山，北帶龍洞……自前代稱爲勝境，宋金元人題字最多。予至則當兵火之後，縱横偃踣，委之荆棘瓦礫之中。然猶得唐一，宋金合四十餘，元以後不能悉數……凡元碑最多，不盡録，録其稍異者。有至治元年呼都克郡王太夫人巴約特氏詩，詩只二句，曰：『巖前松檜時時緑，殿上君王歲歲春。』大字刻之，亦不類婦人筆也。」

趙夫人

夫人諱鸞，字應善，雍古部氏，中書平章世延女，參政許有壬室。朗惠慈靜，能琴書，善筆札。《書史會要》〔一〕

〔一〕見《書史會要補遺》。「夫人諱鸞」，原作「趙夫人鸞」。「參政」，原作「中書參政」。「朗惠慈靜」，原作「朗惠厚靜」。

游夫人

游夫人，雷機母，延祐間贈建安郡君。善書而有文。《潛溪集》〔一〕

〔一〕見明宋濂《宋學士全集》卷二十一《元故翰林待制朝散大夫致仕雷府君墓誌銘》，引文有删節。原作(雷機)「母游夫人，贈建安郡君。夫人善書而有文」。

危郡君

危氏諱德馨，字蘭玉，雷機室，贈建安郡君。通書記，作字有楷法。《潛溪集》〔一〕

〔一〕見明宋濂《宋學士全集》卷二十一《元故翰林待制朝散大夫致仕雷府君墓誌銘》，引文有删節。原作(雷機)「娶樵溪危氏，諱淑馨，字蘭玉，宋禮部侍郎春山先生某之曾孫女，元江西儒學提舉徹之孫女也。贈建安郡君。通書記，作字有楷法」。

徐如珪

徐氏如珪，鄭天覺妻。通《論語》《孝經》大義，工書，亦有法。貝瓊《清江集》〔一〕

〔一〕見明貝瓊《清江集》卷二十一《故滎陽佚耕處士鄭公墓誌銘》。引文有删節。原作「初，同里徐梅魁女如珪，通《論語》《孝經》大義，工書，亦有法。梅魁爲擇配，三十不嫁。及見處士，曰：『可矣。』即以妻之」。

劉氏

劉氏，孟運判妻也。性巧慧，能臨古人字，咄咄逼真。《書史會要》〔一〕

〔一〕見《書史會要》卷七。「劉氏」之下，原有「不知何許人」一句。

柯氏

柯氏，天台人，九思之女。通經史，善筆札。《書史會要》〔一〕

〔一〕見《書史會要》卷七。

段氏

段氏，天祐之女。能詩章，善筆札。《書史會要》〔一〕

〔一〕見《書史會要補遺》。「天祐」，厲氏作「天佑」，據原書及段天祐所書《安和帖》改。

曹妙清

士女曹妙清，自號雪齋，錢塘人。善鼓琴，工書，行書點墨皆有法度。三十不嫁，風操可尚。嘗寫詩寄鐵崖，鐵崖答之云：「紅牙管帶紫貍毫，雪水初融玉帶袍。寫得薛濤《萱草帖》，西湖紙價可能高。」玉帶袍，其硯名。《列朝詩集》〔一〕

〔一〕見清錢謙益《列朝詩集》甲集前編卷七下。「士女曹妙清」下，原有「字比玉」三字。「工書」，原作「工詩」。「行書點墨」，原作「行書點畫」。「鐵崖答之云」，原作「鐵答之云」。「其硯名」，原作「其家硯名」。詩後原有「其事母孝謹，故云」一語，厲氏未録。

陳自幼

陳自幼，能書，適南潯姚氏。一意奉佛，有手書《觀世音普門品》。趙榮禄題其後。《六研齋筆記》〔一〕

〔一〕見明李日華《六研齋筆記》卷四。引文有删節。

明

高妙瑩

高妙瑩，字叔琬，解縉母也。通經史傳記，善小楷，曉音律算數，女工極其敏妙。《名山藏》〔一〕

〔一〕見明何喬遠《名山藏》卷八十九《列女記》一。引文有删節。「解縉母也」，原作「解開之妻，縉母也」。「通經史傳記」，原作「悉通經史傳記」。按，述及高妙瑩書法事尚有「時亂離無書，妙瑩手寫《孝經》、古文、杜詩，授縉與其兄綸。爲言宋元以來政治民事，記及時日，無所遺謬」數語，厲氏未録。

蔡　氏

蔡氏，隱士韓奕妻也。讀書通大義，善筆札，嘗書經刻以行世。張昶《吴中人物志》〔一〕

〔一〕見明張昶《吴中人物志》卷七，歸入元人。原作「蔡貞婦，韓隱士公望之妻，宋忠惠公襄十二世孫。讀書通大義，善筆札，嘗書經刻梓行世」。按，《六藝之一録》卷三百七十三引《吴中人物志》，與此則文字全同，疑厲氏據以轉引。

徐　氏

徐氏，裔出吴之天平山，歸水東陸輿。讀書通大義，知楷法。子霽入翰林，封孺人。《震澤集》〔一〕

〔一〕見明王鏊《震澤集》卷二十八《封孺人徐氏墓誌銘》。引文有删節。「歸水東陸輿」，原作「水東之陳封文林郎、翰林院編修名輿者，其歸也」。按，據墓誌銘，徐氏嫁翰林院編修陳輿，其子陳霽爲弘治九年(一四九六)進士。然《六藝之一録》卷三百七十三及《佩文齋書畫譜》卷四十四引《震澤集》俱作「陸輿」,疑厲氏自上二書轉引而實未檢《震澤集》也。

楊夫人

楊夫人,邢子厚妻。盧德水云:「子厚九嫂,乃楊磐石女弟。書法自成一家,博學能文,過於慈靜。」《列朝詩集》〔一〕

〔一〕見《列朝詩集》閏集卷四「邢氏慈靜」條。「楊夫人,邢子厚妻」句,原書無。「子厚九嫂」,原作「子愿九嫂」。按,此則二處「子厚」,俱當作「子愿」,《明史》卷二百八十八《邢侗傳》:「邢侗,字子愿。」且既言「子愿九嫂」,豈得復云「邢子愿妻」。檢明李維楨《大泌山房集》卷七十九《陝西行太仆寺少卿邢公墓志銘》,言邢侗卒年六十,有二正室:陳孺人,蘭陽主簿陳完之女;繼室趙孺人,平原太醫吏目趙熠之女。并無楊夫人,楊夫人應爲邢侗之嫂。《六藝之一録續編》卷十三《玉臺書史》,此條下改注出《名媛詩歸》。依此檢明鍾惺《名媛詩歸》,未見楊夫人。俟考。

馬氏

馬氏,名間卿,字芷居,金陵人。陳翰林魯南之繼室也。書法蘇長公,得其筆意,

頗與魯南相類。《列朝詩集》〔一〕

〔一〕見《列朝詩集》閏集卷四。引文有删節。按，《玉臺書史》名媛又有馬孺人（見下），實與此馬氏爲一人，厲氏誤析爲二。

黄　氏

黄氏，遂寧黄簡素公珂之女，新都楊用修之繼室也。博通經史，工筆札。閨門肅穆，用修亦嚴憚之。寄用修長句，爲藝林傳誦，而用修亦云：「易求海上瓊枝樹，難得閨中錦字書。」讀者傷之。《列朝詩集》〔一〕

〔一〕見《列朝詩集》閏集卷四。引文有删節。「黄氏」，原作「楊安人黄氏」。「寄用修長句」，原作「寄用修長句及小詞」。楊慎詩見《升庵集》卷十二，題作《青蛉行》二首，小字注「寄内」。所引句爲二首之一，詩如下：「青蛉絶塞怨離居，金雞橋頭幾歲除。易求海上瓊枝樹，難得閨中錦字書。」按，據方志載，黄氏名黄峨，爲楊慎繼室。

金元賓妻

金元賓妻，萬曆時人。元賓爲履吉上足，故書法亦因之，綿麗多態而閨閣之氣未

除。王世貞《三吴楷法跋》〔一〕

〔一〕見明王世貞《弇州山人續稿》卷一百六十四《有明三吴楷法》之第二十三册跋文。引文有刪節。「金元賓妻，萬曆時人」，原作「金用元賓婦，書履吉《白雀》詩凡三十二首」。「閨閤之氣」，原作「閨閫之氣」。按，《弇州山人四部稿》卷一百三十一，亦收《三吴楷法跋文》，然僅録十册，無此條。

邢慈靜

邢慈靜，貴州左布政馬拯妻，少卿邢侗妹也。書宗李衛。《武定州志》〔一〕

慈靜善仿兄書。《列朝詩集》〔二〕

邢夫人慈靜《自述詩帖》：行書，烏絲闌紙本。「儂自閨房處女子，聞君博覽通古史。歸君薄海宦游多，光陰迅度如彈指。萬里黔方道路長，松柏森森雲杳茫。遼陽刀劍如林密，征馬南催鬢似霜。何以君病抱沈疴，與君報國酬英主。日爲三苗亂我黎，君家嘔血歸幽旅。不見夫君舊日容，惟思携手君所言〔三〕。君家何處侣煙霞，白雲來處空舒卷。獨伴遺兒歸故鄉，修途萬里多炎涼。昔去雲擁駟馬車，今日孤舟住夕陽。子母寥寥淚暗流，幾番欲葬江魚腹。憶昔白頭人去時，依稀點首將子囑。教子朝夕名未就，春光不駐東流急。小庵日日拜空王，思君不見空斷腸。百鳥啼聲驚夢裏，覺來猶是淚千行。君家功若小丘山，誰與夫君奏廟廊。平生功績皆湮没，儂身何自見君王。恨殺烏紗能誤人，始知名利如羅網。春去秋來愁又結，坐看衰草心焦熱。杜宇啼我心中悲，我啼杜宇枝頭血。慈靜自述。」《式古堂書畫彙考》〔四〕

〔一〕見《六藝之一録》卷三百七十三引《武定州志》。

〔二〕見《列朝詩集》閏集卷四。引文有删節。「善仿兄書」，原作「書法酷似其兄」。

〔三〕「言」，原作墨丁，據《式古堂書畫彙考》補。

〔四〕見《式古堂書畫彙考》卷二十八。「邢夫人慈靜《自述詩帖》」，原無「慈靜」二字。「光陰迅度如彈指」，「迅度」原作「幾度」。「萬里黔方道路長」，「道路」原作「曲路」。「何以君病抱沈疴」，「何以」原作「何知」。「獨伴遺兒歸故鄉」，「歸故鄉」原作「還故鄉」。「思君不見空斷腸」句，原在「覺來猶是淚千行」句下。「坐看衰草心焦熱」，「焦熱」原作「憔熱」。

黄氏

黄氏，編修趙景妻也。少工楷法，讀書通曉大義。《初學集》〔一〕

〔一〕見清錢謙益《初學集》卷五十九《翰林院編修趙君室黄孺人墓誌銘》。引文有删節。「編修趙景」，原作「翰林院編修趙君景之」。按，趙士春，字景之，江蘇常熟人。崇禎十年（一六三七）進士，官翰林院修撰、左中允。作「趙景」誤，應爲「趙景之」。「《初學集》」，厲氏誤注爲「《初學記》」。按，《初學記》爲唐徐堅撰，無能記明人事，今改正。

姚氏

姚氏，號青峨居士，秀州人。姚玄瑞女，歸范君和。日讀漢魏以來諸集，摹晉諸家書法，吟詠多散佚，不盡傳。《玉鴛閣遺稿小傳》〔一〕

〔一〕見《六藝之一録》卷三百七十三引《玉鴛閣遺稿小傳》。按，「號青峨居士」，應爲「青蛾居士」。清黄虞稷《千頃堂書目》卷二十八云：「青蛾居士姚氏，《玉鴛閣詩》二卷。」下小字注：「秀水范應宫妻。既卒，應宫刊其遺詩并己哀悼倡隨之作，屠隆爲序。」《明史》卷九十九《藝文志》四，有「姚青蛾《玉鴛閣詩》二卷」。

徐夫人

徐媛，字小淑，副使范允臨之室也。多讀書，好吟詠，與寒山陸卿子唱和，稱吳門二大家。《列朝詩集》〔一〕

近代名閨以書表著者，吳中爲范夫人徐小淑、趙大家陸卿子。清漳爲柯孝廉配張徽卿，卿寓白下，有女弟子雲濤、月液，與余清瑶君投分。所遺詩札，翔鸞舞鳳，豈僅鸜哥嬌也。《珊瑚網》〔二〕

徐小淑《天上謡》墨蹟：「洞天去人九萬里，涼風吹雲天似水。珠扉高啓赤霓翔，冰簾漾中素練舉。碧花瑶草簇闌干，張君危坐聽啼鸞。翠蜃吹涎作樓閣，青田小龍耕曉煙。璇宫桂花秋露滑，吳剛玉斧香凝屑。絳節高飄阿母來，藕黄衫子翠羅鞋。晏香鳴箏婉華舞，笙歌沸空擁吹臺。自向東王一卮壽，啾啾白麟天半走，貝闕人歸龍夜吼。右《天上謡》，東海徐媛小淑氏。」〔三〕

〔一〕見《列朝詩集》閏集卷四。引文有删節。

〔二〕見《珊瑚網》卷十八。引文有删節。

〔三〕見《珊瑚網》卷十八《玉臺翰墨餘芳》。

陸大家

陸氏，名卿子，姑蘇尚寶卿師道之女，太倉趙宧光凡夫之妻也。凡夫棄家廬墓，與卿子偕隱寒山，手闢荒穢，疏泉架壑，善自標置，引合勝流。而卿子又工詞章，翰墨流布一時，名聲籍甚。以爲高人逸妻，靈真伴侶，不可梯接也。《列朝詩集》〔一〕

陸卿子詩墨蹟：「嗚蟬寂無聲，閒夜涼飈發。薜荔覆檐楹，葉際見孤月。流光入房櫳，徘徊照華髮。撫景一長嗟，終古誰不没？棄世學神仙，徒勞鍊金骨。寒山趙氏陸。」《玉臺翰墨餘芳》〔二〕

〔一〕見《列朝詩集》閏集卷四。引文有删節。「靈真伴侣」，原作「如靈真伴侣」。

〔二〕見《珊瑚網》卷十八《玉臺翰墨餘芳》。「寒山趙氏陸」下，原有雙行小字「平原内史」，疑爲印文。

張徽卿

張徽卿，清漳人，柯孝廉配，寓白下。善書。《珊瑚網》〔一〕

張徽卿詩札墨蹟：「綺窗得聽梅花弄，至今暗香猶襲人也。小朐妹告借《秋鴻新譜》，特遣婢子叩領。贈戴氏二姬一絶附正：『雲鬟月面兩相宜，濤作秋波液是脂。我見猶憐而況若，江妃漢女莫猜疑。』外曲中衛宛若、楊三秀作，容録呈一品題之。眉社女弟張徽卿。」〔二〕

〔一〕見《珊瑚網》卷十八《玉臺翰墨餘芳》。「善書」二字原無，厲氏據前文「近代名壺以書表著者」一語而加。

〔二〕見《珊瑚網》卷十八《玉臺翰墨餘芳》。「我見猶憐」，原作「吾見猶憐」。「容録呈一品題之」，「呈」原作「正」。「眉社女弟張徽卿」下，原有雙行小字「柯亭内子」。

雲濤　玉液

雲濤、玉液，徽卿女弟子。清瑶君贈詩云：「妙橅《樂毅》衍波牋，鐵畫銀鉤字樣

圓。姊正臨池洗端石，妹先題葉弄清煙。」《珊瑚網》〔一〕

雲濤、玉液詩札墨蹟：「華袞輕於一字褒，儂家姊妹出蓬蒿。媿無芳躅追彤史，浪得虛名動綵毫。廣陵雲濤煙鬟氏。」

「花陊處處有儂名，欲動春風欲囀鶯。對月瞻雲吟秀句，幽閨一倍使人清。適楚玉液纖黛氏。」〔二〕

〔一〕見《珊瑚網》卷十八《玉臺翰墨餘芳》。「玉液」，原作「月液」。按，「張徽卿」條有張氏贈戴氏二姬詩，首二句「雲鬟月面兩相宜，濤作秋波液是脂」。嵌入雲濤、月液二人名，作月液是。「清瑤君贈詩云」，原作「清瑤亦有贈言及濤、液，其一云」。

〔二〕見《珊瑚網》卷十八《玉臺翰墨餘芳》。「玉液」原作「月液」。

葉小鸞

葉小鸞，字瓊章，一字瑤期，水部葉仲韶季女。四歲能誦《楚詞》，工詩，多佳句。能模山水，寫落花飛蝶，皆有韻致。日臨子敬《洛神賦》或《藏真帖》一偏，靜坐疏香

閣，薰爐茗椀，與琴書爲伴而已。年十七，字崑山張氏，未行而卒。《列朝詩集》〔一〕

〔一〕見《列朝詩集》閏集卷四。引文有删節。「水部葉仲韶季女」，原作「宛君第三女」。「《楚詞》」，原作「《楚辭》」。「年十七，字崑山張氏，未行而卒」，原無此數語。按，此則實合《列朝詩集》閏集卷四之「葉小鸞」及「沈氏宛君」二小傳相關記述而成。沈宛君，葉仲韶之妻，葉小鸞之母。

袁氏

袁氏，名九淑，字君嫕，通州人。錢良胤之妻，四川左布政袁隨之女也。少讀經史，尤深内典。詩文清麗，書法遒媚。歸王孫一年卒，年纔十八。有《伽音集》。《列朝詩集》〔一〕

〔一〕見《列朝詩集》閏集卷四「錢王孫妻袁氏」條。引文有删節。「錢良胤」，厲氏作「錢良眉」，避雍正皇帝胤禛諱，今回改。

沈伯姬

沈伯姬，聘黄履素，年十八早亡。書法似歐率更。《眉公集》〔一〕

〔一〕見明陳繼儒《白石樵真稿》卷十七《題沈伯姬書卷》。引文有删節。原文云：「此卷書《古詩》十九首，乍疑以爲歐陽，諦視乃沈伯姬所書。曾納黄履素聘，惜十八早亡耳。昔衛夫人茂猗書，紙取東陽魚卵，硯取煎涸新石，墨取廬山之松煙、代郡之鹿膠，筆取崇山絶仞中八九月兔。若使與伯姬並學墨池，未知鹿死誰手。衛夫人外，更有郗愔妻傅氏、王洽妻荀氏，並擅書名，遺墨永秘。豈兩公表章之方，顧出履素下乎？嗟！嗟！紅繩繫於生前，緑字見於身後。若成燕爾，知白練之淋漓；先已鸞飛，痛黄絹之妙絶。環迴手跡，鬱枯情癡，何處尋返魂香，即此代畫眉筆。五絲續命，願結再世之緣；一紙斷腸，化做三生之石。此履素所以灑涕而壽之刻也。」歐陽，即唐歐陽詢，曾任太子率更令，世稱歐陽率更或歐率更。按，十七卷本《陳眉公集》無此跋，未知厲氏所據爲何本。

葉紈紈

葉紈紈，字昭齊。三歲能朗誦《長恨歌》，十三能詩。書法遒勁，有晉風。歸趙田袁氏。《列朝詩集》〔一〕

〔一〕見《列朝詩集》閏集卷四「葉氏紈紈」條。引文有删節。「三歲能朗誦《長恨歌》」，原作「生三歲，能朗誦《長恨歌》」。

蔡夫人

李少司馬厚庵説：黄石齋先生道周。配蔡夫人，今年將九十，尚無恙。能詩，書法學石齋，造次不能辨。尤精繪事，嘗作《瑶池圖》，遺其母太夫人居云。《居易録》〔一〕

蔡夫人，黄石齋之配也。花卉一册，共十幅，今藏友人趙谷林小山堂。每幅俱有題句，其《山茶》云：「蜑風蠻雨，浥注鮮明。」《千葉桃》云：「不言成蹊，匪豯色媚。」《芍藥》云：「折花贈行，黯然消魂。」《諸葛菜·荷包牡丹》云：「蜀相軍容，小草見之。」《罌粟》云：「對此米囊，可以療飢。」《萱花·翦春羅》云：「睠焉北堂，勿之洛陽。」《鐵線蓮》云：「小草鐵骨，亭亭自立。」《金絲桃·品字蘭》云：「浙江武陵，或滋他族。」《秋海棠·淡竹葉》云：「君子于役，閨中腸斷。」《月季·長春》云：「兩族並芳，四時皆春。」此幅上題云：「石道人命石潤蔡氏寫雜花十種。時崇禎丙子。」小印二，曰「石潤」、「玉卿」。

鄭珠江太守跋云：「石齋先生被難以前，蔡夫人致書謂：『到此地步，只有致命遂志一著，更無轉念。』諄諄數百言，同于王炎午之生祭，閨閣中鐵漢也。後撫孤立節，死者復生，生者不愧，足當斯語矣。寫生得五代人遺法，一花一葉，俱帶生動。所謂『爲君援筆賦梅花，不害廣平心似鐵』者耶？珠江鄭千仞。」

蔡夫人大節，在珠江鄭太守跋語中。今讀夫人自題句，云「不言自芳，匪豯色媚」，以植品也。「對此米囊，可以療飢」，以安貧也。「小草鐵骨，亭亭自立」，以勵節也。「君子于役，閨中腸斷」，以言情也。「睠焉北堂，勿之洛陽」，以教孝也。「蜀相軍容，小草見之」，以勸忠也。言簡意長，得古君子箴銘之體焉。畫之生動鮮妍，後賢惟憚正叔可以希風。此又第二義云。壬子夏月，沈德潛題于靈巖山居〔二〕。

〔一〕見《居易録》卷十五。「遺其母太夫人居云」，原無「居」字。按，同書卷三十二云：「黄石齋先生蔡夫人，名潤石，字玉卿。工書法，與先生逼似。」

〔二〕按，上三則俱爲蔡夫人花卉册之跋語，第一則爲厲鶚書，然不見於《樊榭山房集》。第三則沈德潛跋語，「題于靈巖山居」，《六藝之一録續編》卷十三《玉臺書史》作「題于雲巖靈巖山居」。

沈紉蘭

沈紉蘭，字閒靜，秀水司諫黃承昊妻也。幼攻書史，雅善臨池。業以孝行聞。著《效顰集》。《女史》〔一〕

〔一〕按，《女史》其書不詳。檢明趙世傑《古今女史》，無沈紉蘭其人。《列朝詩集小傳》閏集有「黄恭人沈氏」，文曰：「沈氏，名紉蘭，字閒靚，嘉興人。參䜣黄承昊之妻，學士洪憲之媳也。其詩有《效顰集》。」《六藝之一録續編》卷十三《玉臺書史》亦作「字閒靚」。

馬孺人

馬孺人，翰林陳石亭繼室。陳失配，知馬賢而有文，遂娶之。年八十，不廢吟詠。書法得蘇長公筆意。有《芷居稿》。《犁居稿》〔一〕

〔一〕按，《犁居稿》其書未見，疑即《芷居稿》。《千頃堂書目》卷二十八著録「少卿陳沂繼室馬閒卿《芷居集》一卷」，其下小字注云：「字芷居，上元人。封宜人。能畫，善山水白描。年八十，猶不廢吟詠。」《明史》卷九十九《藝文志》四著録「馬閒卿《芷居集》一卷」。參見《玉臺畫史》卷三「馬閒卿」

條相關校記。又按，《玉臺書史》收録馬氏（名間卿，「間」爲「閒」之誤。見前），即馬閒卿，陳沂（字魯南，號石亭）之妻，實與此馬孺人爲一人，厲氏誤析爲二。

二方夫人

漢上蕭駕部大茹公夫人、皖城張計部夫人皆姓方，皆能圖寫諸佛像，又好以泥金繕寫諸經，布施供奉。胡之驥《詩説紀事》〔一〕

〔一〕按，《詩説紀事》其書未見。

徐範

吾禾有十三齡女童，能摹諸家體，賣字自活。爲沈伯姬鳳華所書《古詩》十九首入石。徐媛跋有云：「筆彩生芳，墨香含素。歐率更允拜下風，衛夫人終當北面。」至自慊「每草搨便作凍蠅」，其推重可見矣。《珊瑚網》〔一〕

徐範縮書《聖教序》，無一筆不肖，亦無一毫閨幃羞澀態。《恬致堂集》〔二〕

徐真木白榆，長于臨古，頗得形肖。其姊範行書甚有《聖教序》筆意，名勝白榆。

吾禾射圃關西《夫子廟碑》，乃其筆也。病癱瘓，自署蹇媛云。《東村隨筆》〔三〕

徐範正書《木蘭詩》一紙，行筆秀勁，題云：「檇李女子徐範仿吴彩鸞書。」今在趙氏小山堂。

〔一〕見《珊瑚網》卷十八。「十三齡女童」，原作「十三齡女童徐範」。按，據陳繼儒《題沈伯姬書卷》，《古詩》十九首墨蹟爲沈伯姬所書而由黄承昊上石。參見《玉臺書史》「沈伯姬」條。

〔二〕見明李日華《恬致堂集》卷三十七《跋女士徐範縮書聖教序》，文曰：「懷仁於右軍劇蹟中，取其蒼秀奇奥者，聯合以成此書。譬之深山窮谷，老松壽藤之有磥砢節目者，乃入此選。而玉卿居士以種蘭手，用意蹙縮，作此佼儈變化。無一筆不肖，亦無一豪羞澀閨幃態是矣。豈徒與吴彩鸞《唐韻》齊價？應知袖中有麻姑指爪，爬搔着人癢處也。余甘受方平之鞭矣。」

〔三〕按，《東村隨筆》其書未見。《六藝之一録續編》卷十三《玉臺書史》此條注出《靜志居詩話》，然檢《靜志居詩話》，無此則。俟考。

梁小玉

梁小玉，武林人。七歲依韻賦《落花》詩，八歲摹大令帖，長而游獵羣書，作《兩

都賦》，半載而就。著《瑯嬛集》三卷。《列朝詩集》〔一〕

〔一〕見《列朝詩集》閏集卷四「鄉嬛女子梁氏」條。引文有删節。「梁小玉」，原作「梁氏，名小玉」。「著《瑯嬛集》三卷」，原作「著《鄉嬛集》二卷」。

國朝

黄媛介

黄媛介，字皆令，嘉禾黄葵陽先生族女也。髫齡即嫻翰墨，好吟詠，工書畫，楷書仿《黄庭經》，畫似吴仲圭而簡遠過之。其詩初從選體入，後師杜少陵，清灑高潔，絶去閨閣畦徑。適士人楊世功，蕭然寒素，皆令黽勉同心，恬然自樂也。乙酉鼎革，家被蹂躪，乃跋涉於吴越間，困于檇李，躓于雲間，棲于寒山，羈旅建康，轉徙金沙，留滯雲陽。其所紀述，多流離悲戚之辭，而温柔敦厚，怨而不怒。既足觀其性情，且可以考事變，此閨閣而有林下風者也。《無聲詩史》〔一〕

王阮亭云：禾中女子黄媛介，字皆令。負詩名數十年，近爲予畫一小幅，自題云：「懶登高閣望青山，愧我年來學閉關。淡墨遥傳縹緲意，孤峰只在有無間。」《池北偶談》〔二〕

黄媛介，字皆令，嘉興人，楊世功之配。善詩詞，楷書摹《黄庭經》《十三行》，畫山水小景，有元人筆致。長安閨秀多師事之。《續圖繪寶鑑》〔三〕

〔一〕見明姜紹書《無聲詩史》卷五。「流離悲戚」，原作「流離悲感」。「此閨閣而有林下風者也」，「閨閣」原作「閨秀」。文末原有雙行小字注云：「皆令書畫不可多得，郡城蕭儀九，裝潢家名手也。予從其處得皆令詩畫扇一，出以眎客。知畫者謂逼真梅花道人筆意，字亦遒婉有古法。」

〔二〕見《池北偶談》卷十二「黄媛介詩」條。引文有删節。「禾中女子」，原作「禾中閨秀」。「自題云」，原作「自題詩云」。詩下又云：「皆令作小賦，頗有魏晉風致。少時太倉張西銘溥聞其名，往求之。皆令時已許字楊氏，久客不歸，父兄屢勸之改字，不可。聞張言，即約某日會某所，設屏障觀之。既罷，語父兄曰：『吾以張公名士，欲一見之。今觀其人，有才無命，可惜也。』時張方入翰林，有重名，不逾年竟卒。皆令卒歸楊氏。」

〔三〕見清馮仙湜《圖繪寶鑑續纂》卷三。「嘉興人，楊世功之配」，原無「人」字。「善詩詞」，原作

「善古文詩詞，著作甚富」。「長安閨秀多師事之」，原作「長齋事佛，有賢行，京師閨彥多師事之。客都良久，老返吴下」。

黄皆令女

黄皆令幼女，不知名。吉水遠山夫人朱中楣云：猶記閒坐湖樓，皆令携幼女過訪。髮方覆額，遂能以詠詩寫帖，楚楚可人。今依然夢想間，并裁小詩贈之：「瑟瑟輕羅淡淡妝，柳眉鶯語乍調簧。烏雲應拂春山小，紅蕊初含夜雨香。鴛水毓靈多鮑謝，蠅頭妙楷逼鍾王。夢回猶記殷勤别，幾欲箋詩燕子忙。」《隨草續編》〔一〕

〔一〕見《石園全集》卷十七《隨草續編》。「遂能以詠詩寫帖」，原作「遂能誦詩寫法帖」。「并裁小詩贈之」，「贈」原作「似」，疑誤。「柳眉鶯語乍調簧」，「柳眉」原作「柳梢」。

姜淑齋

姜氏淑齋，膠州宋方伯子婦。姜字淑齋，號廣平内史。善臨《十七帖》，筆力矯捷，不類女子。《池北偶談》〔一〕

〔一〕見《池北偶談》卷十二「女子善書」條。原作「膠州宋方伯子婦姜，字淑齋，自號廣平内史。善臨《十七帖》，筆力矯勁，不類女子」。

沈無非

沈無非，嘉興人，項鼎鉉之妻。項鼎鉉云：先室沈無非氏，酷情筆硯，朝夕讀書不倦，尤喜臨池，絶肖褚河南《九成宫》。有手書所撰朝鮮《許士女集小序》一首，先爲其兄沈景倩臨摹上木。今記之，以爲兒輩存手澤云：「是編爲箕國士女許景樊詩若文，秀色逼人咄咄，無脂粉氣。昔稱絳仙可療飢，女豈其儔伍耶？間剽竊古人，如『水屋』、『珠扉』一二語，然肖景處，故不害爲畫師後身，世毋曰『龜茲王所謂贏也』而易之。無非氏題于密雲之深深齋。」《呼桓日記》〔一〕

〔一〕見明項鼎鉉《呼桓日記》卷二。「沈無非，嘉興人，項鼎鉉之妻。項鼎鉉云」數語，俱爲厲氏所加。原作「欲完先室沈無非氏《行狀》，憶其生平，酷情研筆，朝夕讀書不休，所著詩文成帙。歲丁未，悉被於火，點檢無十之一，泣下潸然」。以下與厲氏所引同，惟「臨摹上木」，原無「摹」字；「無脂粉氣」，原作「無胭脂氣」；「水屋」，原作「冰屋」。

吴貞閨　吴靜閨

吴貞閨，字首良，適曹村金氏。書法遒勁，尤精琴理。妹靜閨，字佩典，適汝南周氏。幼摹《黄庭》，得其筆意。《翠樓集》〔一〕

〔一〕見清劉雲份《翠樓集》卷首《諸名媛族里》。「字首良」，其下原有「吴江人」三字。文後又有「與姊氏並工詩，如春蘭秋菊，各極其致」數語，厲氏未録。

郭瑀

郭瑀，字素汝，長洲人，適棣川顧氏。畫學趙文淑，花草推逸品。書法大小俱有古致。《翠樓集》〔一〕

〔一〕見清劉雲份《翠樓集》卷首《諸名媛族里》。「字素汝」，原作「字瑧汝」。文後復有「作詩援筆立就，稱倚馬才」二語，厲氏未録。

張在貞

張在貞，字惠婉，天如先生女也。通經史，工琴書。與妹文琳倡和，有《月窗合草》〔一〕。

〔一〕見清劉雲份《翠樓集》卷首《諸名媛族里》。「與妹文琳倡和」，「妹」原作「姊」。按，此則厲氏未注出處。

姬侍

六朝

墨娥

墨娥，姑臧太守張憲妓也。嘗代憲書札。《荻樓雜抄》〔一〕

〔一〕見《説郛》卷三十一下《荻樓雜抄》。原作「姑臧太守張憲代書札伎墨娥」。按，張憲爲五代後唐將領，卒於後唐明宗天成元年（九二六），厲氏歸入六朝，誤。傳爲後唐馮贄所撰《雲仙雜記》卷一「鳳窠羣女」條引《姑臧前後記》云：「姑臧太守張憲，使倡妓戴拂壺中錦仙裳，密粉淡粧，使侍閣下。奏書者號『傳芳妓』，酌酒者號『龍津女』，傳食者號『仙盤使』，代書札者號『墨娥』，按香者號『麝姬』，掌詩稿者號『雙清子』。諸倡曰『鳳窠羣女』，又曰『團雲隊』、『曳雲仙』。亦佳話云。」據此，則「墨娥」非特指一人。

宋

王朝雲 蘇東坡侍妾

朝雲始不識字，晚忽學書，粗有楷法。從泗上比丘尼義沖學佛，亦畧聞大義。《東坡集》〔一〕

朝雲字子霞，錢塘人。蘇子瞻宦錢塘，納爲常侍。朝雲初不識字，既事子瞻，遂學書，粗有楷法。《青泥蓮花記》〔二〕

〔一〕見宋蘇軾《東坡全集》卷二十三《悼朝雲詩并引》。引文有删節。按，《蘇軾文集》卷十五《朝雲墓誌銘》云：「東坡先生侍妾曰朝雲，字子霞，姓王氏，錢塘人。」

〔二〕見明梅鼎祚《青泥蓮花記》卷一下「王朝雲」條。引文有删節。「朝雲字子霞，錢塘人」，原作「朝雲者，姓王氏，錢塘名妓也」。「納爲常侍」，其上原有「絶愛幸之」四字。

翠翹

翠翹，洪内翰侍人。字畫婉媚。《書史會要》〔一〕

翠翹工畫墨竹，每自題其後曰：「翠翹戲筆。」字畫婉媚，墨氣清潤。《繪事備考》〔二〕

〔一〕見《書史會要》卷六。原作「翠翹，失其姓，洪内翰侍人。字畫媚婉」。

〔二〕見清王毓賢《繪事備考》卷六。原作「洪内翰侍人翠翹，工畫墨竹。每自識其後曰：『翠翹戲筆。』字畫婉媚，墨氣清潤。程大昌題所畫《風折竹圖》詩，有『戲作竹枝斜，再惱玉堂宿』之句，爲當時佳話」。

田田　錢錢

田田、錢錢，辛棄疾二妾也，因其姓而名之。皆善筆札，常代棄疾答尺牘。《書史會要》〔一〕

〔一〕見《書史會要》卷六。「因其姓而名之」之上，原有「皆」字。

意真

意真，劉光世侍兒。嚴州烏石寺在高山之上，有岳武穆飛、張循王俊、劉太尉光世題名。劉不能書，令侍兒意真代書。姜堯章題詩云：「諸老凋零實可哀，尚留名姓壓崔嵬。劉郎可是疎文墨，幾點胭脂涴緑苔。」《鶴林玉露》〔一〕

〔一〕見宋羅大經《鶴林玉露》乙編卷六。「意真，劉光世侍兒」，原無此七字。「諸老凋零實可哀」，「實」原作「極」。按，姜夔詩見《白石道人詩集》，題作《登烏石寺觀張魏公劉安成岳武穆留題劉云侍兒意真奉命題記》。「尚留名姓壓崔嵬」，「名姓」作「名字」。「幾點胭脂涴緑苔」，「涴」作「污」。

廚娘

京師中下之户，每育女則愛護之，稍長則隨其姿質教以藝業，用備士大夫采擇娱侍。名目不一，就中廚娘最爲下色，然非極豪貴家不可用。嘗聞時官中有婺人某者，奮身寒素，歷二倅一守，然受用澹泊，不改儒酸。偶奉祠居里，便嬖不足，使令進饌，且大粗率。守念昔留某官處晚膳，出都下廚娘烹調，極可口。適有便介如京，謾作承受人書，託以物色，費不屑較。未幾，承受人復書曰：「得之矣。其人年可二十餘，有容藝，曉書算，旦夕遣以詣直。」旬餘果至，初憩五里頭，特遣脚夫先申狀來，乃其親筆字也，字畫端楷。歷敘慶幸即日伏事左右，末乞以四輪接取，庶成體面。辭甚委曲，殆非庸碌女子可及。守一見爲之啓顔，及入門，容止循雅，紅裹緑裳，參視左右乃退。守益喜過望。《暘谷漫録》〔一〕

〔一〕見《説郛》卷二十九上宋洪巽《暘谷漫録》。引文有删節，且字詞多不同。

明

何玉仙

何玉仙，號白雲道人，史癡翁之妾。能篆書。《列朝詩集》〔一〕

〔一〕見《列朝詩集》丙集卷十四「癡翁史忠」條。引文有删節。原書述何玉仙云：（史忠）「有愛妾何氏，名玉仙，號白雲道人。能篆書及小畫，解音律」。

張家婢

張天駿家有厮養婢，善書。觀者嘖嘖稱賞。《紫桃軒又輟》〔一〕

〔一〕見明李日華《紫桃軒又綴》卷二。「張天駿家有厮養婢」，原無「家」字。「觀者嘖嘖稱賞」，「稱賞」原作「嗟賞」。按，據張金粱考證，史上實無張家婢其人，乃因祝允明《書述》言：「又有張天駿者，亦將婢學夫人，咄哉！樵爨厮養，醜惡臭穢。」意指張駿書法如厮養婢。見《書法叢刊》二〇〇三年第四期《張天駿婢善書考》。此誤實因「張天駿有厮養婢」句中之「有」字，本應爲「如」字。蓋言張駿書法如厮養婢，非謂其家有婢女善書。

柳如是

柳是，字如是，一字蘼蕪。本吴江名妓徐佛弟子，姓楊名愛，柳其寓姓也。丰姿逸麗，翩若驚鴻。性狷慧，賦詩輒工，尤長近體七言。作書得虞、褚法。年二十餘，歸虞山錢宗伯，而河東君之名始著。鈕琇《觚賸》〔一〕

〔一〕見清鈕琇《觚賸》卷三「河東君」條。引文多删節，若干字詞亦不同。參見《玉臺畫史》卷四

「楊影憐」條相關校記。

國朝

韓郎中姬

韓郎中聖秋姬人某氏，好臨摹晉唐法帖，獨廢鍾書。韓詰所以，對曰：「季漢正統，關侯忠義，而斥以賊帥，狂悖極矣。書雖工，抑何足取？」韓有詩記其事云：「誰知太傅千年後，敗闕端從《戎路》开。」《居易録》〔一〕

〔一〕見《居易録》卷一。「韓郎中聖秋姬人某氏，好臨摹晉唐法帖」，原作「偶看鍾繇《戎路帖》，因憶亡友韓郎中詩聖秋姬人某氏，好臨摹晉唐人法帖」。「抑何足取」，原作「抑何足道」。按，《戎路帖》，一名《賀捷表》。其時蜀將關羽被殺，鍾繇特上表向魏王曹操祝賀，表中站在以曹魏爲正統的立場，稱關羽爲賊帥。

高密單氏妾

高密單氏某妾，學右軍楷書，似《黄庭》《遺教》二經。《池北偶談》〔一〕

〔一〕見《池北偶談》卷十二「女子善書」條。「高密單氏某妾」，原作「高密單某妾」。按，單氏妾與前敘姜淑齋同載此條，末云：「二人皆髫齔女子也。」

名妓

唐

薛濤

薛濤，字洪度，西川樂妓。工爲詩，當時人多與酬贈。武元衡奏爲校書郎。晁公武《郡齋讀書志》〔一〕

婦人薛濤，成都倡婦也。以詩名當時，雖以失身卑下，而有林下風致。故詞翰一出，則人争傳以爲玩。作字無女子氣，筆力俊激。其行書妙處，頗得王羲之法，少加以學，亦衛夫人之流也。每喜寫己所作詩，語亦工，思致俊逸，法書警句，因而得名。非若公孫大娘舞劍器、黄四娘家花，托於杜甫而後傳也。今御府所藏行書《萱草》等書。《宣和書譜》〔二〕

元稹以監察使蜀，知有薛濤，難得見。嚴司空潛知其意，每遣薛往。洎稹登翰林，濤歸浣花，造小幅松花牋百餘幅，題詩獻稹。稹題舊詩與濤云：「長教碧玉藏深處，總向紅箋寫自隨。」《牧豎閑談》〔三〕

宋賈似道家有薛濤《萱草》詩。《悦生堂古迹記》〔四〕

〔一〕見宋晁公武《郡齋讀書志》卷四中薛濤《錦江集》五卷。引文有删節。「薛濤，字洪度」，原作「右唐薛濤洪度也」。

〔二〕見《宣和書譜》卷十。「雖以失身卑下」，原無「以」字。「筆力俊激」，原作「筆力峻激」。「托於杜甫而後傳也」，「後傳」原作「後有傳」。「今御府所藏行書」，「行書」原作「行書一」。

〔三〕見《説郛》卷十九下宋景涣《牧豎閑談》。引文有删節，字詞亦多異。「知有薛濤，難得見。嚴司空潛知其意，每遣薛往」數語，原書無。

〔四〕按，《悦生堂古跡記》，宋賈似道撰，今其書不存。明張丑《清河書畫舫》卷五上云：「似道留心書畫，家藏名蹟，多至千卷。其宣和、紹興秘府故物，往往乞請得之。今除烜赫名蹟，載《悦生古蹟記》者不録，第録其稍隱者著於篇。」以下著録法書四十二種，薛濤《萱草》詩在第三十二。據此，則薛濤《萱草》詩應未收入《悦生堂古跡記》。

宋

王英英

王英英，楚州官妓也。學顔公書，蔡襄教以筆法，晚年作大字甚佳。《書史會要》〔一〕

梅堯臣贈詩曰：「山陽女子大字書，不學常流事梳洗。親傳筆法中郎孫，妙畫蠶頭魯公體。」又《觀王氏書》詩云：「先觀瘫姬舞六么，妍葩發豔春風摇。舞罷英英書大字，玉指操管濃雲飄。風馳雨驟起變怪，文鰩晝飛明珠跳。」《宛陵集》〔二〕

〔一〕見《書史會要》卷六。「王英英」，原作「英英，姓王氏」。「學顔公書」，原作「學顔魯公書」。文後有梅堯臣贈詩一首。

〔二〕按，梅堯臣贈詩不見於《宛陵集》。《佩文齋書畫譜》卷三十六、《六藝之一録》卷三百五十一所録與此條全同，俱注出《宛陵集》，《書史會要》卷六未注出何書。厲氏自撰之《宋詩紀事》卷二十，此詩紀事引宋魏泰《隱居詩話》。今録魏泰《臨漢隱居詩話》於下：「楚州有官妓王英英，善筆札，學顔魯公體，蔡襄復教以筆法。晚年作大字甚佳。梅聖俞贈之詩云：『山陽女子大字書，不學常流事梳洗。親傳筆法中郎孫，妙盡蠶頭魯公體。』英英貌甚陋，故有『不事梳洗』之句。『中郎孫』，君謨也。」據此，梅堯臣贈詩云云，應爲《書史會要》所載，當歸於上段。《觀王氏書》詩見梅堯臣《宛陵集》卷四十七。「玉指操管濃雲飄」，「操管」原作「握管」。全詩六韻十二句，後六句云：「席客聚立驚且歎，筆何勁健人柔夭。昔時裴旻能劍舞，丹青助氣精神超。藝雖不同意有會，世事相假非一朝。」

馬　昞

馬昞，徐州營妓也。性慧麗，蘇軾守徐日，甚喜之。能學軾書，得其彷彿。軾嘗書《黄鶴樓賦》未畢，昞竊效書「山川開合」四字。軾見之大笑，略爲潤色，不復易之。今碑四字乃昞筆也。《書史會要》〔一〕

〔一〕見《書史會要》卷六。

李　琪

東坡先生在黄日，每有燕集，醉墨淋漓，不惜與人。至于營妓供侍，扇書帶畫，亦時有之。有李琪者，小慧而頗能書札。坡亦每顧之喜，終未嘗獲公之賜。至公移汝郡，將祖行，酒酣奉觴再拜，取領巾乞書。公顧視之久，令琪磨硯墨濃，取筆大書云：「東坡七歲黃州住，何事無言及李琪。」即擲筆袖手，與客笑談。坐客相謂：「語似凡易，又不終篇，何也？」至將徹具，琪復拜請，坡大笑曰：「幾忘出場。」繼書云：「恰似西川杜工部，海棠雖好不留詩。」一座擊節，盡醉而散。《春渚紀聞》〔一〕

〔一〕見宋何薳《春渚紀聞》卷六《東坡事實》之「營妓比海棠絶句」條。「東坡先生」，原無「東坡」二字。「小慧而頗能書札」，「能」原作「知」。「公顧視之久」，「之久」二字原乙。

楚珍

楚珍，不知姓，本彭澤娼女。草篆八分皆工。董史云：「家藏長沙古帖，標簽皆其題署。宣和間，有跋其後者曰：『楚珍，蓋江南奇女子。初雖豪放不羣，終以節顯。』吾嘗見其《過湖》詩，清勁簡遠，有丈夫氣，故知其人不凡。」《書史會要》〔一〕

〔一〕見《書史會要》卷六。「本彭澤娼女」，原無「本」字。「故知其人不凡」，原作「故知此人胸中不凡」。按，董史云云，見《皇宋書録》外篇。

謝天香

鉅野有穠芳亭，邑人秋成報祭所也。一日，鄉耆謀立石其中，延士人王維翰書之。維翰未至，有妓謝天香者問云：「祀事既畢，何爲遲留不飲？」衆曰：「俟維翰書石耳。」謝遂以袖代筆，書「穠芳」二字，會維翰至，書「亭」字完之，父老遂命刻之石。王、謝遂成夫婦。後維翰登進士，與天香偕老。《青泥蓮花記》〔一〕

〔一〕見明梅鼎祚《青泥蓮花記》卷七「謝天香」條。「延士人王維翰書之」，「書之」原作「書『穠芳亭』字」。「維翰未至」，原作「維翰久之未至」。「遂以袖代筆」，原作「遂以其袖當筆」。「遂成夫婦」之下，原有「後王戲謝詩曰：『昔日章臺曾舞腰，行人無不折枝條。』天香曰：『從今已付丹青手，壹任狂風不動摇』」數語。

温琬

甘棠倡温琬，字仲玉，初姓郝氏，本良家子。六歲質明叡，訓以詩書，達旦不寐，日誦千言，能通其大義。喜字學，落筆無婦人體，遒韻有格。有得之者，寶藏珍重之，不啻金玉。能染指書，尤妙。宋清虚子《甘棠遺事》[一]

〔一〕見《青泥蓮花記》卷十一引宋清虚子《甘棠遺事》。引文有删節。「字仲玉」，原作「字仲圭」。「初姓郝氏」之下，原有「小名室奴」數字。按，宋劉斧《青瑣高議》後集卷七亦全載其文。

陳相

陳相，衡陽妓也。歌舞出其類，學書作小楷。《山谷集》[一]

〔一〕見《黄庭堅全集》正集卷十三。本爲《阮郎歸》詞前的小序，文曰：「曾叓文既眄陳湘，歌舞便出其類，學書亦進。來求小楷，作《阮郎歸》付之。」詞云：「盈盈嬌女似羅敷，湘江明月珠。起來綰髻又重梳，弄妝仍學書。歌調態，舞工夫，湖南都不如。它年未厭白髭鬚，同舟歸五湖。」按，同書同卷復有《驀山溪》三闋，述及陳湘，詞前小序一云：「贈衡陽妓陳湘。」一云：「至宜州作，寄贈陳湘。」

嚴蕊

嚴蕊，字幼芳，天台營妓也。善琴奕書畫。《書史會要》[一]

天台營妓嚴蕊，字幼芳。善琴奕歌舞、絲竹書畫，色藝冠一時。間作詩詞，有新語。《齊東野語》〔二〕

〔一〕見《書史會要》卷六。

〔二〕見宋周密《齊東野語》卷二十「台妓嚴蕊」條。引文有删節。

趙總憐

趙總憐，能著棊，分茶，寫字，彈琴。以扇頭乞詞於薌林向子諲，戲贈《浣溪紗》云：「艷趙傾燕花裏仙，烏絲欄寫永和年，有時閒弄醒心弦。茗碗分雲微醉後，紋楸斜倚髻鬟偏，風流模樣總堪憐。」向子諲《酒邊詞》〔一〕

〔一〕見宋向子諲《酒邊集》。詞前小序云：「趙總憐以扇頭來乞詞，戲有此贈。趙能著棊，寫字，分茶，彈琴。」

蘇翠

蘇氏，建寧人。淳祐間流落樂籍，以蘇翠名。能八分書。《書史會要》〔一〕

蘇翠，咸淳間供奉樂部。善寫墨竹，亦工梅蘭，扶疎朗潤，曲盡其致。頗自矜貴，每一圖成，必以八分書題之。《繪事備考》〔二〕

〔一〕見《書史會要》卷六。

〔二〕見《繪事備考》卷六。「蘇翠」下，原有「建寧人」三字。「曲盡其致」，原作「曲折盡致」。文後復録其畫之傳世者，曰：「畫之傳世者：《拂雲圖》二，《倚雲圖》一，《凌雲圖》二，《傲雪圖》二，《香雪圖》三，《雪意圖》二，《寫露圖》一，《露葉圖》一，《檀藥圖》一。」按，《書史會要》言其淳祐間（一二四一—一二五二）流落樂籍，《繪事備考》則云咸淳間（一二六五—一二七四），其間相隔約二十年，未知孰是。或蘇氏二十年間未脱樂籍。

延平樂妓

劉克莊《後村詩話》云：「延平樂籍中有能墨竹草聖者，潘廷堅爲賦《念奴嬌》，美其書畫，末云：『玉帶懸魚，黄金鑄印，侯封萬户。待從頭繳納君王，覓取愛卿歸去。』」《劉後村集》〔一〕

〔一〕見宋劉克莊《後村大全集》卷一百七十六。引文有删節。「延平樂籍」，原無「樂」字。「潘廷堅」，原作「潘庭堅」。按，潘彷字庭堅，作潘廷堅，誤。

楊　韻

湖妓楊韻，手寫《法華經》，每舉筆，必先齋素，盥沐更衣。病死之夜，其母夢韻來別云：「以經之力，今即往生烏程縣廳吏蔡家作女。」時蔡妻方娠，是夜夢有肩輿及門者，迎之則韻也，云：「來寄宿。」寤而生女。其母他日來視，女爲之啞然一笑，人咸異之。郭象《睽車志》〔一〕

〔一〕見宋郭象《睽車志》卷一。「每舉筆」，原作「每執筆」。「病死之夜」，原作「後病死，死之夜」。

元

梁園秀

劉氏，名梁園秀，歌兒也。才藝精妙，喜文墨，能作樂府，時吟小詩亦佳。字畫楷

正。《書史會要》〔一〕

梁園秀，姓劉氏，行四。歌舞談謔，爲當代稱首。喜親文墨，作字楷媚。間吟小詩亦佳。所製樂府如《小梁州》《青歌兒》《紅衫兒》《尮塼兒》《賽兒令》等，世共唱之。夏伯和《青樓集》〔二〕

〔一〕見《書史會要補遺》。

〔二〕見元夏庭芝（字伯和）《青樓集》。「姓劉氏，行四」，原作「劉氏，行第四」。「歌舞談謔，爲當代稱首」，原作「歌舞談諧，爲當代首」。「《青歌兒》」，原作「《青哥兒》」。「《尮塼兒》」，原作「《側磚兒》」。「世共唱之」下，原有「又善隱語。其夫隨小喬，亦有伎能云」數語。

明

姜舜玉

姜舜玉，號竹雪居士，隆慶間舊院妓。工詩兼楷書。《列朝詩集》〔一〕

〔一〕見《列朝詩集》閏集卷四。

林奴兒

林奴兒，號秋香，成化間妓。風流姿色，冠於一時。學畫于史廷直、王元父二人，筆最清潤。落籍後，有舊知欲求見，因畫柳枝於扇，詩以謝之曰：「昔日章臺舞細腰，任君攀折嫩枝條。從今寫入丹青裏，不許東風再動摇。」《無聲詩史》〔一〕

沈周《題妓林奴兒畫調寄臨江仙》云：「舞韻歌聲都撂起，丹青留箇芳名，崔徽楊妹自前生。筆愁煙樹杳，屏恨遠山横。　描得出風流意思，愛他紅粉兼青，未曾相見儘關情。只憂相見日，花老怨鶯鶯。」《石田詩集》〔二〕

〔一〕見明姜紹書《無聲詩史》卷五。「任君攀折嫩枝條」，「攀折」原作「攀摘」。按，此詩非林奴兒所作，參見《玉臺畫史》卷五「林奴兒」條相關校記。

〔二〕見《耕石齋石田集》卷八，題作《臨江仙・題妓林奴兒畫》。「舞韻歌聲都撂起」，「舞韻」原作「舞譽」。「崔徽楊妹自前生」，「自前生」，原作「省前生」。「屏恨遠山横」，「遠山」原作「晚山」。「愛他紅粉兼青」，「青」原作「清」。詞下原有小字注「丙午」二字。按，丙午，成化二十二年（一四八六）。

馬湘蘭

馬姬，名守真，小字玄兒，又號月嬌。以善畫蘭，故湘蘭之名獨著。所居在秦淮勝處。《列朝詩集》〔一〕

馬湘蘭《雙鈎墨蘭》立軸，傍作篠竹瘦石，氣韻絶佳。題云：「翠影拂湘江，清芬瀉幽谷。壬申清和月，寫於秦淮水閣。湘蘭子馬守真。」又《雙鈎墨蘭》小軸，題云：「幽蘭生空谷，無人自含芳。欲寄同心去，悠悠江路長。丙申春日，湘蘭守真子。」二軸今藏余友廣陵馬半槎齋中〔二〕。

〔一〕見《列朝詩集》閏集卷四。引文有删節。「又號月嬌」，原作「又字月嬌」。

〔二〕按，「湘蘭子馬守真」，《六藝之一録續編》卷十四《玉臺書史》無「子」字。

薛素素

薛素素，姿度妍雅，能書，作《黄庭》小楷尤工。蘭竹下筆迅掃，各具意態。又善馳馬挾彈，能以兩彈丸先後發，使後彈擊前彈碎于空中。又置彈於地，以左手持弓向地，以右手從背上反引其身，以擊地下之彈，百不失一。絶技翩翩，亦青樓中少雙者。《甲乙剩言》〔一〕

范夫人徐小淑贈素素詩云：「連城聲價舊名姬，著紙芙蓉香粉奇。彩筆揮雲詩濯錦，誰言蜀女擅稱詩。」「幽蘭九畹墨花淋，走馬章臺彈撲金。却買輕車駕油壁，西陵松下結同心。」〔二〕

〔一〕見明胡應麟《甲乙剩言》「薛校書」條。引文有删節。「薛素素」，原作「薛五素素」。「以左手持弓向地」，「地」原作「後」。「反引其身」，原作「反引其弓」。「絶技翩翩，亦青樓中少雙者」，原作「衆技翩翩，亦昔媛之少雙者」。

〔二〕見明徐媛《絡緯吟》卷八《贈薛素素》五首，厲氏所録爲其一及其二。「著紙芙蓉香粉奇」，「著」原作「養」。

馬如玉

馬如玉，桃葉妓。善楷書，詩奕奕有致。國華王孫社中人也。姚旅《露書》〔一〕

馬如玉，字楚嶼，本張姓，家金陵南市樓，徙居舊院。熟精《文選》《唐音》，善小楷及八分書。《列朝詩集》〔二〕

〔一〕見明姚旅《露書》卷四，引文有删節。「馬如玉」，原作「馬大者，名如玉」。「詩奕奕有致」，「奕奕」原作「英英」。

〔二〕見《列朝詩集》閏集卷四。引文有删節。「徙居舊院」之下，原有「從假母之姓爲馬」一句。「善小楷及八分書」，原作「善小楷、八分書及繪事」。

朱無瑕

朱馥，名無瑕，字泰玉。桃葉妓。工楷書畫蘭，能詩。《露書》〔一〕

朱無瑕，字泰玉，桃葉渡邊女子。幼學歌舞，長而淹通文史，工詩善書。時人以方馬湘蘭云。《列朝詩集》〔二〕

〔一〕見明姚旅《露書》卷四，引文有删節。「工楷書畫蘭，能詩」，原作「初工楷書畫蘭，後遂能詩」。

〔二〕見《列朝詩集》閏集卷四。引文有删節。

顧文英

顧文英，善書，以碧絲作小行楷，繡之盛鏡囊，以寄所歡。《俞琬綸集》〔一〕

〔一〕見《佩文齋書畫譜》卷四十四及《六藝之一録》卷二百七十三，注出俞琬綸《自娱集》，「以寄所歡」，俱作「以遺所歡」。俞琬綸，字君宣，長洲人。萬曆四十一年（一六一三）進士，官西安令。著作有《自娱集》《琬綸詩餘》等。今《自娱集》其書未見。清徐釚《詞苑叢談》卷九述其事云：「俞琬綸製《桂枝香·古鏡》詞贈女史顧文英，琬綸自序云：『文英善書，以碧絲作小行楷，繡之鏡囊遺所歡。』」其下引述顧文英與俞琬綸夢中交談事，又録《桂枝香》詞，可參看。

卞賽

卞賽，秦淮妓，後爲女道士，自號玉京道人。工小楷，善畫蘭鼓琴。亂後游吴，梅村學士作《聽女道士卞玉京彈琴歌》贈之。《板橋雜記》〔一〕

卞賽，字賽賽，自號玉京道人。莫詳所自出，或曰秦淮人。知書工小楷，能畫蘭，能琴。僑虎丘之山塘，所居湘簾棐几，嚴淨無纖塵。雙眸泓然，日與佳墨良紙相映

徹。晚依良醫保御氏。刺舌血爲書《法華經》，既成，自爲文序之。《梅村集》〔二〕

〔一〕見清余懷《板橋雜記》卷中。引文有删節。「卞賽，秦淮妓」，原作「卞賽，一曰賽賽」。「工小楷」，原作「知書工小楷」。「亂後游吳，梅村學士」，原作「亂後游吳，吳梅村學士」。

〔二〕見清吳偉業《梅村集》卷六《過錦樹林玉京道人墓并傳》。引文有删節。「卞賽，字賽賽，自號玉京道人」，原作「玉京道人」。

王少君

王少君，名曼容。白皙而莊，清揚巧笑，殊有閨閣風。其居表以「長楊」，人遂呼爲長楊君。學字於周公瑕，學詩於佘宗漢，學琴於許太初，爭以文雅相尚。潘之恒《曲中志》〔一〕

〔一〕見《説郛續》卷四十四《曲中志》。引文有删節。

郝文姝

郝文姝，字昭文，金陵妓，居珠市領。其談吐慷慨風生，下筆成琬炎，幾令衛夫人收泣。而以貌列中品，姝由由然不屑也。寧遠李大將軍物色之，載媵車中。方督師遼東，置諸掌記間，稱内記室，凡奏牘悉以屬。潘之恒《鸞嘯小品》〔一〕

郝文姝，珠市妓。爲人文弱，清致逼人。余嘗在其齋頭見信筆作報札，頃刻數百言，字不減《黄庭》，信佳秀也。《露書》〔二〕

〔一〕見明潘之恒《亘史鈔》外紀《金陵艷》卷五。引文有刪節。「郝文姝，字昭文，金陵妓，居珠市領」，原作「郝氏行二，居金陵朱市院。初名文珠，字昭文，易『珠』以『姝』，嘉之也」。「下筆成琬炎」，原作「下筆成琬琰章」。「寧遠李大將軍」，原作「寧遠伯李大將軍」。

〔二〕見《露書》卷四，引文有刪節。「郝文姝」，原作「郝文珠」。

郝賽

郝賽，名宛然，字蕊珠，珠市妓。麗容媚態，楷書有昭文門風。著《調鸚集》。《露書》〔一〕

郝藝娥，名婉然。工寫《宣示帖》。《珊瑚網》〔一〕

〔一〕見《露書》卷四，引文有刪節。按，昭文，郝文姝字，見上。

〔二〕見《珊瑚網》卷十八。原作「郝藝娥婉然，工《宣示》」。

趙麗華

趙麗華，字如燕，小字寶英，南院妓，自稱昭華殿中人。如燕父鋭，以善歌樂府，供奉康陵。如燕年十五，隸籍教坊，能綴小詞，被入弦索。予嘗得其書畫扇，楷法極佳，後題云：「乙卯中秋，同西池徵君、質山學士集海濱天香書屋，書此竟，聞任兵憲在陸涇壩禦倭大捷奏凱回，亦快事也。」沈嘉則爲作傳，有云：「趙雖平康美人，使具鬚眉，當不在劇孟、朱家下。」今即其題扇數語，豪宕可知。《靜志居詩話》〔一〕

〔一〕見清朱彝尊《靜志居詩話》卷二十三。引文有删節。「年十五」，原作「年十三」。「楷法極佳」，原作「楷法絶佳」。「奏凱回」，原作「奏凱回戈」。

李貞孋

李貞孋，字淡如，桃葉妓。工書畫，著《韻芳集》。《露書》〔一〕

〔一〕見《露書》卷四，引文有删節。「李貞孋」，原作「李大，名貞孋」。「工書畫」，原作「工畫書」。

梁昭

吴姬梁昭，字道昭。故以善歌名。爲人儀度澹雅，綽約若仙。習琴能棊，作小楷有《東方讚》《曹娥碑》筆法。《識小録》〔一〕

〔一〕見明徐樹丕《識小録》卷四《梁姬傳》。引文有删節。「《曹娥碑》」，厲氏作「曹娥郡」，誤，今據原書改。

孫瑶華

瑶華，字靈光。金陵曲中妓，歸新安汪景純。讀書賦詩，屏却繁華。汪仲嘉有《代蘇姬寄怨所歡》詩，一時詞客屬和成帙，吴兆熊尤岸然自負，靈光詩一出，皆閣筆斂衽。景純子駿聲以手迹示余，詩字皆清勁婉約，真閨房之秀也。《列朝詩集》〔一〕

〔一〕見《列朝詩集》閏集卷四。引文有删節。「金陵曲中妓」，原作「金陵曲中名妓」。「屏却繁華」，原作「屏却丹華」。「屬和成帙」，原作「屬和盈帙」。

楊宛

楊宛，字宛叔，金陵名妓也。能詩，有麗句。善草書。歸若上茅止生，止生重其才，以殊禮遇之。《列朝詩集》〔一〕

茅止生云：「宛叔歸予，年纔十六。能讀書，工小楷。其于詩游戲涉獵，若不經意，鮮潤流利。」《鍾山獻序》〔二〕

董其昌云：楊宛書「非直媚秀取姿，而迴腕出鋒，絕無媚骨」。《書史會要》〔三〕

汪歷賢《題楊宛叔蘭亭臨本》詩云：「獨就規模出新意，更留粉本與《蘭亭》。雙鈎響搨誰能事，直喚昭陵片箋醒。」《香祖筆記》〔四〕

〔一〕見《列朝詩集》閏集卷四。引文有删節。

〔二〕見明茅元儀《石民四十集》卷十七《鍾山獻序》。引文有删節。原文有關文字云：「宛叔歸于余，年纔十六耳。余察其眉膴，宿具翰墨，乃授以《筆陣圖》，書駸駸入品。授以詩詞之學，本之『三百篇』，業既竟，始循而下之，以極于今之藻。宛叔于書則冢筆池墨，衣被盡破。于詩則游戲涉獵，若不經意，三年而忽成小詠，其秀拔邈幽，可與入也。又不減于書尺寸。」其下言共得詩三卷，詞一卷，名曰《鍾山獻》。同書同卷尚有《鍾山獻續序》及《鍾山獻再續序》，皆爲楊宛詩詞集所作。

〔三〕見《續書史會要》。引文有删節。「非直媚秀取姿」，原作「非直娟秀取姿」。

〔四〕按，檢《香祖筆記》，并無此條。《六藝之一録續編》卷十四《玉臺書史》注出《香祖軒記》。《香祖軒記》未見。

楊蕙娘

楊蕙娘，名曉英，秦淮女郎。工《黄庭》小楷。《珊瑚網》〔一〕

〔一〕見《珊瑚網》卷十八。原書云：「時秦淮女郎楊蕙娘曉英，精《黄庭》小楷。」

沙嫩

沙嫩，名宛在，字未央，桃葉妓。善絃管。著《婕香集》。《露書》〔一〕

沙宛在，名彩姝。擅臨《蘭亭》。《珊瑚網》〔二〕

〔一〕見《露書》卷四，引文有删節。「善絃管」下，原有「工楷書」三字。

〔二〕見《珊瑚網》卷十八。原作「沙宛在彩姝，擅《蘭亭》」。

楊叔卿

楊叔卿，喜學《麻姑壇》。一染齊紈，可易百錦，大足掩映林下風。《珊瑚網》〔一〕

〔一〕《珊瑚網》，原作「同上」，爲劃一改題書名。見《珊瑚網》卷十八。原書云：「楊叔卿婉素，喜作《麻姑壇》。潘髯稱得其一染齊紈，可易百錦，大足掩映林下風。」

靈異

宋

李媛

蘧兄子碩送客餘杭步伍亭，就觀壁後，得淡墨書字數行，彷彿可辨，筆迹遒媚，如出女手，云：「夜臺夜復夜，東山東復東。當時九龍月，今日白楊風。」後題云：「李媛書。」詳味詩句，似非世人所作。亭後荒闃，有數十塚，疑塚間鬼憑附而書。《春渚記聞》〔一〕

〔一〕見宋何薳《春渚紀聞》卷七「李媛步伍亭詩」條。文末有「不然好事者爲鬼語耳」一語，厲氏未録。

紫姑

政和二年，襄邑民因上元請紫姑神爲戲。既書紙間，其字徑丈。或問之曰：「汝更能大書否耶？」即書曰：「請連黏襄表二百幅，當爲作一『福』字。」或曰：「紙易耳，安得許大筆也？」曰：「請大麻皮十斤縛作，令徑二尺許，墨漿以大器貯，備濡染也。」諸好事因集紙筆，就一富人麥場，鋪展聚觀。神至，書云：「請一人繫筆於項。」其人不覺身之騰踔，往來場間，須臾字成，端麗如顏書。復取小筆書于紙角云：「持往宣德門，賣錢五百貫文。」既而縣以妖捕羣集之人，大府聞，取就鞫治，訖無他狀，即具奏知。有旨令就後苑再書驗之，上皇爲幸苑中臨視。乃書一「慶」字，與前書「福」字大小相稱，字體亦同。上皇大奇之，因令於襄邑擇地建祠，歲祀之。《春渚記聞》〔一〕

〔一〕見宋何薳《春渚紀聞》卷四「紫姑大書字」條。「汝更能大書否耶」，原無「耶」字。「請大麻皮十斤」，原作「請用麻皮十斤」。「大府聞」，原作「大府聞之」。

雜録

宋

南陽驛女子

靖康間，京畿士人往往南竄，鄧州南陽縣驛有女子書字清婉，留題於壁云：「流落南來自可嗟，避人不敢御鉛華。却思當日鶯鶯事，獨立東風霧鬢斜。」馬純《陶朱新録》〔一〕

〔一〕見宋馬純《陶朱新録》。「女子書字清婉」，原作「女子字書清婉」。

盱江驛舍婦人

劉仙倫云：盱江驛舍中有婦人書一「憶」字，筆勢頗姿媚。游子明、王相之皆題詩其後，率予同賦：「陽臺雨歇行雲杳，天闊鴻稀春悄悄。鸂鶒孤眠怨芳草，夜夜相思何日了。妾非無聲不敢啼，妾非無淚不敢垂。柔情欺損青黛眉，夢魂暗逐蝴蝶飛。春風著人瑣窗落，緑窗書字寄心曲。細看香翰婉且柔，中有閒愁三萬斛。向隅棄筆惆悵時，此情默默誰得知。無緣相見空相憶，不如當日休相識。」《松山集》〔一〕

〔一〕見《兩宋名賢小集》卷二百八十三劉仙倫《招山小集》。「夢魂暗逐蝴蝶飛」一句，厲氏漏引，據原書補。「春風著人瑣窗落」，「落」原作「緑」。「中有閒愁三萬斛」，「三」原作「千」。按，厲氏自撰之《宋詩紀事》卷六十三，載劉仙倫此詩，并無遺漏且字詞與《招山小集》全同。

明

曇陽子

《曇陽子書陰符經跋》云：「曇陽子手書《陰符經》，貽學使徐公。是經論者以百言演道，百言演法，百言演術。徐公仕宦至中大夫，歸不待年，其於法於術用，誠有所未竟，而兹所可竟者，神仙抱一之道耳。然其大致則一矣。『道之真以治身，其緒餘以治國家，其土苴以治天下』。有味乎先民之言！或謂是受之玄女，或謂軒轅氏與玉女論陰陽六甲，退而自著其事。曇陽子居嘗好書是經，夫豈以二女自命耶？余復覩所貽王廷尉元美《心經》，鳥跡龍文，若出造化。其原反終始，又必軌於正經。余不敏，無能知曇陽子，故爲徐公跋而歸之。」宣城梅鼎祚《鹿裘石室集》〔一〕

〔一〕見明梅鼎祚《鹿裘石室集》卷四十四《曇陽子書陰符經跋》。「余復覩所貽王廷尉元美《心經》」，「復」原作「覆」。

玉臺書史跋

閨閣工書，代不乏人。立言家曾未聞有彙輯之者，頗爲缺典。今得樊榭先生是編，雅人韻事，良足千秋矣。是編蒐羅之備，惟李心水《女世説》雅可伯仲。彼《名媛璣囊》《緑窗女史》諸書，弇鄙蕪淺，恐未能望其項背也。丙午四月望日，震澤楊復吉識。

玉臺畫史

玉臺畫史目録

玉臺畫史序……一九三
卷一　宫掖
虞
嫘……一九五
吴
吴王趙夫人……一九六
唐
東光縣主……一九七
和政公主……一九七
前蜀
王衍后金氏……一九八
南唐
耿先生……一九八
宋
越國夫人王氏……一九九
蔡國長公主……二〇〇
曹氏……二〇一
和國夫人王氏……二〇二
仁懷皇后朱氏……二〇三
劉夫人……二〇三
瓊華　緑華……二〇五
楊妹子……二〇五

度宗皇后全氏……二〇六
金
章宗元妃李氏……二〇七
明
郢王棟妃……二〇八
韓夫人……二〇八
郭良璞……二〇九
盧昭容附……二〇九
卷二　名媛上
晉
蘇蕙……二一一
唐
薛媛……二一一
張夫人……二一二
王美人……二一二
姚月華……二一三
後唐
李夫人……二一四
南唐
童氏……二一四
前蜀
黄崇嘏……二一五
宋
盧氏……二一六
李夫人……二一七
李氏……二一七
郭氏……二二〇
張昌嗣母……二二〇

章煎…………二二一
鮑夫人…………二二一
王氏女…………二二一
謝夫人…………二二二
李清照…………二二二
朱氏…………二二三
胡夫人…………二二四
湯夫人…………二二五
方氏…………二二五
祝次仲女…………二二六
朱淑真…………二二六
韓希孟…………二二七
金
謝宜休妻…………二二八
秀隱君…………二二九
元
管夫人…………二三〇
李夫人…………二三三
王夫人…………二三四
劉氏…………二三四
蔣氏…………二三五
張氏…………二三五
吳中女子…………二三七
盛氏…………二三八
范秋蟾…………二三八
卷三　名媛下
明
戴氏…………二四〇

金夫人……二四〇
盧允貞……二四一
馬閒卿……二四一
邢慈靜……二四二
仇氏……二四二
方孟式……二四三
沈氏……二四四
許氏……二四四
文淑……二四五
韓玥……二四六
范道坤……二四七
葉小鸞……二四七
周淑祜　淑禧　禧弟
子姚……二四八
梁夷素……二五〇
崔子忠妻女……二五一
孫氏……二五一
吳興老儒女……二五二
姚夫人……二五二
王朗……二五三
呂婉蘭……二五三
吳蕊仙……二五四
無名氏女子……二五五
姚淑……二五五
康夫人……二五六
林媛……二五六
周炤……二五七
盧丹婦……二五八

薛濤如……二五八
孫九畹……二五九
項珮……二五九
歸淑芬……二六〇
徐範……二六〇
周蘭秀……二六〇
徐夫人……二六一
劉媛……二六一
鄒賽真……二六二
吴娟……二六五
二方夫人……二六六
張玉祥……二六六
王伯姬……二六七
汝太君……二六七
劉氏……二六八
崔繡天……二六八
趙淑貞……二六九
湯尹嫺……二六九
蔡夫人……二七〇
傅道坤　范隆坤……二七一
范景姒……二七二
劉氏……二七三
卜醖蕙……二七三
睞娘……二七四
徐安生附……二七四
國朝
王端淑……二七五
龍夫人……二七六

黃媛介……二七六
吴氏……二七八
倪仁吉……二七九
徐燦……二七九
沈彦選……二八一
陳書……二八一
吴應貞……二八三
習忍……二八三
金淑修……二八四
馬荃……二八四
王正　王敬……二八五
孫蘭媛……二八五
王煒……二八六
趙昭……二八六
吴默……二八七
徐蓉……二八八
卜德基……二八八
朱如玉……二八九
徐昭華……二八九
堵霞……二九〇
馬玉徵……二九一
卜氏……二九一
范雪儀　傅德容……二九一
俞光蕙……二九二
惲冰……二九二
惲懷英……二九四
孔素瑛……二九四
丁瑜……二九五

姜桂……二九五
汪亮……二九七
鮑詩……二九七
吴瓊仙……二九八

卷四　姬侍

宋
艷艷……二九九
清音道人……三〇〇
翠翹……三〇一
明
李因……三〇一
何玉仙……三〇三
朱玉耶　李佗那……三〇三
劉別駕妾……三〇四
吴瑟瑟……三〇五
吴淨鬘……三〇六
彭西園侍兒……三〇六
楊影憐……三〇七
國朝
顧媚……三〇八
蔡含　金玥……三〇九
艾氏……三一二
遲煓妾……三一二

卷五　名妓

唐
崔徽……三一四
宋
嚴蕊……三一五

蘇翠……三一五
延平妓……三一六
寫竹妓……三一六

明

林奴兒……三一七
葛姬……三一九
呼文如……三一九
朱斗兒……三一九
馬湘蘭……三二〇
馬文玉……三二二
馬如玉……三二二
趙麗華……三二三
徐翩翩……三二三
薛素素……三二四
頓喜……三二六
吴綺……三二七
卞賽　卞敏……三二七
張喬……三二八
姜如真……三二九
楊妍……三二九
吴梅仙……三三〇
林雪　王友雲……三三〇
范珏……三三一
寇湄……三三一
范珠……三三二
楊宛……三三三
楚秀……三三三
楊璆姬……三三三

徐佛……三三四
朱馥……三三四
李貞儷……三三五
崔聯芳……三三五
胡茂生……三三五
王阿昭……三三六
國朝
陳小住……三三七
倩扶……三三八
吴媛……三三八
豐質……三三九
別録
朱柔則……三四〇
金士珊……三四〇
陳李……三四一
薩克達氏……三四二
姚夫人……三四二
張淨因……三四三
巴延珠……三四四
吕文安　馮女郎……三四四
吴玖……三四五
朱筠……三四五
柴貞儀　柴靜儀……三四六
吴規臣　沈穀　顧蕙　黃之淑……三四六
陳瓊圃……三四七
朱新……三四七
吴映瑜……三四八

玉臺畫史序

德媛湯夫人，吾亡友汪小米之賢伉儷也。生託名門，幼耽翰墨，嘗仿厲太鴻《玉臺書史》，踵其義例，别爲《畫史》一編，粗具端倪，未窮蒐輯。暨乎來歸吾友，樓前日出，姚村之山色嫣然；林下風清，謝絮之才華藉甚。時則香桃瘦削，已染沈疴；落葉掃除，藉伸幽抱。偕吾友摭拃遺佚，商略甄收。蠟炬代吟，茶甌笑覆。家饒武庫，龍威之簡漆同探；室貯文宣，馬帳與幔紗分啓。拈出一花一葉，指亦生香；訪來某水某山，眉爲飛彩。相與焚香展讀，喜可知已；終以祟入膏肓，神傷奉倩。元家蓋篋，空賸釵環；蘇氏《璇璣》，尚留錦字。名襲徐陵之舊序，珠璧聯輝；様翻衛鑠之新圖，雲煙變態。託深心於豪素，傳韻事於丹青。蠆尾百番，蛾眉千古。自來蕙心蘭質，彤管摛華；《菊頌》《椒銘》，瑶閨挺秀。然而裁雲鏤月，間述篇章，蛛帙蟫函，鮮工討索。疇其續表志於《前漢》，學媲孟堅；訂《金石》之遺文，才侔清照。況復簪花有是非擢吉光於片羽，閲神駿格，鍾陵女之寫韻流傳；鈐印無蹤，奉華堂之署題罕覯。是非攫吉光於片羽，閱神駿於庶閑，窺豹別斑，選雞留蹤，其能該備如是乎？嗟夫！枕中《鴻寶》，可信者名；柱於庶閑，窺豹别斑，選雞留蹠，難逃者數。使當日縷纏續命，香爇返魂，雞骨重支，涼回熨體，蠶絲再吐，曲上鴛絃，畫舫題軒，既揚芬於韶函；妝樓纂記，復馳譽於茂齡。信乎玉茗家聲，水雲譜同功。才調，相莊健在，其樂靡涯。可奈藁砧云亡，歲越無幾；卷葹獨活，心傷若何。夫人倘存，手是一編。得毋姹紫嫣紅，都成鵑血；金題玉躞，偏灑鮫珠。有類卷中之湯尹嫺，夢識援琴，身隨殉葬耶。先驅狐貍於地下，長留姓氏於人間。披覽零縑，如散花之偶然幻影；睠懷墜雨，經宿草而尚有餘悲。

仁和胡敬

玉臺畫史卷一　宫掖

虞

嫘

沈顥《畫麈》：世但知封膜作畫〔一〕，不知自舜妹嫘始〔二〕。客曰：「惜此神技，創自婦人。」予曰：「嫘嘗脱舜於瞍、象之害，則造化在手，堪作畫祖。」〔三〕

張萱《疑耀》：許氏《説文》：「畫嫘，舜妹。畫始於嫘，故曰畫嫘。」〔四〕

〔一〕按，封膜，傳爲周代人。唐張彦遠《歷代名畫記》卷四據《穆天子傳》將其列入「歷代能畫人名」。以後各種畫史著作，多沿襲其説。然《穆天子傳》卷二云：「封膜畫於河水之陽，以爲殷人主。」《四庫全書總目提要》據此謂張彦遠誤以「畫」字爲「畫」字，而將封膜列爲畫祖。「封膜」非人名，其人實名膜畫，封於河水之陽。

〔二〕按，嫘名嫘祖，或作累祖，西陵氏之女，黄帝之妻。是傳説中養蠶繅絲的創造者，并非舜的妹妹。舜妹名敤首，一作敤手，「敤」或寫作「顆」、「婐」。

〔三〕見清沈顥《畫塵·表原》。文中二處「嫘」俱作「敤首」，《玉臺畫史》作「嫘」，誤。疑湯氏爲湊合《疑耀》之説（見下），將「敤首」擅改爲「嫘」。

〔四〕見明張萱《疑耀》卷一「舜有兄妹」條，引文有删節。然漢許慎《説文解字》全書中并無此語，疑出自張萱僞託。參見清李慈銘《越縵堂讀書記》。

吴

吴王趙夫人

張彦遠《歷代名畫記》：趙夫人，丞相達之妹。善書畫，巧妙無雙。能於指間以采絲織爲龍鳳之錦，宫中號爲「機神」。孫權嘗歎魏蜀未平，思得善畫者圖山川地形，夫人乃進所寫江湖九州山岳之勢。夫人又於方帛之上，繡作五岳列國地形，時人號爲「鍼絶」。又以膠續絲髮作輕帳，號爲「絲絶」〔一〕。

〔一〕見唐張彦遠《歷代名畫記》卷四。引文有删節，個别字詞亦不同。此條原出東晉王嘉《拾遺記》，《歷代名畫記》注云：「見王子年《拾遺録》。」按，趙達并未擔任過吴國丞相，孫權亦無趙姓夫人，疑此條出於傳聞之誤。參見《玉臺書史》「趙夫人」條相關校記。

唐

東光縣主

李華《東光縣主神道碑》：縣主，太宗子紀王第三女也。降尊而處下，推泰而從約，詣繡繪之妙，適飲膳之和〔一〕。

〔一〕見唐李華《李遐叔文集》卷四，題作《唐故東光縣主神道碑銘并序》。引文有删節。

和政公主

顔真卿《和政公主神道碑》：公主，肅宗第二女。幼而聰惠，長而韶敏。金石絲竹之音，繪畫工巧之事，耳目之所聞見，心靈之所領略，莫不一覽懸解，終身不忘〔二〕。

〔一〕見《全唐文》卷三百四十四，引文有删節。

前蜀

王衍后金氏

吴任臣《十國春秋》：金氏名飛山，成都人。生時有山飛至后家，因名焉。姿容絶世，兼擅繪事。乾德初選入掖庭，及高后廢，立爲皇后〔一〕。

〔一〕見清吴任臣《十國春秋》卷三十八。引文有删節，且個别字句不同。按，金氏爲前蜀後主王衍（九一八—九二五在位）皇后。

南唐

耿先生

鄭文寶《耿先生傳》：耿先生，軍大校耿謙女。好書善畫，爲詩往往有佳句。雅通黃白之術，能拘制鬼魅。奇瑰恍忽，莫知其所由來。爲女道士，自稱天自在山人。保大中，因宋齊丘以入宮，元宗處之別院，號曰「先生」。嘗被碧霞帔，手如鳥爪，題詩牆壁。又自稱比大先生〔一〕。

〔一〕見《佩文齋書畫譜》卷四十九引宋鄭文寶《耿先生傳》。「比大先生」，《畫史叢書》本《玉臺畫史》據《式古堂叢鈔》本、《翠琅玕館叢書》本和掃葉山房石印本，改爲「北大先生」。按，記載耿先生事蹟的圖書如至大《金陵新志》卷十四、《類説》卷十二、《江淮異人録》卷下均作北大先生，而《佩文齋書畫譜》卷四十九、《玉臺書史》、《五代詩話》卷八、《十國春秋》卷三十四均作比大先生。《十國春秋》且云：「又自稱比大先生，或云其比於天也。」據此，以作「比大先生」爲良。

宋

越國夫人王氏

《宣和畫譜》：親王端獻魏王頵婦魏越國夫人王氏，自高祖父中書令秦正懿王審琦以勳勞從藝祖定天下，爲功臣之家，而未聞閨房之秀復能接武光輝者，端慧淑慎，有古曹大家之風，則魏越國夫人其後焉。蓋年十有六，以令族淑德妻端獻王，其所以柔順閒靚，不復事珠玉文繡之好，而日以圖史自娛。取古之賢婦烈女可以爲法者，資以自繩。作篆隸得漢晉以來用筆意，爲小詩有林下泉間風氣。以淡墨寫竹，整整斜斜，曲盡其態，見者疑其影落縑素之間也。非胸次不凡，何以臻此！今御府藏《寫生墨竹圖》二〔一〕。

〔一〕見《宣和畫譜》卷二十。

蔡國長公主

《范太史集》：神宗元豐八年，後宮武美人生第九公主於禁中。今上即位，以皇妹封嘉國長公主。六歲慧悟，已能弄筆書畫，好錦繡女功之事。元祐五年薨，追封蔡國〔一〕。

〔一〕見宋范祖禹《范太史集》卷五十三《故蔡國長公主追封記》。引文有删節。

曹氏

《宣和畫譜》：宗婦曹氏，雅善丹青，所畫皆非優柔輭媚，取悦兒女子者。真若得於游覽，見江湖山川間勝概，以集於豪端耳。嘗畫《桃溪蓼岸圖》，極妙。有品題者曰：「詠雪才華稱獨秀，回紋機杼更誰如。如何鸞鳳鴛鴦手，畫得《桃溪蓼岸圖》。」由此益顯其名於世，但所傳者不多耳。然婦人女子能從事於此，豈易得哉！今御府所藏五：《桃溪圖》一，《柳塘圖》一，《蓼岸圖》一，《雪鴈圖》一，《牧羊圖》一〔一〕。

陳克《曹夫人牧羊圖》：「日長永巷車聲細，插竹灑鹽紛妒恃。美人零落涇水寒，雨鬟風鬢一揮淚。柔毛氄氄與人羣，兒女恩怨徒紛紛。洞房那復知許事，但畫遠牧連空雲。槲葉飄蕭晚風勁，羖䍽相追寒鵲並。短童何處沙草深，族走羣飛各天性。向來鞍馬曹將軍，文采斑斑今尚存。林下美人更超絕，新圖不作五花文。」〔二〕

釋道潛《觀曹夫人畫》三首：「野水平沙渺不窮，雪翻鷗鷺點晴空。洞房豈識江湖趣，意象冥將造化同。華屋生知世冑榮，誰教天付與多能。西風白草牛羊晚，隱

見橫岡一兩層。　臨平山下藕花洲，旁引官河一帶流。兩棹風帆有無處，筆端須與細冥收。」〔三〕

元好問《松下幽人圖》：宋宗婦曹夫人仲婉所畫，上有曹道沖題詩。「秋風謖謖松樹枝，仙人骨輕雲一絲，不飲不食玉雪姿。竹宮月夕頻望祠，竟不下視齋房芝，人間女手乃得之。眼中擾擾昨暮兒，畫圖獨立羲皇時，予懷渺兮幽林思。」〔四〕

〔一〕見《宣和畫譜》卷十六。

〔二〕見《宋詩紀事》卷四十六，注云：「以上《聲畫集》。」按，《聲畫集》收録此詩在卷七。另，《兩宋名賢小集》卷一百三十六亦收此詩。「日長永巷車聲細」，「車聲」，三書皆作「車音」。「林下美人」，《聲畫集》及《兩宋名賢小集》皆作「林下夫人」。

〔三〕見宋釋道潛《參寥子詩集》卷十，題作《觀宗室曹夫人畫》。詩末注：「嘗許作《臨平藕花圖》。」按該書目録作《觀曹夫人畫》，與內文不同。又第三首「兩棹」，原書作「雨棹」。

〔四〕見元元好問《遺山集》卷三，題作《松上幽人圖》。

和國夫人王氏

鄧椿《畫繼》：和國夫人王氏，顯恭皇后之妹，宗室仲輗室也。善字畫，能詩章，兼長翎毛。每賜御扇，即翻新意，仿成圖軸，多稱上旨。一時宮邸，珍貴其蹟〔一〕。

〔一〕見宋鄧椿《畫繼》卷五。

仁懷皇后朱氏

夏文彦《圖繪寶鑑》：仁懷皇后朱氏，欽宗后也。學米元章著色山水，甚精妙。畫上有印曰「朱氏道人」〔一〕。

〔一〕見元夏文彦《圖繪寶鑑》卷三，《四庫》本《圖繪寶鑑》無此條。

劉夫人

《圖繪寶鑑》：劉夫人希，字號夫人。建炎年掌内翰文字，善畫人物，師古人筆法。及寫宸翰字，高宗甚愛之。畫上用「奉華堂印」〔一〕。

周密《志雅堂雜鈔》：李伯時《盧鴻草堂圖》，曾收入高廟劉娘子位者，有「奉華」大小二印，又有「閉關頌酒之裔」一印。此劉家事，然以婦人用之，恐不類也〔二〕。

陳善《杭州府志》：劉貴妃，臨安人。紹興十八年入宫，專掌御前文字，工書畫[三]。

汪砢玉《珊瑚網》：劉夫人《太真醉浥花露圖》：太真在當時，惟宿酒未醒，曉起傍花枝吸露，此景最堪模寫。是像丰致灩灩，眉目楚楚，肌色如桃花，想玉環紅汗浥也。把菊盈盈掩絳脣，因藉以解酲乎？信出名筆哉。舊有「奉華堂印」，知爲建炎掌内翰劉夫人所繪，惜裝潢時爲庸手翦去。然暗中摸索，要自宋人揮染。萬曆丁未重九日，醉里汪砢玉題[四]。

王毓賢《繪事備考》：尚衣夫人劉氏，畫有《宫衣添綫圖》《枚卜圖》《補衮圖》《宫繡圖》[五]。

〔一〕見《圖繪寶鑑》卷四。

〔二〕見宋周密《志雅堂雜鈔》。引文有删節，個别字詞不同。

〔三〕見萬曆《杭州府志》卷八十七。引文有删節。

〔四〕見明汪砢玉《珊瑚網》卷二十九。

〔五〕見清王毓賢《繪事備考》卷六。引文有删節。

瓊華　緑華

周密《武林舊事》：劉婉容云：「本位近教得二女童，名瓊華、緑華，並能琴阮下棋，寫字畫竹。」〔一〕

〔一〕見《武林舊事》卷七。引文有删節。「緑華」，《四庫》本《武林舊事》作「綵華」。

楊妹子

《珊瑚網》：楊妹子《菊花圖并題》：絹横披，有對版。「莫惜朝衣准酒錢，淵明身即此花仙。重陽滿滿杯中泛，一縷黄金是一年。賜大知閤。」「☷」、「楊氏畫記」〔一〕。楊娃，爲寧宗后之女弟，故稱「妹子」〔二〕。以藝文供奉内廷，凡頒賜貴戚畫，必命娃題署，故稱大知閤。然印文擅用坤卦，人譏其僭越。王弇州以其字柔媚而有韻〔三〕，乃此畫亦清妍而有致，第畫記稗乘獨遺之，不得與建炎劉夫人希並垂爲欠事。

玉水〔四〕。

〔一〕按，原書此二印描摹上版，一爲圓形坤卦印，一爲方形「楊氏畫記」印。爲便排版，僅録其印文。以下復有數處，不再出注。

〔二〕按，據當代學者考證，楊妹子與楊后實爲一人，「煬娃」之印，爲「楊姓」之譌。詳見《玉臺書史》「楊妹子」條相關注釋。

〔三〕按，明王世貞評楊妹子書法的相關文字，見《弇州山人四部稿》卷一百三十七。

〔四〕見《珊瑚網》卷四十三。引文有删節。

度宗皇后全氏

郎瑛《七修類稿》：度宗后全氏像，在新市民人蘇琪家，廣額鳳眼，雙眉入鬢，衣道服。蘇亦全之裔也，國亡變姓。據蘇以祖父云，此像乃后入燕時手寫以遺族者〔一〕。

〔一〕見明郎瑛《七修類稿》卷四十七「宋后道服」條。引文有删節，且字句有出入。按，全氏爲宋度宗趙禥（一二六五—一二七四在位）皇后，宋恭帝趙㬎生母。

金

章宗元妃李氏

《金史・后妃傳》：章宗元妃李氏師兒，性慧黠，能作字，知文義[一]。

《中州集》：張漢臣世傑，五六歲召入，賦元妃素羅扇畫梅云：「前村消不得，移向月中栽。」[二]

〔一〕見《金史》卷六十四《后妃傳》下。引文有删節。按，李師兒初爲金章宗李璟（一一九〇—一二〇八在位）昭容，歷封淑妃、元妃。

〔二〕見《中州集》卷六。

明

郢王棟妃

《明史》：郢靖王棟，太祖第二十四子，洪武二十四年封。永樂六年之藩安陸，十二年薨。無子，封除，留内外官校守園。王妃郭氏，武定侯英女。王薨踰月，妃慟哭曰：「未亡人無子，尚誰恃？」引鏡寫容，付宫人曰：「俟諸女長，令識母。」遂自經〔一〕。

〔一〕見《明史》卷一百一十八《諸王列傳》三。

韓夫人

周憲王有燉《誠齋新録》：良醫夏希魯，精通醫術。韓氏得疾，説症取藥，遂得安好，可見其醫術之妙也。予以韓氏所作《墨梅》一紙酬之，於今二年有餘，予料其必覆醬瓿矣。不意裝潢成軸，持來謁予，以求題詠。予爲之一大笑，書以與之：「爲愛冰肌玉骨神，墨花新染一枝真。瘦影闌干明月夜，清香吹滿玉樓春。」又《書韓夫人

所畫紅梅圖》：「曉妝初就寫紅梅，絳蕚丹英次第開。自是内園春色早，百花頭上占春魁。」〔一〕

〔一〕按，良醫夏希魯説症取藥、傳言治病事，見《誠齋新録》「醫術不必學説」條，然無贈韓畫《墨梅》及題詩事。《書韓夫人所畫紅梅圖》詩則見《誠齋新録》。

郭良璞

楊鳳苞《南疆逸史跋》〔一〕：永明王時，坤寧宫常在郭良璞，年十九，妍麗捷敏，雅擅三絶，能擊劍走馬〔二〕。

〔一〕楊鳳苞，原作二墨丁；《南疆逸史跋》，原作《南江逸史跋》。今據《南疆逸史》補改。

〔二〕見《南疆逸史跋》第七。引文有删節。

盧昭容附

王士禛《池北偶談》：歙人胡明勳，順治丙戌居京口，兩膝忽患瘍，痛入骨髓，數日宛成人面。易醫百許人，瀕死者數矣。瘡忽人言曰：「我梁時盧昭容也。子害我於洛陽宫，今報汝，醫何能爲？詒佛懺悔可耳。」既甦，發願書經凡五百萬字，瘖竟愈。後在真州，有降乩者書盧昭容，邀半庵與會。自畫生時像，首飾鳳髻，衣宫衣。問半庵：「洛陽宫相見，今似否？」胡爲悚然〔一〕。

〔一〕見《池北偶談》卷二十。引文有删節，個別字句有出入。

玉臺畫史卷二　名媛上

晉

蘇　蕙

施德操《北窗炙輠録》：蘇蕙《織錦回文詩》，所傳舊矣。故少常沈公復傳其畫，由是若蘭之才益著〔一〕。

〔一〕按，宋施德操所撰《北窗炙輠録》并無以上内容，實見於黄伯思《東觀餘論》卷下《跋織錦回文圖後》。引文有删節。

唐

薛　媛

范攄《雲溪友議》：濠梁南楚材，旅游陳潁，潁守慕其儀範，將欲以子妻之。楚材諸之，遂遣家僕歸取琴書，似無返舊之心。其妻薛媛，善書畫，妙屬文，亦微知其意，乃對鏡圖其形，并詩四韻以寄之。楚材得妻真及詩，甚慚，遽有雋不疑之讓，夫婦遂偕老焉。里語曰：「當時婦棄夫，今日夫棄婦。若不逞丹青，空房應獨守。」薛媛寫真寄夫詩曰：「欲下丹青筆，先拈寶鏡端。已驚顏索寞，漸覺鬢凋殘。淚眼描將易，愁腸寫出難。恐君渾忘却，時展畫圖看。」〔一〕

〔一〕見唐范攄《雲溪友議》卷上「真詩解」條。引文有删節。

張夫人

張説《李氏張夫人墓誌銘》：李伯魚妻，范陽張氏女，諱德性。孝悌柔婉，能日誦數千言，習禮明詩，達音妙繪，德容言工，蓋出人也〔一〕。

〔一〕見唐張説《張燕公集》卷二十四《李氏張夫人墓誌》。引文有删節，個别字詞不同。

王美人

唐梁鍠《觀王美人海圖障子》：「宋玉東家女，常懷物外多。自從圖渤海，誰爲覓

湘娥。白鷺棲脂粉，赬魴躍綺羅。仍憐轉嬌眼，别恨一横波。」〔一〕

〔一〕見《增訂注釋全唐詩》卷一百九十一。

姚月華

伊世珍《瑯嬛記》：姚月華筆札之暇，時及丹青，花卉翎毛，世所鮮及。然聊復自娱，人不可得而見也。嘗爲楊生達畫《芙蓉匹鳥》，約略濃淡，生態逼真。楊喜不自恃，覓銀光紙裁書謝之，其大略云：「連枝欲長，忽阻山蹊；比翼將翔，遽乖雲路。思結章臺垂柳，心馳普救啼鶯，幸傳尺素之丹青，豈任寸心之銘刻。江湖怳在案，波浪忽翻窗。植寫斷腸，飛揮交頸，繭紙發其枝幹，兔管借之羽毛。雌戲蘋川，雄依苔石，色與露華同照爛，翼將風葉共低昂。明鏡曉開，若憶文君之面；疎螢夜度，遥思織女之機。所翼吾人，獲同斯畫。越溪吴水之上，常得雙開；漢樹秦草之間，永教對舞。」〔一〕

〔一〕見元伊世珍《瑯嬛記》卷上。

後唐

李夫人

《圖繪寶鑑》：李夫人，西蜀名家，未詳世胄。善屬文，尤工書畫。郭崇韜伐蜀得之。夫人以崇韜武弁，嘗鬱悒不樂，月夕獨坐南軒，竹影婆娑可喜，即起揮毫濡墨，模寫窗紙上。明日視之，生意具足。或云：「自是人間往往效之，遂有墨竹。」〔一〕

〔一〕見《圖繪寶鑑》卷二。

南唐

童　氏

《宣和畫譜》：婦人童氏，江南人也，莫詳其世系。所學出王齊翰，畫工道釋人物。童以婦人而能丹青，故當時縉紳家婦女，往往求寫照焉。有文士題童氏畫詩云：「林下才華雖可尚，筆端人物更清妍。如何不出深閨裏，能以丹青寫外邊。」後不知所終。今御府藏《六隱圖》一〔一〕。

《鐵網珊瑚》：童氏《六隱圖》，今藏山陰王之才監簿家，乃畫范蠡與張志和等六人乘舟而隱居者。山水樹石，人物如豆許，亦甚可愛〔二〕。

〔一〕見《宣和畫譜》卷六。

〔二〕見明都穆《鐵網珊瑚》卷十三「五代畫」條。引文有删節。

前蜀

黄崇嘏

金利用《玉溪編事》：黄崇嘏，臨邛人。周庠知邛州，崇嘏上詩，稱鄉貢進士。年三十許，祗對詳敏，復獻長歌，庠益奇之，召與諸生姪同游。善琴奕，妙書畫。翌日，薦攝府司户參軍，胥吏畏服，案牘一清。庠美其風采，欲以女妻之。崇嘏袖封狀謝，仍貢詩曰：「幕府若容爲坦腹，願天速變作男兒。」庠覽詩驚駭，召見詰問，故黄使君女也。乞罷，歸臨邛，不知所終〔一〕。

〔一〕見《玉溪編事》「參軍」條。引文有删節。按，《玉溪編事》一書，現存書目多作「撰人不詳」。

宋

盧氏

《圖繪寶鑑》：盧氏，許州人。能作墨竹，梅聖俞嘗賦詩題之〔一〕。

梅堯臣《宛陵集》：《墨竹》詩：「許有盧娘能畫竹，重抹細拖神且速。如將石上蕭蕭枝，生向筆間天意足。戰葉斜尖點映間，透勢虚黏斷還續。粉節中心豈可知，淡墨分明在君目。」〔二〕

〔一〕見《圖繪寶鑑》卷三。

〔二〕見宋梅堯臣《宛陵集》卷二十六。「生向筆間天意足」，「筆間」原作「壁間」。

李夫人

王十朋《梅溪後集》：《游楞伽》詩：「藏書閣在已無書，山色依然滿舊居。留得婦人三墨竹，金鐘聲裏尚扶疎。」自注：「鐘樓有李夫人《墨竹》，公擇女兄，山谷母也。」〔一〕

〔一〕見宋王十朋《梅溪後集》卷十《游楞伽》三首之三。

李氏

《畫繼》：朝議大夫王之才妻崇德郡君米芾《畫史》作南昌縣君。李氏，公擇之妹也。能臨松竹木石，見本即爲之，卒難辨。文與可作一横絹丈餘著色偃竹，以貺子瞻。過南昌，山谷借而李臨之。後數年，示米元章於真州，元章云：「非魯直自陳，不能辨也。」作詩曰：「偃蹇宜如李，揮豪已逼翁。衛書無遺妙，琰慧有餘工。熟視疑非筆，初披颯有風。固藏惟謹鑰，化去或難窮。」〔一〕

黄庭堅《姨母李夫人墨竹》二首："深閨淨几試筆墨，白頭腕中百斛力。榮榮枯枯皆本色，懸之高堂風動壁。　小竹扶疎大竹枯，筆端真有造化鑪。人間俗氣一點無，健婦果勝大丈夫。"〔二〕

又《題李夫人偃竹》："孤根偃蹇非傲世，勁節臞枝萬壑風。閨中白髮翰墨手，落筆乃與天同功。"〔三〕

又《題崇德墨竹歌》："夜來北風元自小，何事吹折青琅玕。數枝灑落高堂上，敗葉蕭蕭煙景寒。乃是神工妙手欲自試，襲取天巧不作難。行看歎息手摩拂，落勢夭矯墨未乾。往往塵晦碧紗籠，伊人或用姓名通，未必全收俊偉功。有能□事便白首，不免身爲老畫工。豈如崇德君，學有古人風。揮豪李衛讓神筆，衛夫人，尚書郎李充母，以夫姓自稱李衛。彈琴蔡琰方入室。道韞九歲能論詩，龍女早年先悟佛。奕棋樵客腐柯還，吹笙仙子下緱山。更能遇物寫形似，落筆不待施青丹。本知賞異老蒼節，獨與長松凌歲寒。世俗寧知真與僞，揮霍紛紜鬼神事。黄塵污眼輕白日，卷軸無人得覷視。見我好吟愛畫勝他人，直謂子美當前身。贈圖索歌追故事，才薄豈易終斯文。

所愛子猷發嘉興，不可一日無此君。吾家書齋符青壁，手植蒼琅十數百。一官偶仕葉公城，道遠莫致心慘戚。我方得此興不孤，造次卷置隨琴書。思歸纔有故園夢，便可呼兒開此圖。」〔四〕

又《題崇德君所畫雀竹蜩螗圖贊》：「蒿下蹄間，斥鷃飲啄。爭雄穹枝，竿網將作。蟬嘒竹間，自謂得已。螗螂從之，雞鳴不已。」〔五〕

洪朋《李夫人偃竹歌》：「袖中欻忽生絲竹，眼底鮮飇起寒綠。□□誰能寫此真，偃蹇一枝生氣足。夫人故有林下風，歲寒落落此君同。映窗得意偶揮灑，寫出篔簹谷裏千秋之臥龍。夜來風雨吹倒屋，但恐踴躍變化入水渺無蹤。」朋，山谷之甥。〔六〕

〔一〕見《畫繼》卷五。引文有刪節。

〔二〕見《山谷集》卷五。

〔三〕見《山谷集》外集卷四。

〔四〕見《山谷集》外集卷十一。原題作《觀崇德墨竹歌》，有序云：「姨母崇德君贈《新墨竹圖》且令作歌。」詩中個別字詞與此不同。

〔五〕見《山谷集》別集卷二。

〔六〕見宋洪朋《洪龜父集》卷上。

郭氏

歐陽修《居士集》：郭氏，曾祖恕，祖遵式，父昭晦。聰明孝謹，能讀書史，善書畫。以選歸于皇從孫右監門衛將軍世覃，封武昌縣君〔一〕。

〔一〕見宋歐陽修《居士集》卷三十七《右監門衛將軍夫人武昌縣君墓誌銘并序》。引文有删節。

張昌嗣母

《畫繼》：文氏，湖州第三女，張昌嗣之母也，居鄂。湖州始作《黄樓障》，欲寄東坡。未行而湖州謝世，遂爲文氏匳具。文氏死，復歸湖州孫，因此二家成訟。文氏嘗手臨此圖於屋壁，暮年盡以手訣傳昌嗣，今昌嗣亦名世矣〔一〕。

〔一〕見《畫繼》卷五。

章　煎

《畫繼》：章友直女名煎，能如其父以篆筆畫棋盤，筆筆相似〔一〕。

〔一〕見《畫繼》卷五。

鮑夫人

周密《癸辛雜識》：趙孟堅《梅譜》詩：「僧定花工枝則粗，夢良意到工則未。女中却有鮑夫人，能守師繩不輕墜。」〔一〕

〔一〕見《癸辛雜識前集·趙子固梅譜》。按，《梅譜》詩共二首，均爲七古，厲氏所引僅第一首中之四句。

王氏女

曹勛《松隱集》：《題王氏女自寫渡水羅漢》：「尊者暫離方廣間，神通游戲山水間。女郎夙植窺其藩，妙筆寫出尊者顔。甚知此意大廓落，直與世塵解纏縛。不須

錫飛與杯渡，政恐有僧敲折脚。」〔一〕

〔一〕見宋曹勛《松隱集》卷七。

謝夫人

鄭俠《西塘集》：譚文初妻謝夫人，潁川汝陰人。居家雞晨以興，家之事無不徧視。舍此則讀書觀古文，無事則書畫，二事皆精至，而於水墨尤有閒澹之趣〔一〕。

〔一〕見宋鄭俠《西塘集》卷四《謝夫人墓表》，引文有删節。

李清照

《才婦集》：易安居士，能書能畫又能詞，而尤長於文藻。迄今學士每讀《金石録序》，頓令心神開爽。何物老嫗，生此寧馨？大奇大奇〔一〕！

陳繼儒《太平清話》：莫廷韓云：「向曾置李易安《墨竹》一幅。」〔二〕

《宋學士集》：樂天《琵琶行》，李易安嘗圖而書之〔三〕。

〔一〕按，《才婦集》，應爲《才婦録》。明張丑《清河書畫舫》卷九上引《才婦録》，文字與此全同。

王幼安《李清照著作考》云：「如所引《才婦録》一條，今無此書，蓋自《清河書畫舫》録出而没其來源，一似曾見其書者。」

〔二〕見明陳繼儒《太平清話》卷一。引文有删節。

〔三〕見明宋濂《宋學士全集》卷三十二《題李易安所書琵琶行後詩序》。引文有删節。

朱氏

咸淳《毘陵志》：蔣重珍良貴《題常州朱氏畫草蟲卷》：「常州草蟲天下奇，女郎新樣不緣師。未應好手傳輪扁，便恐前生是郭熙。　筆端生意已如生，點綴沙蟲機不停。淺著鵝黄作蝴蝶，深將猩血染蜻蜓。」〔一〕

〔一〕見咸淳《重修毗陵志》卷二十三《題蕭岳英常州朱氏畫草蟲軸》二首，作者爲楊萬里。「便恐前生是郭熙」，「前生」原作「前身」。「深將猩血染蜻蜓」，「猩血」原作「猩紅」。檢宋楊萬里《誠齋集》卷四有此二詩，題作《題蕭岳英常州朱氏畫草蟲軸蓋畫師之女朱氏之筆》。蕭岳英，名許，字岳英，與楊萬里同爲吉水（今屬江西）人。二人交往密切，楊萬里有多篇詩文言及蕭氏。據此，詩作者爲楊萬里無疑，湯氏誤植爲蔣重珍。

胡夫人

周密《齊東野語》：黃子由尚書夫人胡氏與可，元功尚書之女也。俊敏强記，經史諸書，略能成誦。善筆札，時作詩文亦可觀，琴奕寫竹等藝尤精。自號惠齋居士，時人比之李易安云〔一〕。

董史《皇宋書録》：夫人號惠齋，有文章，兼通書畫。吴人多相傳其嘗因几上凝塵，戲畫梅一枝，題《百字令》其上云：「小齋幽僻，久無人到此，滿地狼藉。几上塵生多少憾，把玉指，親傳蹤跡。畫出南枝，正開側面，花蕊俱端的。可憐風韻，故人難寄消息。　非共雪月交光，這般造化，豈費東君力。只欠清香來撲鼻，亦有天然標格。不上寒窗，不隨流水，應不鈿宮額。不愁三弄，只恐羅袖輕拂。」按，此詞上半闋第五句誤多一字。〔二〕

《圖繪寶鑑》：胡夫人畫梅竹小景，俱不凡〔三〕。

〔一〕見宋周密《齊東野語》卷十「黃子由夫人」條。引文有删節。

〔二〕詞見宋董史《皇宋書録》外篇，引文有删節。按，《百字令》，習稱《念奴嬌》，全詞一百字。「按，此詞上半闋第五句誤多一字」，爲汪遠孫所加按語。指「把玉指親傳蹤跡」一句共七字，而依詞律應爲六字。

〔三〕見《圖繪寶鑑》卷四，引文有删節。

湯夫人

《圖繪寶鑑》：湯夫人，叔雅之女，趙希泉妻。寫梅竹，每以父閒庵圖書識其上〔一〕。

〔一〕見《圖繪寶鑑》卷四。

方氏

《畫繼》：陳暉晦叔經略子婦桐盧方氏，作梅竹極清遠。又臨《蘭亭》，并自作草書，俱可觀〔一〕。

〔一〕見《畫繼》卷五。按，陳暉，洪邁《夷堅志》乙志卷十五「大孤山龍」條作「陳輝」。

祝次仲女

萬廷謙《龍游縣志》：祝次仲女，嫁常山徐堪，善畫〔一〕。

〔一〕見萬曆《龍游縣志》卷八。

朱淑真

杜瓊《東原集》：《題朱淑真梅竹圖》：「右《梅竹圖》并題，爲女子朱淑真之蹟。觀其筆意詞語之皆清婉，似夫女人之所爲也。夫以朱氏乃宋時能文之女子，誠閨中之秀，女流之傑者也。惜乎恃其才瞻，擬古人《閨怨》數篇，難免哀傷嗟悼之意。不幸流落人間，遂爲好事者命其集曰《斷腸詩》。又謂其下嫁庸夫，非其佳配而然。不亦冤乎哉！嗚呼！人之一念，不以自防，則身後之禍，遂致如此。若夫程明道先生之母訓，女子惟教識字讀書，不可教之吟作，可爲萬世良法焉。是圖乃吴山青蓮里陸允章家者，厥父士昂、厥祖孟和，謂其遠祖所蓄，爲真蹟無疑。孟和、士昂，隱居耕讀，不

妄人也。其言蓋可信。允章求志，因不固辭。」〔一〕

沈周《石田集》：《題朱淑真畫竹》：「繡閣新篇寫《斷腸》，更分殘墨寫瀟湘。垂枝亞葉清風少，錯向東門認緑楊。」〔二〕

〔一〕按，明杜瓊《東原集》七卷本無此則。俟考。

〔二〕見明沈周《石田稿》，丙申年（一四七六）作。

韓希孟

吴其貞《書畫記》：賈節婦《水仙圖》，紙畫一小幅。紙墨如新，畫法高簡文秀，潔淨如寒潭水月。識小楷六字，曰「韓氏希孟戲寫」。婦則韓魏公五世孫女，《宋史》作「巴陵人，或曰丞相琦之裔」。襄陽賈尚書子瑾《輟耕録》作「瓊」。之婦。爲元兵所掠，知不免，遂賦《練裙詩》，投水而死。越三十年，英爽不昧，復託夢趙魏公爲書《練裙詩》，而清節之名，更彰於世。圖上有唐伯虎、方正學題。正學題中，略述其《練裙詩》。噫！作畫人後來死節，題畫人後來死忠，二事屬在一紙之上，流芳千古，豈偶然哉。余披覽此圖，心自凜然，如登忠臣廟，如入節婦祠，稽首下拜，不敢作等閒圖畫觀〔一〕。

借閒漫士曰：希孟《練裙詩》，見《宋史·列女傳》。託夢趙魏公事，見陶宗儀《輟耕録》。詩各不同，《宋詩紀事》兩載之〔二〕。

〔一〕見清吴其貞《書畫記》卷六。「知不免」，原作「不就」，此據《宋史》卷四百六十《列女傳》改。按，文中小字夾注，皆汪遠孫據《宋史》卷四百六十及《輟耕録》卷三所加。

〔二〕見清厲鶚《宋詩紀事》卷八十七韓希孟《練裙帶詩》。

金

謝宜休妻

《圖繪寶鑑》：謝宜休妻，遺其姓氏，小字阿環。山水學李成，精妙合格。竹學黄華，亦可觀〔一〕。

〔一〕見《圖繪寶鑑》卷四。

秀隱君

《繪事備考》：秀隱君，不詳其姓氏。貞祐中於某州善果寺畫《初祖面壁圖》，觀者雲集，歡喜贊歎，因求再畫，笑而不答。明日訪之，已無跡矣〔一〕。

《圖繪寶鑑》：秀隱君，善山水〔二〕。

元好問《遺山集》：《秀隱君山水爲范庭玉賦》：「萬壑松煙入座寒，六銖仙帔相驂鸞。多少金閨畫眉手，吴山纔得鏡中看。」〔三〕

又《秀隱君山水》：「烏韈踏破輭紅塵，未信溪山下筆親。圖上風煙看蕭灑，畫家亦有魏夫人。」〔四〕

《中州集》：劉仲尹《謝孔遵席後堂畫山水圖》詩：後堂號秀隱君。「家在龍沙弱水東，揭來塵世笑春風。都將天外蓬壺景，漏作人間畫手工。玉腕雪迴犀管細，寶煤香散鳳綃空。只應大地山河影，常記飛鸞下月中。」〔五〕

〔一〕見《繪事備考》卷七。「某州」，原作「檀州」。「因求再畫」之上，原有「主者」二字。

〔二〕見《圖繪寶鑑》卷四，「秀隱君」，原作「隱秀君」。《四庫》本《圖繪寶鑑》無此條。

〔三〕見元元好問《遺山集》卷十四，題作《隱秀君山水爲范庭玉賦》，「萬壑松煙」，原作「萬壑風煙」。

〔四〕見《遺山集》卷十四。

〔五〕見《中州集》卷三。

元

管夫人

《圖繪寶鑑》：管夫人道昇，字仲姬，趙文敏室，贈魏國夫人。能書，善畫墨竹梅蘭〔一〕。

吴其貞《書畫記》：管夫人《竹石圖》粉壁，堵，在湖州瞻佛寺之東壁，高約丈餘，廣有一丈五六尺。畫土坡上一巨石，作飛白勾皴法，只有數筆，畫識石之前後左右，有數竿脩竹，高有三四尺，是爲晴竹，亭亭如生，使人望去，清風徐來，寒氣襲骨。

抑且用筆熟脱，縱横蒼秀，絶無婦人女子之態。偉哉！古今一奇畫也，爲之神品。其壁四隅，稍有剥落，粉色微暗。時壬子正月既望，驟雨盆傾，仝沈湛之長兒振啓泛舟往觀〔二〕。

卞永譽《式古堂書畫彙考》：管夫人《長明庵圖》，庵居曠野，垣内有屋三層，横廊通門徑，豎竿懸一燈，所謂長明也。旁有石蓮臺，作施鳥食者。垣外二長松下蔭，又一樹參之。門外坡臨水際，水間復有坡樹。墨氣高古，無兒女子態。款書「大德九年冬十一月廿又五日，仲姬管道昇作」。其上題云：「松樹陰陰落翠巖，一燈千古破幽關。也知諸法皆如幻，甘老煙霞水石間。比丘尼妙湛。」此尼想即庵中人也〔三〕。

又管夫人《墨竹圖》并書楊萬里《此君賦卷》，董宗伯題云：「管夫人畫《山樓繡佛圖》，與鷗波公在伯仲間。至其書牘行楷，殆不可辨同異，衛夫人後無儔。此卷竹枝，縱横墨妙，風雨離披，又似公孫大娘舞劍器，不類閨秀本色。奇矣奇矣！」〔四〕

孫承澤《庚子銷夏記》：管夫人畫竹，風格勝子昂。此幀凡三竿，極其蒼秀，自題一詩：「春晴今日又逢晴，閒與兒曹竹下行。春意近來濃幾許，森森稚子石邊生。」字法似子昂〔五〕。

郁逢慶《書畫題跋記》：管夫人《懸崖朱竹》，楊維禎題云：「網得珊瑚枝，擲向篔簹谷。明年錦綳兒，春風生面目。」朱竹，古無所本。宋仲温在試院卷尾以朱筆掃之，故張伯雨有「偶見一枝紅石竹」之句。鄭元祐題云：「亦是檀欒池上枝，却緣殊色借臙脂。清陰忽訝繁紅藉，勁節難從染絳移。結實定爲朱鳳食，騰空堪作赤龍騎。多應血淚湘妃盡，客賦梁園總未知。」〔六〕

借閒漫士曰：余家舊藏管夫人《墨竹》真蹟，署款「天水管道昇」，下有印曰「中姬」。曹妙清題句云：「夫人寫竹如寫字，不墮畫家蹊徑中。料得山房明月夜，翛然葉葉動秋風。」今失去久矣。

〔一〕見《圖繪寶鑑》卷五。
〔二〕見清吴其貞《書畫記》卷六。
〔三〕見清卞永譽《式古堂書畫彙考》卷三十四，引文有删節，字句與原文次序略不同。
〔四〕見《式古堂書畫彙考》卷四十六，引文有删節。「舞劍器」，《四庫》本《式古堂書畫彙考》作

「舞劍」，脱「器」字。

〔五〕見清孫承澤《庚子銷夏記》卷二「管夫人墨竹」條，詩後復有一句云：「有友人見而愛之攜去。」

〔六〕見明郁逢慶《書畫題跋記》卷九，引文與原文字句微有出入。「錦綳兒」，《四庫》本《書畫題跋記》作「錦棚兒」。

李夫人

王惲《秋澗集》：李夫人名至規，號澹軒，宋狀元黄朴之女。長適尚書李珏子，早寡，今年七十有二。善畫蘭撫琴，近爲郎中孫榮父作《九畹圖》，若與蘭爲知聞也。且自敘其後云：「予家雙井公，以蘭比君子，父東野翁甚愛之，予亦愛之。每女紅之暇，嘗寫其真，聊以備閨房之玩，初非以此而求聞於人也。郎中以蘭省之彦，一日來徵予筆，遂誦『點污亦何忍，但覺難爲辭』之詩〔一〕以應之。」〔二〕

〔一〕按，宋王安石《次韻酬微之贈池紙并詩》七古中有句云：「忽忽點污亦何忍，嘉貺但覺難爲辭。」見《臨川文集》卷十一。

〔二〕見元王惲《秋澗集》卷十一《李夫人畫蘭歌》之跋語，引文有删節。

王夫人

曹伯啓《漢泉漫稿》：《題王夫人書畫卷後》：夫人名圭卿，號春温。「白壁何嘗廢琢磨，青君生意自融和。畫傳當代功尤妙，字比前賢體更多。漕府參軍時見益，京城士子日相過。眼中燕玉紛紛在，惟解春風艷綺羅。」〔一〕

〔一〕見元曹伯啓《漢泉漫稿》卷四。按，《四庫》本《曹文貞公詩集》無此詩，《元詩選》初集丙集亦無，上海書店版《叢書集成續編》所收《涵芬樓秘笈叢書》五卷本《漢泉漫稿》，卷四有題而無句，題作《題王夫人書畫卷》。

劉　氏

《圖繪寶鑑》：劉氏，不知何許人，孟運判室，號尚温居士。能臨古人字逼真，喜吟小詩，寫墨竹效金顯宗，亦粗可觀〔一〕。

〔一〕見《圖繪寶鑑》卷五。

蔣氏

《圖繪寶鑑》：蔣氏，汴人。完顔用之室。嫠居，以清淨自守，好作墨竹〔一〕。

〔一〕見《圖繪寶鑑》卷五。

張氏

《圖繪寶鑑》：張氏，喬德玉室。善寫竹〔一〕。

《元遺山集》：《喬夫人墨竹》二首：「萬葉千梢下筆難，一枝新緑儘高寒。不知霧閣雲窗晚，幾就扶疎月影看。　只待驚雷起蟄龍，忽從女手散春風。渭川雲水三千頃，悟在香巖一擊中。」夫人參洞下禪有省。〔二〕

郝經《陵川集》：《靜華君墨竹賦》：君姓張氏，行臺公之女，元遺山之姨姪，總管喬君之妻也。「甚哉！物色之有異也。不爲丹青，不爲麗縟，不爲泉石，不爲卉木，墨於用而形於竹。開太古之玄關，寫靈臺之幽獨，儲秀潤於掌握，貯冰霜於肺腹。足乎心而無待於目，備乎理而不備乎物，全乎神而不徇乎俗，蓋達者之有天趣，而以貞節爲寓也〔三〕。若一葉一節，施塗粉澤，舒焉而布煙，慘焉而綴雪。以規規之形似，幸他人之目悦，是俚惡之效顰〔四〕，惡足以知吾物色之設？竹有竹外之形，墨有墨外之色，故與可有成竹之論，坡仙有心識之訣，而潁濱謂解牛斲輪，心手俱滅，而後至乎超絶，詎庸陋固滯者得厠其列也。於乎！靜華琴書滿家，雄侯玉胄，振吐天葩，幽閒貞一，瑩璧無瑕。棄寵光而高蹈，緬逸志於雲霞，湛虛室之太素，曾不憙乎豪奢。故其坐雲軒，佇靈宇，凡蹤絶，天籟舉。吞八九之雲夢，小渭川之千畝，沛蕭蕭之神寓〔五〕，植歲寒於豪楮。掃胸中之全竹，走筆下之風雨，忽穎脱而迸裂，怒絶绷而掣去。何此君之尚玄，蔑青翠而不處；怳一夢於藍田，幻兩身於湘浦。措斧斤兮何地，陋淇園之衛武；揮涕淚兮何從，愧蒼梧之二女。發四座之清風，驅半襟之煩暑。欲折枝而不得，懼真宰之或怒。縱入横出，高森亞舞；不步不武，不繩不矩。百千其狀，劍拔戟踞，會於嚬呻，而得於盼顧。豈畫工之屑屑於此焉，而得於神奇忽怳。固不與萬物同化，將落落兮終古。則君之玩物色，寓天趣，又豈紛紅縵緑，所得同年而語哉！亂曰：月府兮雲卿，戲墨兮淋浪。震虢虢兮神篬筤，列數幅兮森中堂，氣颯爽兮來三湘。粤惟靜華之比德兮，秉貞節兮凌霜〔六〕。

〔一〕見《圖繪寶鑑》卷五。按，《圖繪寶鑑》卷四金代有「喬夫人工墨竹」一條，《玉臺畫史》未收。卷五復有此元代喬夫人張氏，亦工寫竹。疑二人本爲一人，《圖繪寶鑑》重複收録，俟考。

〔二〕見《遺山集》卷十三。按，《遺山集》卷十四有《喬夫人彩繡仙人圖》七絶一首，卷十有《聽姨女喬夫人鼓風入松》七律一首。可知喬夫人非僅工畫墨竹，亦善人物，且能撫琴。

〔三〕「寓」，原爲墨丁，據《四庫》本《陵川集》補。

〔四〕「俚恶」，原爲二墨丁，據《四庫》本《陵川集》補。

〔五〕「沛」，原爲墨丁，據《四庫》本《陵川集》補。

〔六〕見元郝經《陵川集》卷一。

吴中女子

虞集《道園遺稿》：《吴中女子畫花鳥歌》：「吴中女兒顏色好，洗面看花花爲俏。調朱弄粉不自施，寫作花間雪衣鳥。緑窗沈沈春晝遲，半生心事花鳥知。花殘鳥去

人不歸，細雨梅酸愁畫眉。」〔一〕

〔一〕見元虞集《道園遺稿》卷二。「半生心事」，原作「平生心事」。

盛氏

《元詩選》癸集：吴興盛懋子昭，寓居嵊縣。善繪事，名重湖海。其女亦傳其家學，精於點染。及卒，黄原質悼之以詩云：「蘭房晝靜女工閒，還向窗前學畫山。環佩已隨蕭史去，尚留遺墨在人間。」〔一〕

〔一〕見清顧嗣立《元詩選》癸集癸之丁《悼盛氏》。據詩前小序，此詩原見《紹興府志》。

范秋蟾

朱國楨《湧幢小品》：范秋蟾者，台州塘下戴氏妻也。琴棋書畫，靡所不精，尤工音律。一日，其夫與客同賦詩弔泰不華未就，秋蟾出一律曰：「江頭沙磧正交舟，江上人懷百戰憂。力屈杲卿生罵賊，功成諸葛死封侯。波濤洶洶鯨橫海，天地寥寥鶴

怨秋。若使臨危圖苟免，讀書端爲丈夫羞。」〔一〕

〔一〕見明朱國楨《湧幢小品》卷二十二「秋蟾詩」條，引文有删節。

玉臺畫史卷三　名媛下

明

戴　氏

朱謀垔《畫史會要》：戴氏，文進之女。畫山水人物效其父，有筆力〔一〕。

〔一〕見明朱謀垔《畫史會要》卷四。

金夫人

《江寧府志》：金夫人，陳別駕鋼之配也。善水墨畫，所寫蕃馬，峭勁如生〔一〕。

〔一〕見《佩文齋書畫譜》卷五十八引《江寧府志》。

盧允貞

周暉《金陵瑣事》：盧氏，名允貞，字德恒，號恒齋，倪文毅公夫人。白描精妙。有《九歌圖》《璇璣圖》二卷〔一〕。

閨秀紀映淮《題盧允貞寒江曉泛圖》：「寒林自昔重營丘，水色山光接素秋。想藉幽思邀過雁，恰如同泛木蘭舟。」〔二〕

〔一〕見明周暉《金陵瑣事》卷二。引文有删節。

〔二〕見《國朝閨閣正始集》卷一，題作《題女史盧允貞寒江曉泛圖》。

馬閒卿

《金陵瑣事》：馬氏名閒卿，號芷居，陳魯南夫人。善山水白描。畫畢多手裂之，不以示人，曰：「此豈婦人女子事乎？」〔一〕

〔一〕見《金陵瑣事》卷二。

邢慈靜

《列朝詩集小傳》：慈靜，臨邑人，太僕卿侗之妹。善畫白描大士。適武定人大同知府馬拯〔一〕。

陳維崧《婦人集》：慈靜畫觀音大士，莊嚴妙麗，用筆如玉臺膩髮、春日游絲〔二〕。

〔一〕見清錢謙益《列朝詩集小傳》閏集。引文有删節。

〔二〕見清陳維崧《婦人集》。引文有删節。

仇氏

《畫史會要》：仇氏，英之女，號杜陵内史。能人物畫，綽有父風〔一〕。

《珊瑚網》：仇氏《著色白衣大士像》，無論相好莊嚴，而瓔珞上堆粉圓凸，宛然珠顆。《吴郡丹青閨秀志》稱其綽有父風，信哉〔二〕！

《式古堂書畫彙考》：杜陵内史《青鳥傳音圖》，絹本，青緑山水人物大軸〔三〕。

錢大昕《跋王雅宜書〈洛神賦〉杜陵内史補圖》：「王大令《洛神賦》，今僅存十三行，書家奉爲圭臬。趙魏公書此賦，雖有石本，而真蹟不傳。雅宜山人書有晉法，兹卷用退筆，蒼勁朴老，無懈可擊，尤爲稱意之作。杜陵内史濡染家學，寫洛神飄忽若神，一掃脂粉之態，真女中伯時也。胥臺袁氏，世藏此卷，漂轉數姓，爲小松郡丞所得，今輟贈壽階。楚弓復還，當爲吴中佳話。而小松之通懷敦交，亦可傳已。」〔四〕

〔一〕見《畫史會要》卷四。「英之女」，原作「實父之女」。

〔二〕見《珊瑚網》卷四十一。引文有删節。「宛然珠顆」，原作「宛然珠顆燦燦」。《吴郡丹青閨秀志》，即《吴郡丹青志·閨秀志》。《吴郡丹青志》一卷，明王穉登撰。書中有《閨秀志》，僅收一人，即仇氏。文與《畫史會要》卷四全同，文下復有「贊曰：粉黛鍾靈，翺翔畫苑，寥乎罕矣。仇媛慧心内朗，窈窕之傑哉！必也律之女行，厥亦牝雞之晨也」數語。

〔三〕見《式古堂書畫彙考》卷六十。

〔四〕見清錢大昕《潛研堂文集》卷三十二。

方孟式

《列朝詩集小傳》：方氏孟式，字如耀，桐城人。父大理卿大鎮，弟兵部侍郎孔炤，山東布政使張秉文含之之妻也。志篤詩書，備有婦德。繪大士像，得慈悲三昧。崇禎庚辰，含之守濟南，死於城上，如燿墮池水死〔一〕。

〔一〕見《列朝詩集小傳》閏集「張秉文妻方氏」條。引文有删節，且字詞多不同。

沈　氏

《金陵瑣事》：沈氏，沈宜謙女，楊伯海妻。工折枝花。吴中黄姬水題其《杏花》云：「燕飛修閣簾櫳静，紈扇新題春思長。妙繪一經仙媛手，海棠生艷復生香。」〔一〕

〔一〕見《金陵瑣事》卷二。

許　氏

王世貞《弇州山人稿》：許氏，汝寧君之母。雅善繪事，吴興人以爲管夫人復出〔一〕。

〔一〕見《弇州山人四部稿》卷八十五《徐母許太夫人傳》，引文有删節。又「雅善繪事」下，原有「妙絶」二字。

文淑

《列朝詩集小傳》：太倉趙宧光凡夫子婦文氏，名淑。點染寫生，自出新意，畫家以爲本朝獨絶〔一〕。

《初學集》：文淑，字端容。性明惠，所見幽花異卉，小蟲怪蝶，信筆渲染，皆能摹寫性情，鮮妍生動。圖得千種，名曰《寒山草木昆蟲狀》。摹内府《本草》千種，千日而就。又以其暇畫《湘君擣素》《惜花美人圖》，遠近購者填塞〔二〕。

《珊瑚網》：寒山趙文淑，著色花蝶草蟲爲没骨圖，極韻藉風致〔三〕。

《池北偶談》：文淑《楚詞·九歌》《天問》等皆有圖，曲臻其妙〔四〕。

姜紹書《無聲詩史》：文淑，字端容，衡山先生女孫，父從簡，亦吴中高士。適寒山趙靈均。寫花卉苞萼鮮澤，枝條荏苒，深得迎風挹露之態。溪花汀草，不可名狀者，能綴其生趣。芳叢之側，佐以文石，一種倩華娟秀之韻，溢於豪素。雖徐熙野逸，不是過也。其扇頭繪事，必圖兩面，蓋恐爲人浪書，故不憚皴染焉〔五〕。

《式古堂書畫彙考》：趙氏端容《文石良薑圖》，絹本，著色，二花一石，彩蝶孤飛。款題「辛未仲夏，天水趙氏文淑畫」，書右角上。方印二：一曰「趙氏文淑」，白文，中「文」字朱文。一曰「端容」，朱文。左角下方印二：一曰「寒山蘭閨畫史」，一曰「喬葉貞蕤」，白文。圓印一：曰「端操有從，幽閒有容」，朱文〔六〕。

〔一〕見《列朝詩集小傳》閨集「趙宧光妻陸氏」條。

〔二〕見《初學集》卷五十五《趙靈均墓誌銘》，引文有刪節。「文淑」，原作「靈均娶于文，諱俶」。

〔三〕見《珊瑚網》卷四十二。引文有刪節。「趙文淑」，原作「趙文俶」。

〔四〕見《池北偶談》卷十五。引文有刪節。

〔五〕見清姜紹書《無聲詩史》卷五，引文有刪節。

〔六〕見《式古堂書畫彙考》卷三十七。「絹本」，原作「長絹本」。「趙氏文淑」，原作「趙氏文俶」。按，「方印二」以下文字，《式古堂書畫彙考》無。

韓玥

顧凝遠《畫引》：韓玥，韓求仲太史女。工詩，兼長山水，有管夫人韻致〔一〕。

〔一〕按，明顧凝遠《畫引》共三卷，今本皆一卷，其中《國朝畫評》有韓玥之名，其下無文字。

范道坤

《無聲詩史》：范道坤，東平州李生室也。畫山水竹石及花卉，清婉絶塵。董思白先生跋其畫册云：「北方學畫，自李夫人創發，亦書家之有李衛。奇矣奇矣！」〔一〕

《珊瑚網》：萬曆癸卯冬仲，得山陰范道坤氏倣倪迂《山水》，覺清淑之氣，果鍾於婦人〔二〕。

〔一〕見《無聲畫史》卷五。董其昌跋李夫人畫册，見《容臺别集》卷四，原文云：「歲在己亥，余北歸過汶上。時于文定公以東平李室名道坤者所作山水花卉册見示，託路大夫求余跋。北方畫學，自李夫人創發，亦書家之有李衛。奇矣奇矣！」

〔二〕見《珊瑚網》卷四十二。引文有删節。

葉小鸞

《列朝詩集小傳》：小鸞字瓊章，一字瑶期，工部郎中葉紹袁仲韶第三女。四歲能誦《楚辭》，工詩，多佳句。能模山水，寫落花飛蝶，皆有韻致。年十七，字崑山張氏，將行而卒〔一〕。

〔一〕見《列朝詩集小傳》閏集。引文有删節，且文字多不同。按，此則實合《列朝詩集小傳》之「葉小鸞」及「沈氏宛君」二條相關記述而成。沈宛君，葉紹袁之妻，葉小鸞之母。

周淑祜　淑禧　禧弟子姚

朱彝尊《静志居詩話》：至元斥賣廣濟庫故書，有采畫《本草》一部。近趙凡夫子婦文淑端容，設色畫《本草》，曲臻其妙。江陰周榮公二女淑祜、淑禧臨之，亦成絶品。淑禧寫大士像一十六幅，陳仲醇謂其十指放光，直造盧楞伽、吴道子筆墨之外。今文淑真蹟尚有存者，周氏姊妹花草，見者罕矣〔一〕。

《居易録》：江陰周硯農榮起女禧、祜皆工畫，禧名尤著。予昔在江南，嘗得其畫「惜花春起早」詩意士女一幀。又嘗屬江陰知縣陸次雲訪其所畫《楚詞九歌九章圖》，陸在江陰數載不相聞，聞已購得裝潢而未寄予也，當問之〔二〕。

《婦人集》：江陰女子周淑禧，處士周榮起女也。工畫花鳥，在徐熙、黃筌間，好事者争以餅金購之〔三〕。

《無聲詩史》：澄江兩名媛，姓周氏，長名淑祜，次名淑禧。父仲榮，佳士也，能詩歌，亦善畫。二女以丹青著，花卉蟲鳥，用筆如春蠶吐絲，設色鮮麗，氣韻生動。禧兼工佛像，曲盡莊嚴端穆之狀。間作外域鞍馬，點染精工，思致茂密。祜適金沙文學潘聖瑞，禧適同邑黃生〔四〕。

《池北偶談》：禧弟子姚，亦江陰人。美而艷，作畫得禧遺意〔五〕。

《查慎行集》：《題江陰周氏女郎設色草花》：「野花最好是無名，纖手親煩點染成。吹得蜂腰比人瘦，東風輕薄可憐生。」〔六〕

汪仲鈖《題江上女子周禧天女散花圖》：「天光百尺兜羅青，行空誰躡鸞鳳翎。如蓮好女來娉婷，寶花簇簇開瓏玲。旋風散作千蜻蜓，現身了慧何惺惺。昔聞優曇提羅金天誇佛樹，花常蘢葱葉不零。繞身萬片毋乃是，我初弗辨但見春冥冥。摩維偶示疾，方便居梵庭。琳琅法語宣，邈想隨風聆。丘潛之圖曾貌空中形，周家女子腕

妙尤心靈。病身供養得分外，光明直現雙芥瓶。安得參坐長者弟子列，氤氳貝葉禪宮扃。」〔七〕

〔一〕見清朱彝尊《靜志居詩話》卷二十三。引文有删節。本條中二處「文淑」，原書均作「文俶」。

〔二〕見清王士禛《居易録》卷十八，引文有删節。

〔三〕見《婦人集》。

〔四〕見《無聲詩史》卷五。引文有删節。

〔五〕見《池北偶談》卷十五。

〔六〕詩見查慎行《敬業堂詩集》卷二十七。

〔七〕按，汪仲鈖撰有《桐石草堂集》，其書未見。

梁夷素

《無聲詩史》：梁夷素，武林女子。工詩畫。陳眉公比之爲天女花、雲孫錦，非人間所易得〔一〕。

《杭州府志》：梁孟昭，字夷素，錢塘人，茅九仍室。能詩，工畫花鳥〔二〕。

〔一〕見《無聲詩史》卷七。

〔二〕見《佩文齋書畫譜》卷五十八引《杭州府志》。

崔子忠妻女

《列朝詩集小傳》：子忠字道母，萊陽人，僑居都門。畫法古，規摹顧、陸、閻、吴遺蹟。一妻二女，皆能點染設色，相與摩挲指示，共相娱悦〔一〕。

〔一〕見《列朝詩集小傳》丁集中。引文有删節。「畫法古」，原作「畫亦法古」。

孫　氏

《無聲詩史》：孫夫人，永嘉人。善寫梅，寒梢粉瓣，逗月凌霜，皆從筆花漬出，但少香耳。其夫任道遜，仕至太僕卿，亦善寫梅。夫人父某，仕爲郡守，以寫梅著名，人稱之曰「孫梅花」。夫人一家能爲暗香疎影傳神，不減謝庭詠雪矣〔一〕。

〔一〕見《無聲詩史》卷五。引文有删節。

吴興老儒女

《珊瑚網》：吴興老儒女，小字瑞丸。解琴理，能寫山水竹石。張元長以扇請之，爲寫澹雲疎樹，置一草堂其下，頗得「空山無人」之致。題云：「問奇人去後，寂寞子雲亭。」女後不知所在〔一〕。

〔一〕見《珊瑚網》卷四十二。「子雲亭」，原作「草玄亭」。按，明張大復《梅花草堂筆談》卷一「草玄」條，文字較此爲詳，可參看。「小字瑞丸」，作「小字瑞玄」。

姚夫人

《婦人集》：桐城姚夫人，名維儀。無大師方檢討以智，法號無可。姑母也。酷精禪藻，其白描大士尤工〔一〕。

〔一〕見《婦人集》。引文有删節。

王　朗

《婦人集》：金沙王朗，學博次回名彥泓。女也。生而夙悟，詩歌書畫，靡不精工〔一〕。《無錫縣志》：王氏名朗，金沙王彥泓女，爲秦氏婦。歌詩小詞及畫水墨梅花，並稱奇絶〔二〕。

〔一〕見《婦人集》。引文有删節。原書本條下有雙行小字夾注云：「朗適梁溪秦氏。」

〔二〕按，《無錫縣志》其書未見。乾隆《江南通志》卷一百七十六有王朗，原文云：「秦德澄妻王氏，無錫人，金壇王彥泓女。彥泓風度清峻，以詩名於世。氏素承家訓，聰慧善吟詠，兼工繪事。爲没骨花鳥，於前人規格外自闢畦徑。年二十餘，寡居守節，自號孱提道人，又曰無生子。有集三卷，自爲序之。」

宫婉蘭

《婦人集》：海陵宫婉蘭，進士偉鏐女，歸冒無譽褒。工畫墨梅，雪葉風枝，翛然有偃蹇瑤臺之思〔一〕。

〔一〕見《婦人集》。引文有删節。

吴蕊仙

《婦人集》：茂苑吴蕊仙，名琪。才情新婉，當其得意，居然劉令嫺矣。尤好大略，精繪染。松陵周飛卿瓊贈詩云：「嶺上白雲朝入畫，尊前紅燭夜談兵。」蓋實録也。尤侗《鷓鴣天·題女史吴蕊仙畫》：「拂水佳人墮馬妝，春來響屧滿横梁。繡襦甲帳無消息，暮雨瀟瀟空斷腸。　筆翡翠，硯鴛鴦，吴綾三尺寫紅窗。青山碧水無人處，亂點桃花賺阮郎。」〔一〕

〔一〕見《婦人集》。引文有删節，且個别字句不同。「尤侗」以下一段文字，《婦人集》無，而見於尤侗《百末詞》卷二，題作《題吴冰仙畫》。「横梁」，原作「横塘」。詞後有雙行小字注云：「『繡襦甲帳』，吴彩鸞事。『暮雨瀟瀟郎不歸』，吴娘詩也。」

無名氏女子

《婦人集》：吴門家太僕名濟生，示余以《望遠圖》，乃十四歲女子所作。霧鬟雲鬟，薄施水墨，真遺世獨立矣〔一〕。

〔一〕見《婦人集》。文後雙行小字夾注録陸圻《望遠曲》三首，文繁不録。

姚　淑

《明詩綜》：姚淑，字仲淑，金陵人。庶吉士達州李長祥繼室〔一〕。

《婦人集》：夔州李翰林，名長祥，崇禎癸未進士。亂後僑居金陵。娶姚夫人，善丹青，得北宋人筆意。曾爲雲間董大名瀆。母夫人畫一粉箑，煙墨離離，深秀不可言。爲香匳畫手中逸品第一。或曰：夫人又工畫仕女圖〔二〕。

鈕琇《觚賸》：李研齋繼室，曰鍾山秀才，浮渲梳頭，凝妝特妙。其婢墨池，性明慧。嘗畫蘭竹，輒令墨池以口退墨。李詩云：「别有香在口，莫畏胭脂黑。」〔三〕

〔一〕見清朱彝尊《明詩綜》卷八十五。引文有删節。

〔二〕見《婦人集》。引文有删節。「名潢」，原作「名黄」。

〔三〕見清鈕琇《觚賸》卷三。引文有删節。「性明慧」，原作「性亦明慧」。

康夫人

《婦人集》：江西康孝廉名范生，夫人亦金陵女也。工畫竹，最似管夫人筆法。孝廉頗矜重之。嘗以一扇貽余，緑篠明玕，便覺白日欲翳〔一〕。

〔一〕見《婦人集》。文後雙行小字夾注云：「王考功曰：『朱遠山夫人《文江集》，有和康夫人寄外詞。』似又不僅擅繪事也。」

林媛

《婦人集》：莆田周明瑛與外書曰：「林媛《松石圖》，已見歲寒之志，欽其至性，以一絶風之畫首矣。亦不敢展玩，恐風雨悲鳴也。」〔一〕

〔一〕見《婦人集》。乃引述周庚（字明瑛）所撰尺牘中語。

周炤

《婦人集》：周炤，字寶鐙，江夏女子也。湘楚中人傳其丰神纖媚，姣好如佚女。性敏捷知書，歸漢陽李生。生名以篤，字雲田。生固慕炤，既得炤，則益大喜過望也。然家先有大婦在，炤眉黛間恒有楚色。李生愛客游，嘗携炤殘箋數幅，以示友人，人無不色飛者。生篋中有炤自寫《坐月澣花圖》，雙鬟如霧，烘染欲絶。圖尾有小篆二：一曰「絡隱」，或曰「炤又字絡隱」云。董以寧《周炤傳》云：「炤，江夏周某女也。某官山東按察使僉事，遇闖難殉節死。炤哀之，作悼懷之賦。」〔一〕

閨秀浦映渌《滿江紅·題周絡隱坐月澣花圖》：「彼美人兮，宛相對，姗姗欲下。恰此夕，月華如洗，花枝低亞。盼到圓時仍未滿，看當開半還愁謝。與花神月姊細商量，歸來乍。　憐嫩蕊，銀瓶瀉，迴清影，晶簾掛。奈晚妝猶怯，鏡臺初架。二十餘年芳草恨，兩三更後長吁罷。幾時將絡秀舊心情，呼兒話。」〔二〕

〔一〕見《婦人集》。「殘箋」，原作「殘墨」。「生篋中有」，原作「生篋中有藏」。文後引録周炤所撰《悼懷賦》及七律一首，文繁不録。按，清董以寧《正誼堂文集》有《周炤傳》，僅言其善詩，未及繪事。「炤哀之，作悼懷之賦」一句，不見於《周炤傳》，而僅言其作《悼懷賦》，詞意亦不似哀父之作。

〔二〕見《婦人集》浦映淥條。引文有删節。「歸來乍」，原作「歸來罷」。「兩三更後長吁罷」，原作「兩三更後長吁態」。

盧丹婦

《婦人集》注：宜興盧丹，善畫美人。每作一圖，皆婦爲之點睛云〔一〕。

〔一〕見《婦人集》周淑禧條下雙行小字注文。「宜興」前有「同時又有」四字。

薛濤如

《式古堂書畫彙考》：薛氏靜君《秋色圖》，灑金方牋，著色秋葉二本。一蝶二蜂，縈香扇粉，款書「濤如」。書圖左角上。「薛靜君印」，白文〔一〕。

〔一〕見《式古堂書畫彙考》卷三十七。原無印文。

孫九畹

《式古堂書畫彙考》：《摩詰句圖集册》，汪玉水澂。第三十幅：「香氣傳空滿，妝華影箔通。」九畹孫氏蘭暉〔一〕。

〔一〕見《式古堂書畫彙考》卷三十七。按，「香氣傳空滿，妝華影箔通」見《全唐詩》卷一百一十四王維《扶南曲歌詞》五首之三。

項珮

沈季友《檇李詩繫》：項珮，字吹聆，秀水人。文學吴巨手統持内子。能詩善畫，喜讀書，工詩〔一〕。

〔一〕見清沈季友《檇李詩繫》卷三十四。引文有删節。按，葉紹袁《甲行日注》卷一云：項珮詩「精審典麗，非尋常女子所及也」。

歸淑芬

《槜李詩繫》：歸淑芬，字素英，嘉興人。文學高陽繼室，夫婦偕隱。工書畫，筆墨珍惜，購之不多得也〔一〕。

〔一〕見《槜李詩繫》卷三十四。引文有删節。

徐範

《槜李詩繫》：徐範，字儀靜，號玉卿，嘉興徐海門女。海門善書，範童而習之。工畫梅蘭〔一〕。

〔一〕見《槜李詩繫》卷三十四。引文有删節。

周蘭秀

《槜李詩繫》：周蘭秀，字淑英，吴江周應懿女，平湖孫愚公室。《春日寫竹寄姊沈夫人》云：「新籜初舒雨後枝，碧含香破淡相宜。爲君寫出疎欄影，一片寒光照

墨池。」〔一〕

〔一〕見《檇李詩繫》卷三十四。引文有删節。「字淑英」下，原有「一字弱英」四字。「周應懿女」，原作「周應懿女孫」。

徐夫人

《檇李詩繫》：歸淑芬《題陸右黄徐夫人畫》云：「茅屋疎籬近水開，前峰疊疊樹如苔。雖然有路通樵采，截斷煙雲未許來。」〔一〕

〔一〕見《檇李詩繫》卷三十四。

劉　媛

《初學集》：《題劉媛畫大士册子》：「吴道子畫佛，昔人以爲神授。今觀劉媛所畫大士，豈亦所謂夢作飛仙，覺來落筆者耶？沈生乃得此嘉耦，豈非夙緣。蕚緑華降羊權，南嶽夫人曰：『冥期數感，亦有偶對之名耳。』東坡云：『羊生得妻如得風，握手一笑未爲辱。』殆謂沈生夫婦也。」〔一〕

〔一〕見《初學集》卷八十五。

鄒賽真《明詩綜》作「貞」〔一〕

《當塗縣志》：鄒氏名賽真，御史謙女，魯之妹也，號士齋。國子監丞濮琰妻，編修韶母。少賢孝好學，雅自矜重，謂筆墨非其事，因流傳者少。太守傅鑰，養母於署，迎禮真，爲作《東山愛日記》。傅歎服，梓其集而屬序於鉛山費宏。宏，真壻也。初，琰訓鉛山學，真見其弟子員，勸琰壻之。後宏果殿元入内閣，人服其鑒云〔二〕。

《東山愛日記》：《石渠寶笈》三編《明人尺牘》八一册之最後一册，楷書。姑熟郡齋，左方之隙有山焉，可丈餘，名曰小東山，郡守游息之所也。山之上軒豁高朗，四面洞達，畢見民隱者，爲視民亭。其下則鬱葱環繞，陰翳含發者，爲延翠亭。西則碧波瀲灔，芙蕖的歷者，爲愛蓮池。四圍周帀則有梅、有桃、有松竹、有棗，花則有菊、有萱，而四時之景萃焉，宛然蓬島之勝境也。

于時遼陽傅公，以進士擢居諫垣，多蹇諤聲。天子念吾郡爲畿輔重地，特簡公守是郡。無何，六事修飭，百廢具興，郡民安堵。明年，迎其母太夫人來養，每值公暇，則率其子孫，日具酒饌於玆山，稱觴戲綵以爲壽。隨其所欲者，極力爲之，惟恐其少有拂耳。於是太夫人盤桓陟降乎玆山之間，俯視羣彙之暢達，遐眺萬姓之宴安，歡欣夷愉，康寧矍鑠，不必割肥烹鮮，而甘且飫矣。即諸景分題曰「東山愛日」，撮其要也。余既各繪圖，而復爲之詠。

余聞孔子云：「父母之年，不可不知也。一則以喜，一則以懼。」説者以爲喜懼之念兩存，則於愛日之誠，自不能已矣。至於《詩》則云：「且以喜樂，且以永日。」蓋喜樂則日永矣，永日即愛日也。嗟乎！父母之恩，猶天地然。天地之恩無涯也，父母之生有涯也。古人一日之養，不以三公换。庸詎非以三公可得，而父母之年不可再得耶？夫日之當愛，審矣；而養之當重，宜矣。雖然，未也。天子以天下養，諸侯以國養，大夫以家養，庶人以身養，而士君子之修德樹行、建功揚名者，以百世養。是故謂之尊親，謂之顯親，謂之大孝。敢以是爲公期望，爲太夫人頌禱，遂書以爲記。

《視民亭》：宣化羣黎德意長，萬家襦袴誦聲揚。清懷一勺姑溪水，龜鶴想依壽北堂。

《梅》：七日孤根暖獨回，百花頭上一枝開。賁成看取調羹日，列鼎榮親上壽臺。

《桃》：花開自是瑶池種，獻寶曾傳漢帝家。十歲祥光呈壽域，金章耿耿照流霞。

《延翠亭》：冉冉天涯一色蒼，密雲千頃護琳瑯。生香不斷貞仙境，綵舞連翩進壽觴。

《愛蓮池》：獨愛濂溪久著名，清香一郡樂生生。壽堂怡悦西湖景，緑蓋紅幢照眼明。

《棗》：纍纍紅玉燦明霞，仙種由來席上誇。榮樂兒孫稱壽考，安期巨實大如瓜。

《菊》：拂拂秋風香滿庭，壽筵欣指緑銷金。清英和露釀春酒，次第賡歌慰德音。

《竹》：清風隱隱動琅玕，直節虚心幾歲寒。賸有清香名壽酒，高堂日日報平安。

《松》：鬱鬱貞姿冒雪馨，千年勁節樹青冥。仙人啖實增長壽，更有靈根胤茯苓。

《萱》：退食公庭喜奉萱，北堂遺愛繼《周南》。天邊雨露榮慈壽，化日熙熙酒正酣。

勅封孺人、治下濮門七旬八歲老拙鄒氏頓首拜書〔三〕。

〔一〕見《明詩綜》卷八十四。

〔二〕按，《當塗縣志》其書未見。乾隆《江南通志》卷一百七十六云：「濮琰妻鄒氏，名賽真，當塗人。博學工詩，時以爲女學士。有《未齋詩》三卷，女夫費少師宏爲序，稱其詩篇什嚴整，儼然笄幃中道學宿儒。子韶，弘治丙辰進士，官編修。」

〔三〕見《欽定石渠寶笈》三編延春閣藏四〇「元明書翰」癸八册。「鄒賽真」原作「鄒賽貞」，且引文字詞與原書多不同。

吴娟

《無聲詩史》：吴娟，字眉生，其母家爲新安著姓。幼而黠慧，從家塾讀書，即媚爲詩歌，兼通繪事。適汪司馬伯玉之孫某。汪生性跅弛，游於狎邪，蕩其先業，以至不能謀生。乃偕其耦遨游吴越間，藉其硯田，以供資斧。娟益研究於聲律，詩詞婉暢，書體遒媚。畫法出入倪、米間，而得意外之韻。寫竹石墨花，標韻清遠。如娟之才藝，可謂女博士矣〔一〕。

〔一〕見《無聲詩史》卷五。

二方夫人

胡之驥《詩説紀事》：漢上蕭駕部大茹夫人、皖城張計部夫人，皆姓方，皆能圖寫諸佛像。又好以泥金繕寫諸經，布施供養〔一〕。

〔一〕按，胡之驥《詩説紀事》其書未見。

張玉祥

田汝成《西湖志餘》：張靖之女玉祥，在室時手自繪《刺繡美人圖》，精妙絶倫。及嫁，携歸劉氏希仁。希仁，杭指揮使也。裝成軸，乞詩於靖之，因題云：「蘭蕙情懷冰雪容，生來未解出簾櫳。瓊琚冷佩蠶房雨，翠帶香披繡閣風。雙玉已諧琴瑟調，五花新受鳳鸞封。明朝早有烝嘗事，自采蘋蘩步月中。」〔一〕

〔一〕見明田汝成《西湖游覽志餘》卷十七。引文有删節。

王伯姬

《金華詩録》：王伯姬，東陽人。嘉忠女，適同邑盧洪芳。工小楷及畫山水花卉，無一不精[一]。

[一]按，《金華詩録》其書未見。

汝太君

《池北偶談》：徐元歎波《落木庵集》云：「訪江城毛休文於竺鄔慧文庵，出其母汝太君畫扇十八面，山水草蟲，無不臻妙。三百年中，大方名筆，可與頡頏者，不過二三而已。」[一]

[一]見《池北偶談》卷十二「閨秀畫」條。「徐元歎波」，原無「波」字。按，徐元歎名波，號頑庵，吴縣人。明代遺老。汝太君，名文淑，齋名蕙香居，黎川（今屬江西）人。嫁吴江（今屬江蘇）毛氏。

劉　氏

《濟南府志》：劉氏，德平舉人李圖南繼室，濱州虞城令劉加隆女，自號菊窗女史。生負夙慧，讀書曉大義，善吟詠，兼工水墨花卉，有逸致〔一〕。

〔一〕按，湯氏所據，應爲康熙《濟南府志》，其書未見。道光《濟南府志》卷五十九收録劉氏，迻録如下：「劉氏，名昚儀，舉人李圖南繼室。父嘉隆，虞城知縣，濱州人。劉生負夙慧，讀書明大義。歸李，能修婦職。通水墨花卉，有逸致。兼工文詞，著有《緋雪編》《菊窗吟稿》，藏於家。」又，乾隆《山東通志》卷二十九亦收劉氏，原文云：「劉氏，舉人李圖南繼室，濱州虞城令劉加隆女。生而夙慧，讀書曉大義，善吟詠，兼工水墨花卉。自號菊牕女史。所著有《緋雪編》《菊牕吟稿》。年二十九卒。見郡志。」

崔繡天

徐沁《明畫録》：崔繡天，閩人。十三歲即解寫佛，所作觀音像，妙相莊嚴，位置山水雲煙，造微入妙〔一〕。

〔一〕見清徐沁《明畫録》卷一。

趙淑貞

《明畫録》：趙淑貞，山陰人，諸生趙伯章室也。工花鳥蘆雁，筆法秀潔，更饒姿韻〔一〕。

〔一〕見《明畫録》卷六。

湯尹嫺

郭琇《吴江縣志》：湯氏，名尹嫺，字洽君。諸生湯三俊女，計來妻也。工詩繪，好琴。來死，執氏手曰：「與爾夢援琴而絃絶者，有徵矣。乞善視吾子。」氏泣曰：「我在，必不負君，但恐我生不久耳。」來死三日，氏絶粒而號，明旦扶柩之墓，嘔血數升，竟卒。年二十五，崇禎庚辰歲也〔一〕。

〔一〕按，康熙《吴江縣志》其書未見。《古今圖書集成·閨媛典》卷八十八引《蘇州府志》云：「湯氏，名尹嫺，字洽君，吴江人。計來妻。工詩繪，好琴。來讀書，中夜聞琴聲鏘鏘出於内，即起舞，焚膏達旦。生一子，曰柏郎。來將死，執湯手曰：『夢與爾鼓琴而絃絶，今有徵矣。其善視吾子。』湯泣應曰：『無憂。必不負君。』來亡三日，湯絶粒而號。明日，扶柩之墓，嘔血數升而死。年二十五。」崇禎庚辰，即崇禎十三年（一六四〇）。以此知湯尹嫻生於萬曆四十四年（一六一六）。

蔡夫人

王士禛《居易録》：黄石齋先生道周繼配蔡夫人，名石潤，字玉卿。今年將九十，尚無恙。能詩，書法學石齋，造次不能辨。尤精繪事，常作《瑶池圖》遺其母太夫人云〔一〕。

厲鶚《玉臺書史》：蔡夫人，黄石齋之配也。花卉一册共十幅，今藏友人趙谷林小山堂，每幅俱有題句。其《山茶》云：「蜑風蠻雨，浥注鮮明。」《千葉桃》云：「不言成蹊，匪繇色媚。」《芍藥》云：「折花贈行，黯然消魂。」《諸葛菜・荷包牡丹》云：「蜀相軍容，小草見之。」《罌粟》云：「對此米囊，可以療飢。」《萱花・翦春羅》云：「睠焉北堂，勿之洛陽。」《鐵線蓮》云：「小草鐵骨，亭亭自立。」《金絲桃・品字蘭》云：「湘江武陵，或滋他族。」《秋海棠·淡竹葉》云：「君子于役，閨中腸斷。」《月季·長春》云：「兩族並方，四時皆春。」此幅上題云：「石道人命石潤蔡氏寫雜花十種，時崇禎丙子。」小印二，曰「石潤」、「玉卿」。鄭珠江太守跋云：「石齋先生被難以前，蔡夫人致書，謂：『到此地位，只有致命遂志一著，更無轉念。』諄諄數百言，同于王炎午之生祭，閨閣中鐵漢也。後撫孤立節，死者復生，生者不愧，足當斯語矣。寫生得五代人遺法，一花一葉，俱帶生動，所謂『爲君援筆賦梅花，不害廣平心似鐵』〔二〕者耶？珠江鄭千仞。」〔三〕

借閒漫士曰：此册後歸梁山舟學士，余從舅氏乞得之。

〔一〕見《居易録》卷十五。「繼配」，原無「繼」字。「名石潤，字玉卿」六字原無。
〔二〕按，所引詩爲蘇軾《章質夫寄惠崔徽真》詩之末二句，見《蘇軾詩集》卷十六。
〔三〕見《玉臺書史·名媛》。文後復有釋題詞一段，湯氏未録。「湘江武陵」，原作「浙江武陵」。

傅道坤　范隆坤

《無聲詩史》：會稽傅氏女名道坤者，貌麗而慧，幼習丹青。同郡范太學初議婚，惑日者言，竟娶他姓。不踰年絃斷，將再娶，而傅尚未字。范生曰：「豈赤繩繫定，留待我耶？」遂娶之。居一二載，絶不露丹青。後元夕張燈街衢，燈帶偶失繪，衆倉皇覓善手。傅聞，援筆繪之，觀者競賞。尤工山水，唐宋名畫，臨摹逼真。筆意清麗，神色飛動，咸比之管夫人。落款或范傅，或道坤。好事者争購之，然非妯娌親洽，展轉相浼，不能得也。筆墨楮硯，以四婢典之。有女名隆坤，亦能步武丹青，名擅一時。嫁太學王于邁〔一〕。

〔一〕見《無聲詩史》卷五。引文有删節，且個别字詞不同。

范景姒

《池北偶談》：吴橋節孝范氏，名景姒，文忠公景文女弟也。好讀書，通經史，尤工書畫。繪大士像，彷彿龍眠。有《冰玉齋詩》若干卷。歸同邑王世德，二十而寡，年三十九卒。文忠撰墓志，見集中〔一〕。

〔一〕見《池北偶談》卷十二「范氏詩畫」條。范景姒墓志，見明范景文《范文忠集》卷七《明節孝王母范孺人墓誌銘》。

劉氏

《安福縣志》：劉氏，王藹妻，太守劉公鐸女。穎敏過人，工書畫，善舞劍。二十一，藹死，遺孤文度未晬，身常佩劍不離。甲申兵亂，劉聞感憤，竭産募義。時有猾將張某，淫威思逞，陽以軍需索餉。劉乘傳詣轅門，張欲逼之。劉抽劍向張曰：「寧斷頭弗辱！」張懼乃止〔一〕。

〔一〕按，康熙及乾隆《安福縣志》均收録劉氏，然僅言其「學書又學劍」，不言工畫。未知湯氏所據爲何本，俟考。

卜𥁕蕙

《珊瑚網》：丹青之在閨秀，類多隱而弗彰。吾禾若卜𥁕蕙、金淑修見《畫徵續録》。輩，頗有林下風〔一〕。

〔一〕見《珊瑚網》卷四十二。引文有删節。

睞　娘

《觚賸》：睞娘者，姓易氏，居松陵之舜水鎮。長及齒齔，作花鳥小圖，工刀札，善吟詠。嘗手摹吴道子畫觀音像，施醉香庵女冠〔一〕。

〔一〕見《觚賸》卷三。引文有删節。按，據原書，睞娘本名畫奴，所繪觀音像因亂兵突至而實未繪成。原書又言，睞娘因所嫁非人，自縊而死，死前將所作詩文及花鳥粉本悉焚之。

徐安生附

沈德符《野獲編》：徐安生，吴人徐季恒女也。美慧多藝，其寫生出入宋元名家。嘗仿梅道人《風雨竹》一幅遺余，且題二絶句於上云：「夏日渾忘酷暑，堪愛酒盃棋局。何當風雨齊來，打亂幾叢新緑。　滿擬歲寒持久，風伯雨師凌誘。雖云心緒縱横，亂處君能整否。」次詩蓋用唐李季蘭語〔一〕。

《珊瑚網》：徐女郎安生，善繪事。作《六君子圖》，儼然雲林再見〔二〕。

《式古堂書畫彙考》：徐女郎安生《墨竹圖》二幅〔三〕。

厲鶚《折桂令・題徐安生桂花湖石小幅》：「是何人染出秋光，石擬聞蛩，樹訝懸香。纖手皴苔，柔豪暈碧，嬌額分黃。　權當作如來供養，也應教才子收藏。腸斷吴閶，漂泊多情，老去徐娘。」〔四〕

〔一〕見明沈德符《萬曆野獲編》卷二十三「徐安生」條。引文有删節。按，李冶（？—七八四），字季蘭，烏程（今浙江吴興）人。女道士，工詩善琴。據云其五六歲時詠薔薇曰：「經時未架却，心緒亂縱横。」其父聞而不喜，曰：「必失行婦也。」見《增訂注釋全唐詩》卷八〇〇。

〔二〕見《珊瑚網》卷四十二。引文有删節，字詞亦有不同。

〔三〕見《式古堂書畫彙考》卷三十七。

〔四〕見《樊榭山房集續集》卷十，題作《題徐安生桂花湖石小幅爲丁龍泓作》。

國朝

王端淑

張庚《畫徵録》：王端淑，字玉映，號映然子，山陰人。遂東先生思任女也，適錢塘丁肇學博學。工詩文，善書畫，長於花草，疎落蒼秀。卒年八十餘。著有《吟紅稿》〔一〕。

〔一〕見清張庚《國朝畫徵録》卷下。引文有删節。

龍夫人

《魏叔子文集》：龍夫人，姓賀氏，永新人，孝廉科賓之母也。善繪事，所繪大士像最工且多。其夫攸令君，率篋室課耕嵬溪山中。夫人獨居龍溪，搆竹隱樓，與孝廉賦詩彈棋，子母相倡和無虚日。或手調絲桐，以自陶寫。攸令君歲時過從，則夫妻相敬如嚴賓焉〔一〕。

〔一〕見清魏禧《魏叔子文集》外篇卷十二《龍令君夫婦六十敘》。引文有删節。

黄媛介

《畫徵録》：黄媛介，字皆令，秀水人。工詩賦，善山水，得吴仲圭法。太倉張西銘溥聞其名，往求之。時皆令已許楊氏，世功。楊久客不歸，父兄勸之改字，誓不可，卒歸於楊。乙酉城破家失，乃轉徙吳越間，饔飧於詩畫焉。嘗爲新城王阮亭寫山水小幅，自題詩曰：「懶登高閣望青山，愧我年來學閉關。淡墨遥傳千載意，孤峰只在有無間。」詞旨亦雋永〔一〕。

《婦人集》：皆令詩名噪甚，恒以輕航載筆格詣吳越間，僦居西泠段橋頭，憑一小閣，賣詩畫自活。稍給，便不肯作〔二〕。

厲鶚《題黄媛介江山秋眺畫扇》：「寥落江山發興新，疎松列翠指通津。閨中也自傷秋旅，寫出雙帆不見人。」〔三〕

借閒漫士曰：余弟子惠從禾中得皆令金箋扇面《仿雲林樹石》，署款「甲申夏日，寫於東山閣。皆令」。「閨秀」，朱文。「媛介」，白文。「皆令」，朱文。左方上有詞云：「紫燕翻風，青梅帶雨，共尋芳草啼痕。明知此會，不得久殷勤。約略別離時候，緑楊外，多少消魂。重提起，淚盈紅袖，未説兩三分。紛紛，從去後，瘦憎玉鏡，寬損羅裙。念飄零何處，煙水相聞。欲夢故人憔悴，依稀只隔楚山雲。無非是，怨花傷柳，一樣怕黄昏。調寄《滿庭芳》。留别無瑕詞史，我聞居士。」「如是」，朱文。

〔一〕見《國朝畫徵録》卷下。引文有删節。按，《池北偶談》卷十二「黄媛介詩」條，亦述黄媛介拒張及爲王作畫題詩事，可參看。

〔二〕見《婦人集》。引文有删節。

〔三〕見《樊榭山房續集》卷七《題女士畫扇》三首之二，詩後雙行小字注云：「黄媛介《江中秋帆》。」

吴氏

《畫徵録》：吴氏，字素聞。善山水及士女〔一〕。

《池北偶談》：康熙丁未，從同年徐敬庵旭齡處見秀水吴氏畫扇二，一《學小李將軍山水》，一《洛神圖》，妙入毫髮。吴字素聞，其人亦天人也〔二〕。

〔一〕見《國朝畫徵録》卷下「黄媛介吴氏」條。「吴氏」前有「時同里」三字。

〔二〕見《池北偶談》卷十二「吴畫余繡」條。

倪仁吉

《義烏縣志》：吴之葵妻倪氏，名仁吉，浦江人。能詩，善書畫。夫病革，矢以身殉。夫力阻之，且屬以立嗣奉姑，仁吉含泣順承。時年二十，慟絶復蘇。事姑猶母，撫教爲後之子，行不窺堂，衣不易素。間以吟詠自適，有《凝香閣稿》[一]。

《池北偶談》：倪仁吉，義烏人。善寫山水，尤工篇什。予嘗見其《宫意圖》詩，其一云：「調入蒼梧斑竹枝，瀟湘渺渺水雲思。聽來記得華清夜，疎雨銀釭獨坐時。」倪手種方竹數十竿，甚愛惜。萊陽董樵處士游婺郡，倪高其人，斫一枝贈之[二]。

〔一〕見嘉慶《義烏縣志》卷十七。引文有删節。「吴之葵」，原作「吴之藝」。「名仁吉」下，原有「字心惠」三字。

〔二〕見《池北偶談》卷十一。引文有删節。

徐燦

《畫徵録》：徐燦，字湘蘋，吴人，海寧相國陳之遴素庵配。善畫士女，工淨有度。

晚年專畫水墨觀音，間作花草〔一〕。

《選佛詩傳》：夫人事母至孝，手寫大士像五千四十有八，以祈母壽。晚年遂皈依佛法，更號紫管氏〔二〕。

吴騫《題徐夫人白描大士》：「拙政園邊野草春，平泉花木半爲薪。巫咸未翦遼陽紙，辛苦鷗波懺佛人。」〔三〕

〔一〕見《國朝畫徵録》卷下。「字湘蘋」三字原無。

〔二〕按，《選佛詩傳》其書不詳。疑爲清查羲（字如岡，又字堯卿，號選佛）所撰，俟考。據《清代閨閣詩人徵略》卷二，言徐燦隨夫謫徙遼左，夫死子亡，康熙十年（一六七一）賜還。「布衣練裳，長齋繡佛，更號紫管氏」。「工詩，尤善爲長短句，以《燕京元夜詞》著稱於時」。「善畫宫妝美人，筆法古秀，衣紋如蓴葉。間亦點染作花草」。又《庸閒齋筆記》卷一云：「夫人工詩詞，精繪事。嘗以從宦不獲供奉吴太夫人甘旨，手畫大士像五千四十有八幅，以祈姑壽。世爭寶貴，聖祖曾取入内廷，寵以御題，尤爲閨閣中榮事。」《秘殿珠林》卷八，有「國朝閨秀徐燦《觀音像》一册」，下云：「素絹本，白描畫。款云：『佛弟子徐燦敬寫。』第一幅、第五幅、第六幅、第七幅識『戊子長夏』，餘俱識『戊子夏日』。共十二幅。」可參看。

〔三〕見清吴騫《拜經樓詩集》卷七，原題作《徐夫人白描大士陳丈汝豐屬題》。

沈彦選

《畫徵録》：沈彦選，嘉興人，海鹽俞孝廉鴻配也。善花鳥，分枝布葉，自得異致，筆亦不纖，蓋不以妩媚爲工也〔一〕。

〔一〕見《國朝畫徵録》卷下。「俞孝廉鴻」，原作「俞孝廉鴻德」。考俞鴻德，浙江海鹽人。康熙五十九年（一七二〇）舉人。正與此合。《玉臺畫史》引録時誤奪「德」字。又，「不以妩媚爲工」之下，原有「惜早世，未得大成」七字。

陳　書

《畫徵録》：陳書，號上元弟子，晚年自號南樓老人，秀水人。太學生堯勳長女，適海寧錢上舍綸光。善花鳥草蟲，筆力老健，風神簡古。翁鶴庵先生瑞徵嘗歎曰：「用筆類白陽，而遒逸過之。」間作觀自在、關壯繆、吕洞賓像。上舍家貧而好客，夫人典衣鬻飾以供。嘗賣畫以給粟米，雖屢空，晏如也。課子嚴而有法，長陳羣，康熙辛丑進士，入翰林；次峰，廩生；次界，亦善花草〔一〕。

借閒居士曰：家藏南樓扇頭小景，署款「澉湖舟次，即景寫意。陳氏錢書」。本生曾大父比部公乞文端題云：「魚亭西曹，出所藏先太夫人畫箑，請余評判真贋。余軸奉諦視，怳然記憶年未弱冠時，侍太夫人往來澉上，取道橫山、金粟諸河，橋低，坐小舟以進。太夫人性耽繪事，所攜絹素，篷窗不便展舒，乃取箑數握，隨手作小景，謂余曰：『此黄筌、趙昌輩能事也，吾不耐爲此，如舟次狹小何？』余曰：『繪事旨趣，貴有生意。東坡題小景畫云：「誰言一點紅，解寄無邊春。」〔二〕景固無分大小也。』太夫人頷之。後爲好事者購去。閲六十餘年，又復見此。碧柳朱華，瀞風濯露，猶彷彿船脣侍立時也。手澤之感，其能去於懷哉！敬題一絶，并識緣起以復：『截取湖光一段春，調朱配粉至今新。瓣香幸落門生手，印證當年侍畫人。』乾隆三十三年六月既望，男陳羣謹識。時年八十有三。」甲午春日，余乞文端孫潤齋中丞重爲之跋，并和原韻。距文端跋時，又六十七年矣。亦佳話也。

〔一〕見《國朝畫徵録》卷下。引文有删節。

〔二〕詩句爲蘇軾《書鄢陵王主簿所畫折枝》二首之一的末聯。見《蘇軾詩集》卷二十九。

吴應貞

《畫徵録》：吴應貞，字含五，吴江人。趙□□妻。工寫生，風神婉約，自是閨房之秀〔一〕。

〔一〕見《國朝畫徵録》卷下。「趙□□」，「□□」原爲墨丁。

習忍

《畫徵録》：習忍，武進人。不知誰氏女也。寫生師惲南田法，有折枝花册，娟娟雅潔，枝榦花葉，均有意致，非貌似其師也。册後有南田跋〔一〕。

〔一〕見《國朝畫徵録》卷下。

金淑修

《畫徵續録》：金淑修，明隨州牧殉難贈太僕卿徐世淳長子肇森配。善山水，局度軒敞，有丈夫氣。不輕作，故流傳甚少。子嘉炎，舉康熙己未博學鴻詞科〔一〕。

〔一〕見《國朝畫徵續録》卷下。引文有删節。

馬荃

《畫徵續録》：馬荃，字江香，扶羲孫女。工花草，妙得家法，一葉一花，人争珍之。適常熟□□，以節重於里〔一〕。

吴德旋《初月樓續聞見録》：馬江香，名荃，常熟人，畫師馬扶曦女。江香亦善畫，晚歲名益高，四方以縑素兼金求畫者益衆。常蓄婢數人，悉令調鉛殺粉。而琴川多貴游士女，皆來求授指法。時武進惲冰，畫以没骨名，而江香以勾染名，江南人謂之「雙絶」〔二〕。

〔一〕見《國朝畫徵續録》卷下。引文有删節。「□□」，原爲墨丁。

〔二〕見清吴德旋《初月樓續聞見録》卷一。「畫師馬扶曦女」，原作「馬扶曦畫師女」。

王正　王敬

《畫徵續録》：王正，字端淑，江都人。善花草，布置工穩。能詩，受業於徐少宗伯倬。後入都，馬相國齊延教其女〔一〕。

《名媛詞選》：正工翎毛。女弟敬，善寫蘭竹〔二〕。

〔一〕見《國朝畫徵續録》卷下。

〔二〕按，《名媛詞選》其書未見。

孫蘭媛

《檇李詩繫》：孫蘭媛，字介畹，適文學陸渭。工詩詞，多韻語，不雜脂粉。擅寫蘭竹〔一〕。

〔一〕見《檇李詩繫》卷三十五。引文有删節。

王煒

《檇李詩繫》：王煒，字功史，又字辰若，太倉人。海鹽陳文學光綷室。能詩善畫，以世亂偕隱於婁。博學敦古，顧伊人稱爲「笄幃中道學宿儒，不當以香匲目之」。太倉女子黄若，從父蜀歸，以《奇花珍木圖》示之，日夕模寫，致病而歿〔一〕。

〔一〕見《檇李詩繫》卷三十五。引文有删節。

趙昭

《畫徵續録》：趙昭，字德隱。寫生工秀，兼長蘭竹〔一〕。

《檇李詩繫》：趙昭，字子惠，吴郡寒山隱君女。祖母陸卿子、母文端容，俱擅詞翰之席，子惠能嗣其美。適平湖文學馬仲子班。性好煙霞，常葛衫椎髻，自擬道民。會仲子父難破家，遂入空門，更號德隱，結庵於洞庭西山中。有詩云：「虞山錢太史、柳君，春日采蘭，忽得雙丫，復以並蒂植之庭中，命余圖焉。時席試湯餅，會諸名閨共

賦采蘭詞，余亦成詠：『日照鮮膚露未乾，輕羅徐約喚人看。若因野客良緣好，兩席花前看浴蘭。』」〔二〕

杭世駿《題趙昭雙鉤水仙》：「寒山木落澗泉分，小宛堂開辟蠹芸。留得外家殘稿在，一叢寒碧寫湘君。」〔三〕

厲鶚《題趙昭雙鉤水仙畫扇》：「名同班氏最清華，知道停雲是外家。點染春心冰雪裏，只消葉底兩三花。」〔四〕

〔一〕見《國朝畫徵續録》卷下。引文有删節。

〔二〕見《檇李詩繫》卷三十五「洞庭道人趙昭」條。引文有删節。「有詩云」以下文字原無。按，寒山隱君，即趙均；文端容，即文淑，見《玉臺畫史》卷三相關注釋。陸卿子，趙宧光之妻，善書，見《玉臺書史》。

〔三〕見清杭世駿《道古堂詩集》卷十三《寄巢集》，原題作《題女士趙昭雙鉤水仙》。

〔四〕見《樊榭山房續集》卷七《題女士畫扇》三首之一。詩末小字注云：「趙昭《雙鉤水仙》。」

殳　默

《檇李詩繫》：殳默，字齋季，小字墨姑。嘉善殳丹生山夫之女，母曰陸少君。姑生而奇慧，九歲能詩，刺繡刀尺，無不入妙。習小楷，摹畫李龍眠《白描大士》。愛管夫人畫竹一幅，與同臥起。年十六，未字卒〔一〕。

〔一〕見《檇李詩繫》卷三十五。引文有删節。

徐　蓉

《池北偶談》：米侍講漢雯言：前令建昌，縣署有水夫文三郎者，頗文雅，不類俗人。米謝事居南昌，三郎亦隨侍。一日，見家僮輩兩素扇，一畫梅，一畫蘭竹，又書唐人絶句二首。問之，即文三郎妻徐蓉所作，年纔二十三〔一〕。

〔一〕見《池北偶談》卷二十五。「前令建昌，縣署有水夫文三郎者」，原作「前令建昌縣，有縣署水夫文三郎者」。

卞德基

《魏叔子文集》：卞德基，金陵卞楚玉琳次女。善畫，好讀書，精筆札。與其姊玄文夢珏。先後事劉孝廉峻度，如劉敞、王拱辰故事〔一〕。

〔一〕見《魏叔子文集》外篇卷九《青山集敘》。引文有删節，字詞亦有不同。按，「劉敞、王拱辰故事」，意謂姊妹二人先後嫁與一人爲妻，實爲歐陽修與劉敞、王拱辰故事。參見明浮白齋主人《雅謔》。

朱如玉

汪由敦《魯孝婦傳》：孝婦朱氏，名如玉，字又寒，仁和朱九亨女也。嫁同邑魯君旋長子宗鎬。善詩，工屬對，能爲設色花鳥〔一〕。

〔一〕見清汪由敦《松泉文集》卷十九。引文有删節。按，《清史稿》卷五百八有《朱如玉傳》，可參看。

徐昭華

毛奇齡《西河詩話》：始寧徐仲山咸清女昭華，閨秀也。謁予爲師，請試題。會昭華畫蝶工甚，遂命題畫蝶五絶，限東韻。昭華立成云：「蛺蝶翻飛去，翩躚綵筆中。雖然圖畫裏，渾似覓花叢。」誦之，一座驚歎。予喜爲和詩云：「滕王有遺譜，描之深閨中。羞殺東園蝶，翾翾滿緑叢。」蓋言羞時輩也。予别有《觀昭華畫障》詩云：「吾郡閨房秀，昭華迥出塵。書傳王逸少，畫類管夫人。紫水和泥染，青山帶露皴。蝶衣聯繡褶，花片滴朱唇。閣上雲煙曉，階前草木春。衹愁頻對鏡，圖作洛川神。」此詩頗傳人間。後昭華畫真有追管夫人處〔一〕。

〔一〕見清毛奇齡《西河詩話》卷一。引文乃掇拾數則而成文，字詞與原書有不同。

堵　霞

毛際可《安序堂文鈔》：錫山吴子元音哲配堵夫人，博学能诗，工寫生花卉，深得徐熙筆意。余嘗爲詩贈之，有「清才能詠絮，妙筆自生花」之句。夫人以自顔其芝蘭之室〔一〕。

〔一〕見清毛際可《會侯先生文鈔》一集卷十七《題繡齋詩餘》。引文有删節。「清才能詠絮」，原作「清才能詠雪」。按，《安序堂文鈔》有二十卷本與三十卷本，二十卷本非足本，無此文。《會侯先生文鈔》一集，二十卷，輯録於毛際可逝世之後，康熙五十八年（一七一九）刊行。

馬玉徵

陳撰《春江聽雨録》：馬玉徵，錢唐人。園前包氏女，適同里諸生馬道垣。山水學北宋人。夫婦皆七十餘，康熙某年殁〔一〕。

〔一〕按，《春江聽雨録》其書未見。檢清陳撰《玉几山房聽雨録》，無此則。

卞氏

《畫徵續録》：三韓卞氏，大中丞永譽女。善花草，賞家稱其工〔一〕。

〔一〕見《國朝畫徵續録》卷下。引文有删節。

范雪儀　傅德容

朱象賢《聞見偶録》：吴郡婦人，能畫者多。而康熙間有范雪儀、傅德容，乃爲翹楚。二人專於人物，范尤在傅上。傅畫雖工，未免略有作家氣〔一〕。

劉獻廷《題閨秀雪儀畫嫦娥便面》：「素箋摺疊塗雲母，黛筆清新畫月娥。莫道

繡匳無粉本，朝朝鏡裏看雙螺。」〔二〕

〔一〕見清朱象賢《聞見偶録》「婦人能畫」條。引文有删節。

〔二〕見楊鍾義《雪橋詩話續集》卷二。「繡匳」，原作「繡簾」。

俞光蕙

《畫徵續録》：俞光蕙，字滋蘭，海鹽人。少司農穎園孫女，于殿撰敏中配。性好畫，年七歲寫折枝花於壁，司農見而異之。長受法於錢太夫人陳書，太夫人子司寇、司農姪女倩也。以親串往來指授，自是益進，筆致清穎古秀，布置亦大雅〔一〕。

〔一〕見《國朝畫徵續録》卷下。引文有删節。

惲冰

《畫徵續録》：惲冰，字清於，南田之女。善花草，得其家法〔一〕。

《初月樓續聞見録》：冰字清於，南田先生族曾孫女也。適同邑毛鴻調。鴻調不應舉，築小樓，夫婦吟詩作畫以老焉〔二〕。

《聞見偶録》：蘭陵惲南田，少時畫山水，虞山王石谷亦畫山水，二人友善。後王藝益進，而南田不能過，遂別攻花卉。歿數十年，其族姪孫女二，俱能繼其精妙。幼者尤佳，名冰，字清於〔三〕。

惲珠《閨秀正始集》：清於，諸生鍾巖次女，余諸姑也。年十三即作畫，與姊究心六法，尤工花卉翎毛。賦色運筆，能傳南田翁家學。孫女周，亦能得其意，名噪都下〔四〕。《畫徵録》以姑爲南田女，誤矣〔五〕。

〔一〕見《國朝畫徵續録》卷下。引文有删節。

〔二〕見《初月樓續聞見録》卷一。引文有删節。「字清於」，原作「字清于」。

〔三〕見清朱象賢《聞見偶録》「没骨畫」條。引文有删節。

〔四〕按，清彭藴璨《歷代畫史匯傳》卷六十八云：「毛周，字榴村。點綴花草，極其精麗。」

〔五〕見清惲珠《國朝閨秀正始集》卷一。引文有删節，字詞亦有不同。

惲懷英

俞蛟《讀畫閒評》：惲氏懷英，鐵簫道人季女，南田女孫也。號蘭陵女史，適同鄉吕光亨。幼傳家學，善花鳥，落筆雅秀，設色明淨，尤長於墨菊。書法亦娟好。吕登進士，典郡，復入爲户部員外郎，卒於京師。貧不能做歸計，携幼子寓長安委巷中，鬻畫自給〔一〕。

〔一〕見清俞蛟《夢厂雜著》卷七「蘭陵女史」條。引文有删節。按，俞蛟撰《夢厂雜著》，《讀畫閒評》即《夢厂雜著》之卷七。

孔素瑛

《畫徵續録》：孔素瑛，字玉田，聖裔毓楷女，占籍桐鄉。適烏程貢生金某。善寫花鳥，有機趣。能詩，有《飛雲閣集》〔一〕。

借閒居士曰：余藏玉田《水墨落花蝴蝶》扇面，題云：「春去春來花自惜，花開花落蝶應知。年年恨到王孫草，正是花殘蝶老時。素瑛畫於飛雲閣。」小印一：「玉田」。朱文。妹蘭瑛、繼瑛，亦工畫。

〔一〕見《國朝畫徵續録》卷下。「有《飛雲閣集》」，原作「有《飛雲閣詩集》《蘭齋題畫詩跋》共十三卷」。

丁　瑜

《畫徵續録》：丁瑜，字懷瑾，錢唐人。父允泰，工寫真，一遵西洋烘染法。懷瑾守其家學，專精人物，俯仰轉折之態極工。適同里張鵬年，亦善畫〔一〕。

〔一〕見《國朝畫徵續録》卷下。「俯仰轉折之態極工」，原作「俛仰轉側之致極工」。按，丁瑜之父丁允泰，其家世奉天主教，其繪畫用西洋法，即從外國傳教士學得。亦能山水，有《西湖圖》，亦用西洋透視法。

姜　桂

《畫徵續録》：姜桂，字芳垂，號古研道人。孝廉本渭季女，行人垓曾孫女也。父母許張氏子，聘未婚，張卒。桂時年十九，聞赴欲自經，父母許其守節，乃不死。未幾，翁姑相繼殁，無可歸，矢志于室，貞女也。通經書，善畫山水，乾筆疎秀。嘗見其小幅，自題云：「暖風晴日值良辰，窗外梅花數點新。更想林泉清淑致，山光樹色寫初春。」又記云：「仿元人惜墨法。惟舊紙得墨，始有氣韻。佳紙難覓，大幅更罕，兹幀細潔，又平拓者再，而紙性猝難融化，淺深濃淡，頗費經營，而筆不達意，欲貌似古人而不可得，多愧多愧。」觀此，足以知其學力有所得矣[一]。

戴延年《吴語》：姜貞女桂，余師南學之妹。幼許字某氏子，未嫁而寡。父母欲更爲擇配，女泣示志，遂不之强。至老不出户限，組紃之餘，兼及繪事，翎毛花草，無一不工。余家藏一幀，荔柿兩枝，題曰《利市圖》。以爲珍玩焉[二]。

[一]見《國朝畫徵續録》卷下。「聞赴欲自經」，原作「聞訃欲自經」。「多愧多愧」，原作「多愧」。按，「赴」，古同「訃」。

[二]見清戴延年《吴語》。「荔柿兩枝」，原作「畫荔柿兩枝」。

汪亮

《畫徵續録》：汪亮，字映輝，號采芝山人。桐鄉人，柯庭名文柏。孫女。幼聰穎好學，多藝能，留心典籍，善詩。尤好六法，私淑清暉老人，輕雋秀潤，設色淡雅，其一種清逸之致，頗覺出塵自得。適吴興費氏，今移家嘉興〔一〕。

借閒漫士曰：孫雲壑錫麐贈余采芝山人山水小幅，蒼厚煙潤，不似閨閣中手筆。

〔一〕見《國朝畫徵續録》卷下。「桐鄉人」及雙行小字夾注「名文柏」數字原無，乃據《國朝畫徵續録》卷上「汪文柏」條增益。「汪文柏」條相關字句作「汪文柏，字季青，號柯庭，休寧人，占籍桐鄉」。

鮑詩

《畫徵續録》：鮑詩，字令暉，平湖人。別駕怡山次女。怡山有四女，皆知書善畫能詩。徽州老諸生程立巖名之廉者，善山水花草。來游東湖，姊妹從之，專學花草，傳白陽法也。今暉筆尤長。適余族姪徵士雲錦，有《鶴舞堂小稿》一卷。在家時作《吾亦愛吾廬詩鈔》二卷，乃與徵士倡和詩，造句幽秀〔一〕。

《自題荷花小景》：「垂柳垂楊罩鷺鷥，紅荷花底水差差。分明東浦橋邊見，一抹斜陽弄影時。」

〔一〕見《國朝畫徵續録》卷下。文後原有「攸縣彭湘南采入《國朝詩選》」一句。按，「字今暉」，《國朝閨秀正始集》卷九作「字令暉」。《香咳集選存》云：「鮑詩，字令暉，浙江平湖人。別駕鮑怡山女，徵士張鐵珊室。」

吴瓊仙

洪亮吉《更生齋集》：吴瓊仙，字子佩，一字珊珊，吴江平望鎮人。翰林院待詔徐達源配。嗜吟詠，著有《寫韻樓詩》。兼工繪事，暇即發揮煙雲，摩寫花鳥〔一〕。

〔一〕見清洪亮吉《更生齋文甲集》卷三《敕封承德郎翰林院待詔加三級徐君妻吴安人墓志銘》。引文有删節，且字詞有不同。

玉臺畫史卷四　姬侍

宋

艷艷

《畫繼》：任才仲妾艷艷，本良家子，有絶色。善著色山水。才仲死鍾賊，不知所去〔一〕。

《宋畫録》：艷艷工真行書，善著色山水。河南邵澤民侍郎家藏其《瀟湘八景》一册，細潤清遠，足以名世〔二〕。

張丑《清河書畫舫》：庚子穀日，偶從金昌常賣鋪中獲小袖卷，上作著色春山，雖氣骨尋常，而筆蹟秀潤，清遠可喜。諦視之，見石間有「艷艷」二字，莫曉所謂。然辨其絹素，實宋世物也。越數日，檢閲畫譜，始知艷艷爲任才仲妾，有殊色，工真行書，善青緑山水。因念才仲北宋名士，艷艷又閨秀也。爲之命工重裝，以備藝林一種雅製云〔三〕。

〔一〕見《畫繼》卷五。

〔二〕按，《宋畫録》其書已佚，《清河書畫舫》卷九上引《宋畫録》云：「任才仲妾艷艷，本良家子，有絶色。工真行書，善著色山水。河南邵澤民侍郎家藏其《瀟湘八景》一册，細潤清遠，真足名世也。才仲死鍾賊之難，不知所在。」《式古堂書畫彙考》卷四十三「艷艷春山圖卷」條下亦引《宋畫録》此段文字。

〔三〕見明張丑《清河書畫舫》卷九上。

清音道人

姜特立《梅山續稿》：《謝葉樞相清音道人扇面》詩：「歸休謝去世間忙，看畫題詩引興長。忽見遠山來几席，方知妙筆出閨房。百杯歌徹行雲住，萬象心營點墨香。珍重製成團月扇，清風滿座自生涼。」〔一〕

又和云：「紛紛朝市利名忙，惟有山林寄興長。樞相好奇聊玩物，道人弄筆欲專

房。方嫌小景鮫綃窄，忽辱新詩繭紙香。潭府炎蒸無著處，聊將三伏助清涼。」案：樞相，謂葉衡。道人，蓋其妾也。〔二〕

〔一〕見宋姜特立《梅山續稿》卷十六，題作《題謝清音道人扇面》，詩作者爲葉翥。

〔二〕見《梅山續稿》卷十六。「寄輿長」，原作「輿寄長」。按，第一首詩實爲葉翥作，和詩爲姜特立作。雙行小字注文，當爲汪遠孫所加。

翠　翹

《圖繪寶鑑》：翠翹，洪内翰侍人，失其姓。自題云「翠翹戲筆」，字畫婉媚。程大昌題詩云：「戲作風枝斜，再惱玉堂宿。」〔一〕

〔一〕見《圖繪寶鑑》卷四。「再惱」，原作「垂惱」。

明

李　因

《婦人集》：海昌女子李因，字今是，號是庵。作水墨花鳥，幽淡欲絶。王吏部嘗題其《芙蓉鷺鷥畫》云：「寒入金塘花葉孤，非煙非雨態模糊。姚家女子丹青絶，寫作《芙蓉匹鳥圖》。」《姚月華小傳》：嘗作《芙蓉匹鳥》也〔一〕。

《靜志居詩話》：是庵書畫，花竹之夭斜，禽鳥之跳躑，具有生動之趣。刻沈香爲像，以奉白陽山人〔二〕。

《珊瑚網》：李因，山水寫生俱擅長〔三〕。

李日華《六研齋三筆》：葛無奇家姬李因，妙於寫生。無奇以《牡丹折枝》貽余，余酬一絶云：「珠箔銀鉤獨坐春，拋將繡譜領花神。脂輕粉薄重重暈，恰似崔徽自寫真。」〔四〕

《安序堂文鈔》：顧且庵侍御願圃，今在闞板橋東皇親巷。爲葛園故址，相傳葛光禄與其姬人泛舟之處。光禄既以詩名，而是庵夫人繪事臻逸品。一時文采風流，猶可想見〔五〕。

〔一〕見《婦人集》。引文有删節。「字今是，號是庵」，原作「字今是庵」，誤。

〔二〕見《靜志居詩話》卷二十三。引文有删節。

〔三〕見《珊瑚網》卷四十二。引文有删節。

〔四〕見明李日華《六研齋筆記》三筆卷二。「家姬李因」，原作「家姬李因者」。

〔五〕按，《安序堂文鈔》二十卷本無此則。

何玉仙

《列朝詩集小傳》：史癡翁忠有愛妾何氏，名玉仙，《畫史會要》云：名曇。號白雲道人。能篆書及小畫〔一〕。

《無聲詩史》：予曾見癡翁畫一卷於燕都，中有白雲繪事，蓋《飛白竹石》也〔二〕。

〔一〕見《列朝詩集小傳》丙集。引文有删節。《畫史會要》卷四云：「何曇，史癡翁侍姬也。聰敏解事，善小景，工篆書，解音律。癡翁尋兩京絶手琵琶張禄授之，盡得其妙。」

〔二〕見《無聲詩史》卷五。引文有删節。

朱玉耶　李佗那

《列朝詩集小傳》：郭布衣天中諸姬：朱玉耶，工山水，師董北苑；李佗那，工水仙，直逼趙子固〔一〕。

《靜志居詩話》：石城女子李佗那，善畫水仙〔二〕。

厲鶚《題朱玉耶疎樹山亭畫扇》：「從來名士悅風流，小筆蕭疎在扇頭。一笠空亭行跡少，石城煙樹冶城秋。」〔三〕

〔一〕見《列朝詩集小傳》丁集中。引文有刪節。按，李佗那，《明畫録》卷六作「李陀那」，《無聲詩史》卷七作「李陀娜」。

〔二〕見《靜志居詩話》卷二十三「周淑禧」條。「善畫水仙」下，原有「則余亦未之見」一句。

〔五〕見《樊榭山房續集》卷七《題女士畫扇》三首之二。詩後雙行小字注云：「朱玉耶《疎樹山亭》。」

劉別駕妾

袁中道《珂雪齋集》：萬曆壬辰，江上有龍陽人以舟載樓而鬻者，鬻而建之宅右，名曰遠帆樓。逾月，有一妓來，與之登樓，熟視泣下，因問樓所由來。予答以鬻之龍陽人。妓乃愀然曰：「噫嘻！此妾夫君別駕劉公樓也。公愛聲色，畜妓甚多，妾其一也。終日於樓上教歌舞，絲肉代奏，歡宴窮日夜。公既死，妾亦流落，孰知樓亦遠移於此。」因指白板扉上所畫花卉數種，謂予曰：「此妾與女伴某竊公筆而戲爲之者也。」以袖拂拭，言與淚俱〔一〕。

〔一〕見明袁中道《珂雪齋集》卷十二《遠帆樓記》。引文有删節。

吴瑟瑟

冒丹書《婦人集補》：吴瑟瑟，字數青，姑蘇人。錢進士名位坤。姬也。兄年十七，亦美丰姿，善音律，能爲大小李將軍畫。倩妹設色，鮮妍遠過其兄。兄嘗師朱文甫，朱畫冠當時，每稱若妹殊勝阿大也。瑟瑟畫最著者：《李夫人蕭史圖》《孫夫人放鴿圖》〔一〕。

〔一〕見清冒丹書《婦人集補》。文後有雙行小字注云：「錢位坤《瑟瑟小傳》曰：『壬午八月既望，瑟瑟于歸。時清露晨流，疏星夜落，若遠若近，楚楚可念也。』」

吴淨鬘

《靜志居詩話》：陳老蓮妾吴淨鬘，善花草〔一〕。

郭麐《靈芬館詩話》：老蓮姬人吴淨鬘，又名鬘華，又名華鬘，又名淨德，又小名小寶。友人文後山藏老蓮、鬘華合作花卉册子，見其私印如此〔二〕。

〔一〕見《靜志居詩話》卷十九。

〔二〕見清郭麐《靈芬館詩話》卷六。「吴淨鬘」，原作「胡淨鬘」。「友人文後山」，原作「友人文君後山」。

彭西園侍兒

《池北偶談》：彭堯諭，號西園公子，河南鹿邑人。官通判，崇禎末頗擅詩名。予年十八九時，與先兄考功同上公車，於北道逆旅見壁上畫蘭石，甚有風致。其旁細字注云：「西園侍兒喬、施同寫。」吴郡文啓美震亨題其後云：「令人羨殺西園老，携得西施共小喬。」後十餘年重過之，畫猶宛然，題一詩云：「無復湘中見氾人，西園蘭石愴如新。低回十五年前事，只有蛛絲絡暗塵。」〔一〕

〔一〕見《池北偶談》卷十一。引文有删節。「見氾人」，原作「見舡人」，誤。按，氾人典出唐沈亞之《湘中怨解》，指洞庭女仙。

楊影憐

《珊瑚網》：松陵盛澤有楊影憐，能詩善畫。余見其所作水仙竹石，淡墨淋漓，不減元吉、子固。書法亦佳。今歸錢蓉江學士〔一〕。

借閒漫士曰：柳如是本姓楊，盛澤歸家院妓，柳其寓姓也。見《觚賸》。影憐蓋是其字。柳所畫《月隄煙柳》，爲紅豆山莊八景之一。舊藏孫古雲均所，郭頻伽麐有詩〔二〕。

〔一〕見《珊瑚網》卷四十二。

〔二〕按，柳如是事蹟，見《觚賸》卷三。郭麐詩爲七律二首，見《靈芬館詩》四集卷二，題作《河東君畫月堤煙柳爲紅豆山莊八景之一前有蒙叟一律黄皆令山水乃爲河東作者後有蒙叟書所贈序合裝一卷古雲出以屬題即用蒙叟韻》二首。

國朝

顧媚

《畫徵録》：顧媚，字眉生，又名眉，號横波。龔宗伯芝麓妾。工墨蘭，獨出己意，不襲前人法。眉生本金陵伎女，芝麓納爲妾。後改徐氏，故世又稱徐夫人云〔一〕。

《婦人集》：顧夫人識局朗拔，尤擅畫蘭蕙。蕭散樂託，畦徑都絶，固當是神情所寄〔二〕。

朱彝尊《題顧夫人畫蘭》：「眉樓人去筆床空，往事西州説謝公。猶有秦淮芳草色，輕紈勻染夕陽紅。」自注：夕陽紅，蘭花名。見金漳趙氏《譜》。〔三〕

彭孫遹《題顧眉生畫蘭册》：「無復當年弄墨辰，斷紈影裏認前塵。青溪畫閣秋如水，寫出芳蘭竟體人。」〔四〕

厲鶚《小桃紅・題横波夫人畫蘭扇》：「秦淮不見翠雙鬟，摺扇香痕潤。往事眉樓有誰問，墨花春。靈均舊怨都銷盡，南朝艷粉，才人風韻，題詠到湘裙。」自注：龔宗伯有《題畫蘭幂子・如夢令》，爲横波作也。〔五〕

〔一〕見《國朝畫徵録》卷下。引文有删節，且字詞與原書多不同，疑係綴合他書相關内容而成。

〔二〕見《婦人集》。「蕭散樂託」，原作「蕭散落拓」。

〔三〕見清朱彝尊《曝書亭集》卷十。原書「輕紈匀染夕陽紅」句下小字注文爲「蘭名，見金漳趙氏《譜》」。

〔四〕見清彭孫遹《松桂堂全集》卷十六。

〔五〕見《樊榭山房續集》卷十，原題作《横波夫人畫蘭扇敬身索賦》。龔鼎孳《如夢令・題畫蘭幂子》見《定山堂詩餘》卷一，詞如下：「金縷水沉薰透，蛺蝶趁花風瘦。整整復斜斜，瀋墨妙於濃繡。生就，生就，摇曳一痕紅咮。」

蔡含　金玥

《畫徵續録》：蔡含，字女羅，吴縣人。如皋冒辟疆姬也。生而胎素，性慧順。好畫，兼善山水花鳥禽魚，長於臨摹。嘗作《松圖》巨障，辟疆作長歌題其上，一時名人和之。又嘗爲《墨鳳圖》，題者頗衆。辟疆姬人又有金曉珠，名玥，崑山人。居染香閣。亦善畫，曾臨高房山小幅，得其氣暈。時稱冒氏兩畫史〔一〕。

《樊榭山房續集》自注：金玥、蔡含合筆畫《紅梅玉茗》，小印文曰：「書中有女，畫中有詩。」〔二〕

王士禛《題冒辟疆姬人圓玉女羅畫》三首：雪後空庭氣蕭瑟，千頭紆竹尚嬋娟。畏寒凍雀不飲啄，斜日蹋枝相對眠。《疎篁寒雀》　記取凌波微步來，明珠翠羽共徘徊。洛川渺渺神人隔，空費陳王八斗才。《水仙》　堂堂策策八千頭，荇葉菱花滿碧流。彷彿吴興騎馬處，江南風色白蘋洲。《蘋花戲魚》〔三〕

朱彝尊《於中好·題蔡女羅疎篁寒雀圖》：「疎篁幾葉摇晴翠，淺暈出斷霞魚尾。恁時寒色空閨裏，偶憶得，瀟湘水。　更添凍雀黄昏睡，問同夢梅花開未。一枝已遂雙棲計，任雪壓，風扶起。」〔四〕

又《醉花間·題金曉珠水墨芙蓉》：「湘江水，澧江水，木末同姿媚。露下冷花

繁，風裏柔枝脆。玉臺勻染地，意匠應憔悴。硯滴井華新，墨吮香脣醉。」〔五〕

厲鶚《題冒辟疆姬人金圓玉水墨秋葵》：自注：辟疆自題云：「余不能飲，日看畫此花，亦飲醇酒意也。」「金琖横欹醉不勝，墨痕秋暈一匳冰。西園老盡佳公子，看畫花枝學信陵。」〔六〕

〔一〕見《國朝畫徵續録》卷下。引文有删節。

〔二〕見《樊榭山房續集》卷三《和沈房仲論印》十二首之八，詩曰：「閉關頌酒屬蛾眉，匕首夫人善巧思。不見雉皋雙窈窕，書中有女畫中詩。」詩後小字注文云：「宋奉華劉妃，有『閉關頌酒之裔』印。予嘗見明妓徐驚鴻書扇，印文曰『徐夫人』。皆以婦人用男子事，徐更巧合。又嘗見冒辟疆姬人金玥、蔡含合筆畫《紅梅玉茗》，小印文曰：書中有女，畫中有詩。」

〔三〕見清王士禛《精華録》卷八。

〔四〕見清朱彝尊《曝書亭集》卷二十八。

〔五〕見《曝書亭集》卷二十八。「木末同姿媚」，「木」原作「本」。

〔六〕見《樊榭山房集》卷七。原題作《題冒辟疆姬人金圓玉水墨秋葵圖》。

艾氏

《居易録》：萊蕪張部郎，四科。字芹沚。買一婢，年十四，姿首甚麗。詢其家世，曰：「東鄉艾氏女也。」因納之，生一子而歿。自畫小像一幀，留匳箱中。張見之惋歎，懸像别室，食必親薦。一日，羮污其上，夜夢妾怒詰曰：「奈何污我！」旦視之，畫已失矣〔一〕。

〔一〕見《居易録》卷五。引文有删節。「四科」，《居易録》作「四教」。按，張四教（一六〇五—一六九八），字道一，號芹沚，山東萊蕪人。順治三年（一六四六）進士，官至陝西榆林兵備道按察使司副使。著作有《大榆山房詩文集》等。另有陝西張四教，占籍甘泉（今江蘇揚州）。乾隆時書畫家。張四科亦有其人，字喆士，號漁川，臨潼（今屬陝西）人。工詩，有《寶閑堂集》。《居易録》所載，當爲萊蕪張四教，《玉臺畫史》誤爲張四科。

遲煓妾

《畫徵録》：遲煓，閆陽人。善花鳥草蟲。其妾亦善畫，筆與煓類，煓畫皆出於妾手〔一〕。

〔一〕見《國朝畫徵録》卷下。引文有删節。「煓畫皆出於妾手」，原作「或云煓畫皆出於妾手，大抵然也」。

玉臺畫史卷五　名妓

唐

崔徽

張君房《麗情集》：崔徽，河中府倡也。裴敬中以興元幕使蒲州，與徽相從累月。敬中使還，崔以不得從爲恨，因而成疾。後東川幕府白知退歸，徽對鏡寫真，謂知退曰：「爲妾語敬中：崔徽一旦不及畫中人，且爲郎死矣。」發狂疾卒〔一〕。

〔一〕按，《麗情集》久佚，現存各種筆記類書中多有徵引。此則與宋佚名《錦繡萬花谷前集》卷十七及宋曾慥《類説》卷二十九所引《麗情集》，文字情節大致相合，疑采自此二書。

宋

嚴蕊

《齊東野語》：天台營妓嚴蕊，字幼芳。善琴弈歌舞絲竹書畫，色藝冠一時。間作詩詞，有新語〔一〕。

〔一〕見宋周密《齊東野語》卷二十「台妓嚴蕊」條。引文有删節。

蘇翠

《圖繪寶鑑》：蘇氏，建寧人。淳祐間流落樂籍，以蘇翠名。嘗寫墨竹扶疎，旁八分書題，如「倚雲」、「拂雲」之類，頗不俗。亦作梅蘭〔一〕。

〔一〕見《圖繪寶鑑》卷四。

延平妓

劉克莊《後村詩話》：延平樂籍中有能墨竹草聖者。潘庭堅牥。爲賦《念奴嬌》，美其書畫，末云：「玉帶懸魚，黃金鑄印，侯封萬户。待從頭繳納君王，覓取愛卿歸去。」〔一〕余罷袁守，歸途赴郡集，席間借觀，醉墨淋漓，今不復有此雋人也〔二〕。

〔一〕按，潘牥此詞已佚，僅餘此數句。見《全宋詞》頁二九四九，詞調爲《水龍吟》。

〔二〕見宋劉克莊《後村詩話》卷四。

寫竹妓

陳造《江湖長翁集》：《陳總管座上贈寫竹妓》二首：「勁節蒼梢筆底寒，一天風雪與堅頑。回思擁扇賓筵見，却爲嬌嬈一破顔。　此君寫影道機熟，猶記涪翁詫子舟。誰信紅衣萬鈞筆，擬分此派嗣湖州。」〔一〕

〔一〕見宋陳造《江湖長翁集》卷二十。

明

林奴兒

《明書畫史》：林金蘭，自號秋香亭中人，南都妓也。畫山水人物宗馬遠，筆力雖未至，亦女流所難得〔一〕。

梅禹金《青泥蓮花記》：林奴兒，號秋香，成化間南京舊院妓。從良後有舊識欲相見，以扇畫柳題詩拒之云：「昔日章臺舞細腰，任君攀折嫩枝條。如今寫入丹青裏，不許東風再動摇。」〔二〕

《金陵瑣事》：林奴兒，風流姿色，冠於一時。學畫於史廷直、王元父二人，筆最清潤〔三〕。

沈周《臨江仙·題林奴兒畫》：「舞韻歌聲都搢起，丹青留箇芳名。崔徽楊妹自前生，筆愁煙樹杳，屏恨遠山横。　描得出風流意思，愛他紅粉兼清。未曾相見儘

闕情，只憂相見日，花老怨鶯鶯。」〔四〕

〔一〕見《佩文齋書畫譜》卷五十八引《皇明書畫史》。按，《明書畫史》，習稱《皇明書畫史》，劉璋撰。今佚，點校者有輯本。

〔二〕見明梅禹金《青泥蓮花記》卷八。「從良後有舊識欲相見」，原作「從良有舊欲相見」。「以扇畫柳題詩拒之云」，原無「詩」字。按，原書此則下雙行小字注云：「此謝天香聯句，載前。《國雅》誤收。」按，謝天香見《青泥蓮花記》卷七，略言妓女謝天香與士人王維翰結成夫婦，王戲題詩曰：「昔日章臺曾舞腰，行人無不折枝條。」謝對曰：「從今已付丹青手，壹任狂風不動搖。」《國雅》所收見卷十九「林奴兒」條，題作《從良有舊欲相見以扇畫柳題拒之》。

〔三〕見《金陵瑣事》卷二。引文有删節。《列朝詩集小傳》閏集「朱斗兒」條下云：「又《金陵瑣事》載成化間林奴兒從良後《題畫柳》詩云：『從今寫入丹青裏，不許丹青再動搖。』此采謝天香聯句詩也，今亦削去。」按，「不許丹青再動搖」句，「丹青」爲「東風」之誤。

〔四〕見明沈周《耕石齋石田詩鈔》卷八，原題作《題妓林奴兒畫》。「舞韻歌聲都摺起」，「舞韻」原作「舞譽」。「崔徽楊妹自前生」，「自前生」，原作「省前生」。詞後小字注「丙午」二字。按，丙午爲明憲宗成化二十二年（一四八六）。

葛姬

皇甫汸《司勳集》：葛姬，號曉雲，本出教坊。雅善琵琶，兼通翰墨，尤工於寫蘭〔一〕。

〔一〕見明皇甫汸《皇甫司勳集》卷三十一。此數語爲《哀葛姬詩序》，文末有「一朝化去，遺蹟猶存」八字，湯氏未引録。

呼文如

《列朝詩集小傳》：萬曆間，江夏營妓呼姬文如，小字祖。知詩詞，善琴，能寫蘭，與其姊舉齊名。或譌爲胡姓云〔一〕。

〔一〕見《列朝詩集小傳》閏集。引文有删節。

朱斗兒

《列朝詩集小傳》：朱斗兒，號秦娥。畫山水小景，陳魯南授以筆法〔一〕。

《畫史會要》：朱素娥，金陵妓也。陳魯南授以筆法，更入作家。聞魯南入翰林，盡以平日往來詩畫緘封，寄與魯南，上寫云：「昨日個錦囊佳句明勾引，今日個玉堂人物難親近。」其風流儒雅如此〔二〕。

〔一〕見《列朝詩集小傳》閏集。引文有删節。

〔二〕見《畫史會要》卷四。「金陵妓也」，原作「金陵妓女也」。「陳魯南授以筆法」之前，原有「山水小景得」五字。「聞魯南入翰林」，原作「一聞魯南選入翰林」。「其風流儒雅如此」，原作「即此一舉，素娥之風流儒雅可知」。

馬湘蘭

《列朝詩集小傳》：馬姬，字守真，小字玄兒，又字月嬌。以善畫蘭，而湘蘭之名獨著。所居在秦淮勝處，喜輕俠，時時揮金以贈少年。步摇條脱，每在子錢家，勿顧也。王伯穀序其詩云：「輕錢刀若土壤，翠袖朱家；重然諾如丘山，紅妝季布。」〔一〕

《式古堂書畫彙考》：馬湘蘭《蘭花圖》，灑金方牋，著色，一花數葉，弱態不勝。

款書「庚午夏日，湘蘭爲龍池兄戲筆」。書圖右。「獻庭」，朱文〔二〕。又馬湘君《蘭花竹石圖》，縑素，水墨。款書「戊寅菊月晦日，玄子爲文茂契君寫。馬湘」〔三〕。

《無聲詩史》：湘蘭蘭仿趙子固，竹法管夫人，俱能襲其餘韻。其畫不惟爲風雅者所珍，且名聞海外。暹羅國使者，亦知購其畫扇藏之〔四〕。

《玉臺書史》：馬湘蘭《雙鉤墨蘭》，旁作篠竹瘦石，氣韻絶佳。題云：「翠影拂湘江，清芬瀉幽谷。壬申清和月，寫於秦淮水閣。湘蘭馬守真。」又《雙鉤墨蘭》小軸，題云：「幽蘭生空谷，無人自含芳。欲寄同心去，悠悠江路長。丙申春日，湘蘭守真子。」二軸今藏廣陵馬半槎齋中〔五〕。

〔一〕見《列朝詩集小傳》閏集。引文有删節，且字詞有不同。「小字玄兒」，「玄」字原避諱作「元」。按，《無聲詩史》卷五「馬守真」條，作「馬湘蘭，名守真」。

〔二〕見《式古堂書畫彙考》卷三十七。

〔三〕見《式古堂書畫彙考》卷三十七。

〔四〕見《無聲詩史》卷五「馬守真」條。引文有删節。

〔五〕見《玉臺書史·名妓》。「《雙鉤墨蘭》」下原有「立軸」二字。「湘蘭馬守真」，原作「湘蘭子馬守真」。「廣陵馬半槎」前，原有「余友」二字。

馬文玉

《列朝詩集小傳》：文玉名珪，善謳，善琴，善畫。游西湖，作《憶舊》詩四章，武林詞客屬和盈帙。緡雲鄭士弘敘曰：「品似芙蕖，才過柳絮。弄墨則花㡬染就，慣自描蘭；裁詩則竹簡題殘，曾無竄草。尤工樂府，停吴雲於雙聲；最善絲桐，挹湘水於十指。」〔一〕

〔一〕見《列朝詩集小傳》閏集。引文有删節。

馬如玉

《列朝詩集小傳》：如玉字楚嶼，本張姓。家金陵南市樓，徙居舊院，脩潔蕭疏，無兒女子態。熟精《文選》《唐音》，善小楷八分書及繪事，傾動一時。北里名姬，多倩筆於人，惟如玉不肯，即倩人，亦無能及玉也〔一〕。

〔一〕見《列朝詩集小傳》閏集。引文有删節。原文言馬如玉乃「從假母之姓爲馬」，後受戒，「易名妙慧，耑勤學佛」，年三十餘而卒。

趙麗華

《靜志居詩話》：麗華字如燕，小字寶英，南院妓，自稱昭陽殿中人。能綴小詞，被入絃索。予嘗得其書畫扇，楷法絶佳，後題云：「乙卯中秋，同西池徵君、質山學士，集海濱天香書屋，書此竟，聞任兵憲在陸涇壩禦倭大捷，奏凱回戈，亦快事也。」沈嘉則爲作傳，有云：「趙雖平康美人，使具鬚眉，當不在劇孟、朱家下。」今即其題扇數語，豪宕可知。〔一〕

〔一〕見《靜志居詩話》卷二十三。引文有删節。

徐翩翩

《無聲詩史》：徐翩翩，金陵妓。萬曆初以色藝擅聲，能寫墨蘭〔一〕。

〔一〕見《無聲詩史》卷七。

薛素素

《明詩綜》：素素，小字潤娘，嘉興妓〔一〕。

《靜志居詩話》：予見薛五校書手寫水墨大士甚工，董尚書未第日，授書禾中，見而愛之。爲作小楷《心經》，兼題以跋。至山水蘭竹，下筆迅掃，無不意態入神〔二〕。

胡應麟《甲乙剩言》：京師東院本司諸妓，無復佳者。惟史金吾宅後有薛五素素，姿度艷雅，言動可愛。能書，作《黃庭》小楷。尤工蘭竹，下筆迅掃，各具意態。雖名畫好手，不能過也〔三〕。

《式古堂書畫彙考》：薛素君《梅花蛺蝶圖并題》：紙斗方。「不愁春信斷，爲有夢魂來。　素素。」〔四〕

又《水仙圖并題》：「幽芳小小翦輕羅，玉面檀心氣韻多。好與避風藏繡舄，天寒不遣試凌波。　素素。」〔五〕

《珊瑚網》：李日華《題薛素花裏觀音》：「薛素能挾彈調筝，鳴機刺繡，又善理眉掠鬢。人間可喜可樂，以娱男子事，種種皆出其手。然花繁春老後，人情不免有緑陰青子之思，姬無可著力，今又以繪法精寫大士，代天下有情夫婦祈嗣。此又是於姬己分上，補一段大闕陷也。乃歡喜以贊曰：『慧女春風手，百花指端吐。菩薩現花中，自結真實果。』」〔六〕

借閒漫士曰：曾見素素畫蘭扇面，有印二，一曰「薛素素」，一曰「五郎」，白文。

〔一〕見《明詩綜》卷九十八。引文有删節。

〔二〕見《静志居詩話》卷二十三。引文有删節。「至山水蘭竹」，原誤作「至出水蘭竹」。《明詩綜》不誤。

〔三〕見明胡應麟《甲乙剩言》「薛校書」條。引文有删節。

〔四〕見《式古堂書畫彙考》卷三十七。

〔五〕見《式古堂書畫彙考》卷六十。按，其下原有李日華題詩，《玉臺畫史》未録。

〔六〕見《珊瑚網》卷四十二。「薛素能挾彈調筝」，原作「薛姬能挾彈調筝」。

頓喜

《珊瑚網》：頓喜，號西來，金陵妓。善作蘭竹飛白石〔一〕。

《式古堂書畫彙考》：頓瑶英《春江花月社圖》，汪珂玉記云：「秦淮一帶水，故是《玉樹》新聲，陳梁佳境。花月春江夜，猶爲吾輩勝場，而無奈殺風景者，徒起騷人之一唱三歎也。時萬曆壬子秋，余訪馬氏湘蘭舊館，登其樹石之巔，憑老姬人指點板橋故事云：祠部恐廢，纏頭不難，毁數百年之佳麗，今且移花無地，著月無宫矣。吴友羽南因作《步院曲》，余和云：『試向藏鶯山子看，斜陽流水斷橋酸。若言歌舞繇斯罷，何不香消院院殘？』自是與俞羨長諸君品藻今古，平章風月，主盟冶城可眺處，而曲中鄭如英、寇文華、沙宛在輩，咸能淋漓白練裙，不讓桃根、桃葉，有《清溪》《泛月》諸作。至癸丑春，集靈谷梅花塢、鳳臺杏花村，有瑶陰會業，合前韻語，總標之曰《春江花月社》。得頓姬瑶英約略破墨成圖，絶勝『纖纖初月上鴉黄』，『海棠花下合《梁州》』也，於板橋乎復何恨！封禺香史汪珂玉記於珍珠河舍。」〔二〕

〔一〕見《珊瑚網》卷四十二《頓西來寫春江花月社》下雙行小字注文。原作「即舊曲頓喜，至乙卯秋，尚爲余作蘭竹飛白石便面」。

〔二〕見《式古堂書畫彙考》卷六十。

吴　綺

《檇李詩繫》：吴綺，字繡君，嘉興妓。《自題蘭石》云：「清影留紈素，疎香隱石苔。風微無所著，濃淡有由來。」《冬日畫蘭便面》云：「幽意隨有得，呵凍聊寫生。真堪紉作佩，霜霰不勝情。」〔一〕

〔一〕見《檇李詩繫》卷三十四「伎人吴綺」條。引文有删節。

卞賽　卞敏

余懷《板橋雜記》：卞賽，一曰賽賽，後爲女道士，自稱玉京道人。知書，工小楷。善畫蘭，喜作風枝嬝娜，一落筆盡十餘紙。有妹曰敏，頎而白如玉肪，風情綽約，人見之如立水晶屏也。亦善畫蘭，寫篠竹枝、蘭草二三朵，不似玉京之縱横枝葉，淋漓墨瀋也。然一以多見長，一以少爲貴，各極其妙，識者并珍之〔一〕。

〔一〕見清余懷《板橋雜記》卷中。引文有删節。

張喬

《翁山詩外》：友人龐祖如贈予張喬美人畫蘭一幅，上有陳文忠公桐君題詩云：「谷風吹我襟，起坐彈鳴琴。難將公子意，寫入美人心。」蘭凡兩叢，生石上，葉長者五，短者八九，花已開未開者有七，葉細花柔，宛有露笑煙啼之致。蘭根旁有一小印，文曰「逢永」。逢永者，黄孝廉聖年，南園社中十二人之一也。喬字二喬，廣州人。工詩，美顔色，歌舞妙絶一時。年二十一，病垂危，彭孟陽文學以數百金贖之，附以千金市駿骨之義，喬竟不起。孟陽葬之於白雲山麓梅花坳，送者數十百人，人詩一章、植花一本以表之，號曰花塚〔一〕。

〔一〕見清屈大均《翁山詩外》卷八《龐祖如以張喬美人畫蘭見贈詩以答之序》。引文有删節，且字句前后次序不同。

姜如真

徐釚《本事詩》：彭椅《舊院行爲閻再彭題姜姬畫蘭作》：「如真小字姜爲氏，風流應善長干里。自書甲戌上元前，爲贈翩翩蔡公子。蔡爲鶴江宗伯子。公子才華宗伯家，南國徵歌徧狹邪。雲間莫生好詞藻，坐看點染紫莖花。」姬自題云：「時莫生雲卿在座，更助筆墨之興。」〔一〕

〔一〕見清徐釚《本事詩》卷十二。按，《舊院行爲閻再彭題姜姬畫蘭作》爲七言長古，此處僅引數句。

楊　妍

《本事詩》：妍字步仙，舊院歌姬也。能詩善書，工畫叢蘭竹木。兵火後，寓武定橋南大功坊廢圃内。吴聞瑋鏘《送葉學山之秣陵寄詢楊較書》云：「孤客江干八月潮，綺窗曾記話無聊。輕紈畫筆叢蘭小，遮徧春風武定橋。」〔一〕

〔一〕見《本事詩》卷十二。原題作《送葉學山之秣陵寄詢楊較書妍》。「妍字步仙」云云，原爲詩題下雙行小字注文。詩共三首，本書所引爲第二首。

吴梅仙

《畫史會要》：梅仙，金陵妓。善丹青〔一〕。

〔一〕見《畫史會要》卷四。「金陵妓」，原作「金陵妓女也」。

林雪　王友雲

《珊瑚網》：林雪，閩中妓。善繪事〔一〕。

李光陽《西湖逸史》：林雪，字天素，閩妓也。入武林，寄寓湖上。工書善畫，臨摹古幅，嘗亂真。董思白贈以詩曰：「片雲占斷六橋春，畫手全輸妙與真。鑄得干將呈劍客，夢通巫峽待詞人。」〔二〕

《容臺集》：山居荏苒，幾三十年，乃聞閨秀之能畫者一再出，又皆於武林之西湖。初爲林天素，繼爲王友雲。天素秀絶，友雲澹宕，特饒骨韻〔三〕。

〔一〕見《珊瑚網》卷四十二。原作「青樓中善繪事者，先素有金陵馬湘，後素有閩中林雪」。按，素，即薛素。馬湘，即馬湘蘭。

〔二〕按，李光陽及《西湖逸史》其人其書不詳。文中所引董其昌詩，見《容臺詩集》卷四，題作《題林天素畫》。

〔三〕見明董其昌《容臺别集》卷四。引文有删節。「乃聞閨秀之能畫者一再出」，原作「乃聞閨秀之能畫史者一再出」。「又皆於武林之西湖」，原作「又皆著於武林之西湖」。

范珏

《板橋雜記》：范珏，字雙玉。廉靜寡所嗜好，惟闔户焚香瀹茗，相對藥鑪經卷而已。性喜畫山水，摹倣大癡、顧寶幢。槎枒老樹，遠山絶磵，筆墨間有天然氣韻，婦人中范華原也〔一〕。

〔一〕見《板橋雜記》卷中。引文有删節。「廉靜寡所嗜好」，原作「靜廉寡所嗜好」。

寇湄

《板橋雜記》：寇湄，字白門。娟娟靜美，跌宕風流，能度曲，善畫蘭〔一〕。

沈春澤《寒夜醉後看寇五姬畫蘭》：「詩畫亦常事，疑信何參差。昨宵水閣中，酒深燈短時。看子停銀觥，支頤如有思。開箑瀞香豪，墨花生幾枝。纖指過寒箋，殘墨成冰澌。綴以竹石情，洗却兒女姿。此時衆信堅，吾復轉疑之。安得手與心，出奇能若斯。相顧各歎息，歌子《明月》詩。」〔二〕

〔一〕見《板橋雜記》卷中。引文有删節。

〔二〕按，此詩未標出處。《列朝詩集》丁集卷七收沈春澤詩三首，無此詩。

范　珠

《無聲詩史》：范珠，字照乘，金陵妓。畫山水，能對客揮豪。周暉所著《續金陵瑣事》載之〔一〕。

〔一〕見《無聲詩史》卷七。按，「周暉所著《續金陵瑣事》載之」，檢《續金陵瑣事》及《二續金陵瑣事》并無范珠事，俟考。

楊宛

《無聲詩史》：楊宛，字宛若，金陵妓。後歸茅元儀。寫蘭石清妍饒韻[一]。

〔一〕見《無聲詩史》卷七。

楚秀

《初學集》：《題女郎楚秀畫》二首：「曼綠輕紅約略分，墨華凝碧濺羅裙。煙嵐一抹知多少，知是吴雲是楚雲。　小艇疎簾水墨閒，落梅風過點朱顔。欲看粉本頻臨鏡，自掃修眉畫遠山。」[一]

〔一〕見《初學集》卷十六。

楊璆姬

潘之恒《曲中記》：楊璆姬，平康才人。世以玉貌善音律，擬之楚璆姬。雅好翰墨，又嘗游戲丹青，得九畹生態，時稱逸品〔一〕。

〔一〕見明潘之恒《曲中志》。按，《曲中記》習稱《曲中志》，見《説郛續》卷四十四。引文有删節。其書實從潘之恒所輯《亘史》鈔撮而成。檢《亘史鈔》外紀卷三《金陵艷》，有《蓮臺仙會品目》，第二名即楊璆姬，文曰：「女太史楊璆姬，小字婆喜，名新匀，行一。舊院紗帽巷住。」其下又有《楊璆姬傳》，略言：「楊姬者，名新匀，字侶真，故平康才人。世以玉貌善音律，擬之楚璆，又稱璆姬。姬晳而上鬒，星眸善睞，美靨輔，齒如編貝。雅好翰墨，又嘗游戲丹青，得九畹生態，時稱逸品。故諸姬中獨以才美著。」

徐　佛

《觚賸》：盛澤歸家院有名妓徐佛者，能琴，善畫蘭〔一〕。

〔一〕見《觚賸》卷三「河東君」條。引文有删節。「善畫蘭」，原作「善畫蘭草」。

朱　馥

姚旅《露書》：朱馥，名無瑕，字泰玉，桃葉妓。工楷書畫蘭，能詩〔一〕。

〔一〕見明姚旅《露書》卷四。引文有删節。「工楷書畫蘭，能詩」，原作「初工楷書畫蘭，後遂能詩」。

李貞儷

《露書》：李貞儷，字淡如，桃葉妓。工書畫，著《韻芳集》〔一〕。

〔一〕見《露書》卷四。引文有删節。「李貞儷」，原作「李大名貞孋」。「工書畫」，原作「工畫書」。

崔聯芳

劉鑾《五石瓠》：崔聯芳，南京舊院妓。能吟詠畫蘭〔一〕。

〔一〕見清劉鑾《五石瓠》卷二。

胡茂生

汪汝謙《春星堂集》：《觀胡茂生校書詩畫賦此寄懷》：「名噪三山籍甚時，盈盈一水正相思。填詞争擬李清照，寫竹渾如管仲姬。勝日聞君多唱和，殘年憐我獨棲

遲。蕭然一棹停江上，欲訪仙源未有期。」自注：「茂生，天台人，隱居囷溪。」〔一〕

〔一〕按，汪汝謙（一五七七—一六五五），字然明，號松溪，安徽歙縣人。寓居杭州西湖，詩酒自娱。著作有《綺詠》《西湖韻事》等，汪氏後人輯爲《春星堂詩集》，其書未見。

王阿昭

沈春澤《秋雪堂詩删》：《王阿昭帕上畫山水歌》：「六朝花柳香不已，六院家家嬌姊妹。馬姬老去遂空羣，任俠風流總無對。五娘貞秀亦翩翩，居然自呼九畹仙。郝家文珠墨池史，扇頭妙楷流雲煙。李郎澹如真慧絶，跌宕成名何必説。那堪藥物滅天機，使我憐才素心結。近來喜得王昭兒，縑素心腸山水姿。相將磐礴荷花邊，悠然落筆態可思。今日乞昭畫一箑，明日乞昭圖一紙。一箑一紙一出奇，寸心靈變能如此。正欲持此誇示人，侍兒忽貽秋羅巾。秋羅半幅恣揮灑，遠山疎樹能有神。我曾問昭何處得，昭言學畫纔廿日。出門看山歸想畫，聊復寄之游戲筆。筆端游戲豈易哉，汗汗漫漫皆天才。收羅八荒貯一笥，半幅神理爲其胎。願昭從今轉精進，眼前

腕底多矜慎。畫工氣莫稍漸染，傖父手莫輕投贈。我家太湖煙水頭，七十二峰將新秋。扁舟黄葉載昭去，雙眸處處皆淹留。」〔二〕

〔一〕按，《秋雪堂詩刪》其書未見。

國朝

陳小住

《本事詩》：吴興女子陳小住，爲朱十畫扇，作並頭蓮。朱十集唐句題之：「可愛深紅間淺紅，滿池荷葉動秋風。縈迴謝女題詩筆，一片西飛一片東。」《曝書亭集》作《題王女史畫蓮》。

又《集唐贈陳校書并索其畫扇》二首：「不將清瑟理霓裳，笑倚東軒白玉牀。小疊紅牋書恨字，屏風誤點惑孫郎。　葡萄美酒夜光杯，夜半高堂客未回。知我憐君畫無敵，且將團扇暫徘徊。」〔一〕

〔一〕以上俱見《本事詩》卷十一。「集唐句題之」，原作「集唐人句題之」。小字注文「《曝書亭集》作《題王女史畫蓮》」，爲汪遠孫所加按語。按，詩見《曝書亭集》卷二，題作《集句題王女史畫蓮》。

倩扶

《畫徵録》：倩扶，華亭人。善花草，多寫意。工詩，有集〔一〕。

〔一〕見《國朝畫徵録》卷下。引文有删節。

吴媛

《畫徵録》：吴媛，字文青，無錫人，自號梁溪女史。善畫，有《墨荷圖》《設色菊花》。與倩扶並爲吴梅村東山勝侣〔一〕。

〔一〕見《國朝畫徵録》卷下。引文有删節。「《設色菊花》」，原作「《設色菊花扇》」。

豐質

《畫徵録》：豐質，字花妥，蘭陽人。妙音律，善演劇，而性度閒雅，焚香鼓琴。好畫墨蘭，學王覺斯法，花葉舒暢瀟灑，絶無拘滯修飾，不得以風塵筆墨忽也。寓居睢州，名甚重。陳其年柬侯六叔岱詩云：「聞説睢州女校書，春愁纔妥上頭初。今朝人臥梁王苑，歌板糟床只欠渠。」忽了悟，即於睢州從一貧人，辛苦作家，卒年蓋三十云〔一〕。

〔一〕見《國朝畫徵録》卷下。陳維崧詩見《湖海樓詩集》卷三，原題作《戲柬侯四丈》。

玉臺畫史別録

朱柔則

朱柔則，字道珠，錢塘人。詩人沈用濟方舟室。方舟客紅蘭主人所，道珠遥寄《故鄉山水圖》。主人作詩，有「應憐夫壻無歸信，翻畫家山遠寄來」之句，當時傳爲佳話。方舟妾曰顧春山，道珠嘗約春山河渚觀梅，得句云：「樓外有梅三百樹，美人不到不開花。」其風致可想見矣[一]。

〔一〕按，雷瑨《閨秀詩話》卷三亦收録朱柔則，文字較詳，可參看。

金士珊

金士珊，長孺先生之妹。幼時隨父任滇南，長孺補學博回浙，士珊畫《野畦圖》送之。卷中花果，多不能名，蓋滇中物也。後歸王氏。吴穀人祭酒題《剔銀燈》詞，載《有正味齋集》中〔一〕。

〔一〕按，吴錫麒所填詞見《有正味齋詞集》卷四，題下注云：「金長孺之官學博，時其妹士珊隨父任滇南，畫《野畦圖》送之。卷中花果，多不能名，蓋滇中物也。其妹後歸王氏。今曾孫綬索題。」其詞調寄《剔銀燈》：「龍女種花歸矣，雲南點蒼山寺内有龍女花，云龍女手種。小筆香匳能替。桃竹分紅，木蓮襯碧，尚有蠻煙吹起。《滇書》注未，怕難識蘇葳名字。　惆悵行，分雁翅，寫向柳絲風裏。雲水千重，湖山一角，愁仿楊家妹子。殷勤答汝，定遥盼大雷書寄。」

陳李

宋秋田藏閨秀扇面甚夥，有陳字、陳李山水合筆。字字無名，老蓮子。見《畫徵録》〔一〕。李相傳是老蓮女，未知所據。殆亦如青蚓妻女〔二〕，偶爾渲染，流傳不多，傳畫家者未之及耳。周南卿亦有閨秀扇面數十頁，鑒別極精。南卿没後，不知歸於誰氏矣。

〔一〕見《國朝畫徵録》卷上。原作「老蓮子字，字無名，號小蓮。亦以人物名於時」。

〔二〕按，崔子忠（號青蚓）妻女，見《玉臺畫史》卷三。

薩克達氏

薩克達氏，雲貴總督謚莊恪阿思哈公第四女，英煦齋揆協和配也。善寫生，尤喜以指頭畫鷹，得其神俊。顔所居曰「覿生閣」，每作畫，揆協爲之署款。嘗於胡書農學士齋中見所作《花草蝴蜨卷子》，揆協題其後云：「今夏内子得甌香館《山水册子》，遂摹之，始悟花卉難，草蟲難，畫蜨尤難。畫山水可以添染，花蟲則一筆落紙，不可收拾。此内子之獨得，不知有合否。請俟高明指謬。余雖不解畫，然於畫蜨每賞之，亦愛則忘醜耶！」閨房之樂，洵足媲美鷗波矣。

姚夫人

姚夫人，顧隅東升室也。隅東工書畫，自顔所居樓曰「寫生」。夫人亦擅繪事。朱西畯昆田《題寫山樓主人墨梅》二絶云：「墨梅舊數揚補之，今看尺牘横一枝。盡删海粟百絶句，寫山樓有無聲詩。　冷蕊疎花色斬新，鮑夫人合管夫人。問君嫵媚

何能爾，莫是羅浮夢後身。」〔一〕

〔一〕朱昆田詩，見《笛漁小稿》卷八。題作「《題寫山樓主人墨梅》二首」。

張淨因

張淨因，甘泉人，張堅女。幼讀書，能詩善畫。年二十五歸於黃，事舅姑以孝聞。家貧，或以畫易米。有長官慕其名，求見其詩，淨因謝曰：「本不識字也。」嘉慶丁卯卒，年六十七。著《緑秋書屋詩集》五卷。宜興吴仲倫德旋云〔二〕。

〔二〕見吴德旋《初月樓聞見録》卷五。「甘泉人」，原作「甘泉公道橋人」。「能詩善畫」，原作「能詩兼善畫」。「年六十七」，原作「年六十有七」。「著《緑秋書屋詩集》五卷」，原作「所著有《緑秋書屋詩集》五卷」。按，《揚州畫舫録》卷九云：「黄秀才文暘，字時若，號秋平，居天心墩。工詩古文詞。」著有《古金通考》《曲海》《丙官集》等。「好葫蘆，門庭牆溷皆有之，長短大小，纍纍如貫珠，壁上畫水墨葫蘆無數。著《葫蘆譜》」。「妻張淨因，名因。工詩畫。著《淑華集》。子無假，名金。得唐人絶句法。江北一家能詩者，黄氏其一焉」。可參看。

巴延珠

巴延珠，字佛圓，伊爾根覺羅氏都統謚勤敏莽鵠立女。勤敏工寫真，其法本於西洋，不用墨骨，純以渲染皴擦而成，神情酷肖。佛圓親受指法，亦工人物。守貞不字，長齋繡佛以終。

吕文安　馮女郎

竹垞《清平樂·題吳中女子吕文安畫》云：「深閨暇日，偶仿王郎筆。小字親題無氣力，殺粉調鉛第一。　圓珠斛得誰家，香車遠隔天涯。陌上依然柳色，門前何處桃花。」〔一〕

阮亭《題馮女郎畫蘭》云：「丐得騷人筆下妍，玉池清照影便娟。一從弱質辭空谷，冶葉倡條盡可憐。」〔二〕吕、馮畫蹟，今不可見。姓氏附見兩家集中，亦云幸矣。

〔一〕朱彝尊詞，見《曝書亭集》卷二十六。

〔二〕王士禛詩，見《帶經堂集》卷六十四。「玉池清照影便娟」，原作「玉池清照影嫂娟」。

吴玖

吴玖，字瑟兮。石門吴南泉女，桐鄉程同文春廬繼室。性特高潔，工詩善畫。初寫折枝花，繼作山水蘭竹，皆出心悟，追蹤於古，婦人無此筆也。嘗畫《溪山歸興圖》，春廬題句云：「人間何處覓菟裘，送老溪山一葉舟。慚愧賢妻招隱意，年年看畫過清秋。」〔一〕

〔一〕按，《清代閨閣詩人徵略》卷六云：吴玖著有《寫韻樓集》。「尤喜花卉，學白石翁。山水得倪黄意，見者不知其爲閨閣筆墨也。嘉慶二十年卒於京師，年四十九」。「宜人所作《寫韻樓畫册》，名人題詠甚多。宋芷灣太史題云：『平生放筆寫疏狂，十丈藤箋了不長。到此樓前低下拜，始知菩薩制金剛。』尤極傾倒云」。可參看。

朱筠

嘉興朱筠，字梅侣，錢孝廉青選室。工楷書，得大令《十三行》筆法，兼擅墨菊。

柴貞儀　柴靜儀

柴貞儀，字如光；靜儀，字季嫺。錢塘人，孝廉柴雲倩世堯女也。如光適黃介眉，季嫺適沈漢嘉，並工繪事。余藏如光《杏花春燕》、季嫺《木樨芙蓉》，筆意韶秀，可稱雙璧〔一〕。

〔一〕按，《清代閨閣詩人徵略》卷二有柴貞儀、柴靜儀小傳，可參看。本卷之朱柔則，即柴靜儀之兒媳。

吴規臣　沈轂　顧蕙　黃之淑

吴規臣，字飛卿，一字香輪，金壇人。吴縣顧侶松大令鶴室也，以孝行稱。畫師南田，風枝露葉，雅秀天然。兼精岐黃之術。侶松令米脂，從征喀什噶爾，飛卿留居吴門，夫家母家，皆恃丹青以給。近時女士工畫者，嘉興沈采石轂山水、吴顧畹芳蕙花卉、南海黃耕畹之淑蘭竹，並出冠時。何閨閣之多才也！

陳瓊圃

陳瓊圃，字閬真，號鉏月。錢塘半江司馬淞女，歸安費錫田室。能詩，兼六法。夫亡，誓以死殉，卒年二十有九。其自題《山水畫册》云：「路轉前峰一徑斜，煙霞深鎖野人家。春來更有幽棲處，開徧東風枳殼花。　家住江南楊柳灣，一蓑煙雨打魚還。數聲蘆笛秋風暮，飽看青溪兩岸山。　蒹葭深護水雲鄉，門掩青山對夕陽。吟罷小樓閒眺望，晚風吹起白蘋香。　峰含曉日樹含煙，野水微茫接遠天。如此溪山誰領取，風光輸與釣魚船。」極清婉可誦〔一〕。

〔一〕按，《國朝閨閣詩人徵略》卷四有陳瓊圃小傳，可參看。

朱新

山舟學士嘗題女史朱雨花畫《海棠便面》，跋云：「予猶女適德清許氏，一日歸寧，手一扇，上畫折枝海棠，生秀圓潤，署款朱新字雨花，蓋女史所貽也。予叩何人，曰：『此即五世一堂竹溪戴翁德清人。之曾孫婦也。』向予慕其家風孝友，嘗買櫂訪之。見其祖孫四世，而五世孫徵符方在襁褓，即女史朱所誕育也。夫蠶織鍼管，是宜所習，不意畫手渲染之妙，其樸而能文可知矣。予生平所見閨秀畫不一，最上如黄石齋先生之蔡夫人、錢尚書母南樓老人，綽有徐黄遺法，妍麗中氣骨古厚，非如吴下文淑、惲冰，徒以姿媚一派見長而已。女史年未滿二十而技若此，倘得前人名跡瀏覽而靜摹之，所造當更有進於是者。予故因猶女之請，跋其便面，以報所贈。嘉慶八年歲在癸亥二月之末。」此跋《頻羅庵集》中未刊，故亟録之。

吴映瑜

吴映瑜，字韞輝，號秋水。靜江孝廉瀓女，趙穆亭承杰繼室也。與穀人祭酒爲族兄妹，工書畫。祭酒在都，同寓一室，朝夕評騭，擘窠書似有勝焉。六旬外猶能作楷。余嘗見山水册一，氣韻妍雅，洵稱合作。

附録

一、各家著録提要及作者傳記資料

《玉臺書史》不分卷

《昭代叢書》本　賜硯堂本　《述古叢鈔》本　《翠琅玕館叢書》本

清厲鶚撰。鶚字太鴻，號樊榭，錢唐人。舉人。乾隆時曾舉鴻博，不遇。

是書輯歷代婦女之能書者爲一編，各具一傳。有書蹟者附之，並録及題跋。各注所出，無一字無來歷。内分宫闈、女仙、名媛、姬侍、名妓、靈異、雜録七門，宫闈得四十九人，女仙得七人附尼一人，名媛得一百四人，姬侍得十二人，名妓得三十三人，靈異得二人，雜録三人，頗爲賅備。惟前後無序跋，又未分卷，疑爲未定之稿。或太鴻將有所譔著，而此爲其長編邪？

（見余紹宋《書畫書録解題》卷一。北京圖書館出版社二〇〇三年影印版）

《玉臺書史》　清厲鶚輯

是編搜輯女子之工書者，自漢迄今。蒐羅頗富，似出《名媛璣囊》《緑窗女史》之上。

（見王文濡《説庫》。上海文明書局一九一五年石印本）

《玉臺畫史》五卷《别録》一卷

《翠琅玕館叢書》本

清閨秀湯漱玉譔。漱玉字德媛，錢唐人。汪小米室。

是編仿太鴻《書史》之例，輯歷代能畫之婦女爲一編，體例略有變更，僅分宫掖、名媛、姬侍、名妓四門。宫掖得二十人，名媛得一百廿五人，姬侍得十六人，名妓得四十人。後附《别録》十五則，不入諸門，未詳何故。歷代婦女能畫者較多，是編所録，未爲賅備。胡敬《序》亦謂其「粗具端倪，未窮蒐輯」。且有《書史》徵引各書在前，亦易爲力。然出諸閨秀，亦難能而可貴矣。前有胡敬駢文《序》。

程庭鷺箬庵《畫麈》曰：「五代婦人童氏，畫范蠡、張志和等乘舟而隱居者六人，山水樹石，人物如豆，亦甚可重。見《畫鑑》。吾友錢唐汪小米中翰，其配湯淑玉曾輯《玉臺畫史》，歷朝閨秀之善畫者，咸詳備焉，似未及此。」

（見余紹宋《書畫書録解題》卷一）

《玉臺畫史》　清湯漱玉輯

仿太鴻《書史》之例，彙録女子之工畫者。以舜妹嫘始，以清吴映瑜殿，甄收富有。雅人韻事，出自香閨，不愧玉茗後裔。

（見王文濡《説庫》）

《玉臺畫史》五卷《别録》一卷

清湯漱玉輯。《閨籍經眼録》著録（見）。

漱玉字德媛，浙江錢塘人，汪遠孫繼妻。

道光十一年辛卯（一八三一）秋七月錢塘汪氏振綺堂刊本。前有胡敬《序》。卷一宫掖，卷二卷三名媛，卷四姬侍，卷五名妓。又掃葉山房石印本。

（見胡文楷《歷代婦女著作考》卷十六。上海古籍出版社一九八五年版）

《玉臺畫史》五卷《别録》一卷

【作者】清湯漱玉，字德媛，錢塘（今浙江杭州）人。乾隆六十年（一七九五）生，約咸豐五年（一八五五）卒，年約六十一。汪遠孫妻。好讀書，知詩文，能畫梅蘭以寄興，罕爲外人作。纂有《玉臺畫史》。汪遠孫，字久也，號小米，别號借閒生、借閒漫士，室名借閒小筑、水北樓，錢塘（今浙江杭州）人，乾隆五十九年（一七九四）生，道光十六年（一八三六）卒，年四十三。道光時爲内閣中書。家藏書甚富，精究目録，以家貯書分經史子集四部，部各有子目。通經史，工詩詞，善書，師法大小米。著有《詩考補遺》《國語明道本考異》《國語三君注輯存》《國語考異發正古注》《漢書地理志校勘記》《借閒生詩》《借閒生詞》《玉臺畫史別録》。

【版本】一、道光四年（一八二四）錢塘汪氏振綺堂刊本（見存。上海畫院）。按：此本《販書偶記》作道光丁卯刊本，道光無丁卯，誤。二、《振綺堂遺書》本（見存）。按：此本爲道光中刊，民國十一年（一九二二）錢塘汪氏振綺堂匯印本，其中本書作道光十七年（一八三七）刊，乃有補板。三、《述古叢鈔》第三集本（見存）。四、《藏修堂叢書》第四集本（見存）。五、黄氏輯《翠琅玕館叢書》本（見存）。六、《香艷叢書》本（見存）。按：此本作一卷。七、《説庫》本（見存）。按：此本作一卷。八、《藝術叢書》本（見存）。九、《芋園叢書》本（見存）。一〇、《美術叢書》本（見存）。一一、于安瀾輯《畫史叢書》本（見存）。一二、《筆記小説大觀》第五編（見存）。一三、《藝術叢編》第一編《清人畫學論著》本（見存）。

【提要】是書前有胡敬《序》，有謂其「粗具端倪，未窮搜輯」。書仿厲鶚《玉臺書史》之例，輯録歷代婦女之能畫者爲一編，起自虞代舜妹嫘，而迄清代豐質止。分門與厲氏書稍有不同，分宫掖、名媛、姬侍、名妓四門。書爲五卷：卷一爲宫掖，自虞至明，得二十人，末附一人爲盧昭容，實爲靈異事，其删厲氏書之靈異一門而作附録，識見略勝厲氏書。卷二爲名媛（上），自晉至元；卷三爲名媛（下），自明至清；以上兩卷，凡一百二十五人。卷四爲姬侍，所記爲宋、明、清三代人，凡十六人。卷五爲名妓，所記爲唐、宋、明、清四代人，凡四十人。諸傳，首列徵引書名，次引述其事跡，間有湯氏以小字夾注或補述，或有借閒漫士按語。其徵引書近百種，有引《金史》、《明史》、神道碑、墓誌銘、傳記、雜史、方志、詩文集、筆記，以及畫史、畫録書，其中有今不見傳本之《宋畫録》，亦有直采畫幅所記載者。雖搜輯女畫人傳記不多，然頗有畫史、畫録罕見資料賴此以傳，故是書尚不可廢。書後附《別録》一卷，爲汪遠孫所撰，乃閲其妻所編後，意感未詳盡，而爲之補述，爲文凡十五則（《美術叢書》本爲十四則），有宋柔剛、金士珊、陳李、薩克達氏、姚夫人、張淨因、巴延珠、吕文安、吴玖、柴貞儀、吴規卿、沈穀、吴蕙、黄之淑、陳瓊圃、朱新（雨花）、吴映瑜，凡十七人〔一〕。其所著都爲清代名媛，體例與湯氏一編不同，大多爲其交游者之妻或妹或女，或者據人見告，或者録自畫跋，僅有二則引自他書。其中有本集未載者，如梁山舟《頻羅庵集》不見有《題女史朱雨花畫海棠便面跋》，殊堪珍貴。是書二種成編於道光四年（一八二四）。

（見謝巍《中國畫學著作考録》頁六一七。上海書畫出版社一九九八年版）

〔一〕按，《别録》所收名媛，實共二十人。謝氏所録，遺漏馮女郎、朱筠、柴静儀三人。又，宋柔剛，應爲朱柔則。吴規卿，應爲吴規臣。沈穀，應爲沈穀。吴蕙，應爲顧蕙。

厲樊榭墓碣銘

余自束髮出交天下之士，凡所謂工於語言者，蓋未嘗不識之，而有韻之文，莫如樊榭。樊榭少孤家貧，其兄賣淡巴菰葉爲業以養之，將寄之僧寮，樊榭不可。讀書數年，即學爲詩，有佳句。是後遂於書無所不窺，所得皆用之于詩，故其詩多有異聞軼事，爲人所不及知。而最長于游山之什，冥搜象物，流連光景，清妙軼羣。又深於言情，故其擅長尤在詞，深入南宋諸家之勝。然其人孤瘦枯寒，於世事絶不諳，又卞急，不能隨人曲折，率意而行，畢生以覓句爲自得。

其爲諸生也，李穆堂閣學主試事，闈中見其謝表而異之，曰：「是必詩人也。」因録之。計車北上，湯侍郎西崖大賞其詩，會報罷，侍郎遣人致意，欲授館焉。樊榭襆被潛出京，翌日侍郎迎之，已去矣。自是不復入長安。及以詞科薦，同人强之始出。穆堂閣學欲爲之道地，又報罷。而樊榭亦且老矣，乃忽有宦情，會選部之期近，遂赴之。同人皆謂：「君非有簿書之才，何孟浪思擲？」樊榭曰：「吾思以薄禄養母也。」然樊榭竟至津門，興盡而返。予譜之曰：「是不上竿之魚也。」嗚呼！以樊榭爲吏，固非所宜，而以其清材，使其行吟于荒江寂寞之間以死，則不可謂非天矣。

予交樊榭三十年，祁門馬嶰谷兄弟延樊榭丁館，予每數年必過之。嶰谷詩以樊榭爲職志，連牀刻燭，未嘗不相唱和。已而錢塘踵爲詩社，予亦豫焉。數年以來，二社之人，死亡相繼，樊榭每與予太息。今年予有粵游，槐塘以書告樊榭之病，不意其遽不起也。嗚呼！風雅道散，方賴樊榭以主持之，今而後，江淮之吟事衰矣。

樊榭，姓厲氏，諱鶚，字太鴻，本吾鄉之慈谿縣人，今爲錢塘縣人。康熙庚子舉人，生於某年月日，卒於某年月日，享年六十有二。曾祖某，祖某，父某。娶某氏。無子，以弟之子爲之後。葬於湖上之某峰。所著有《宋詩紀事》一百卷、《樊榭山房集》二十卷，已行於世。又有《遼史拾遺》十卷。

樊榭以求子故，累置妾而卒不育。最後得一妾，頗昵之，乃不安其室而去，遂以是怏怏失志死，是則詞人不聞道之過也。且王適不難謾婦翁以博一妻，而樊榭至不能安其妾，則其才之短又可歎也。嗚呼！樊榭屬予序其《宋詩》《遼史》二種，忽忽十年，息壤在彼，而今隕涕而表其墓，悲夫！是爲銘，其詞曰：

沖恬如白傅兮，尚有不能忘情之吟。人情所不能割兮，賢哲固亦難禁。祇應尋碧湖之故櫱兮，與握手以援琴。

（見清全祖望《鮚埼亭集内編》卷二十。《全祖望集彙校集注》本，上海古籍出版社二〇〇〇年版）

厲鶚傳

厲鶚，字太鴻，錢塘人。家貧，性孤峭，不苟合。始爲詩即得佳句。於學無所不窺，一發之於詩。康熙五十九年，李紱典試浙江，得鶚卷，閱其謝表，曰：「此必詩人也。」亟録之。計偕入都，尤以詩見賞湯右曾。再試禮部不第。乾隆元年，舉鴻博，誤寫論置詩前，又報罷。其後赴都銓，行次天津，留友人查爲仁水西莊，觴詠數月，不就選，歸。卒年六十一。

鶚搜奇嗜博。揚州馬曰琯小玲瓏山館富藏書，鶚久客其所，多見宋人集，爲《宋詩紀事》一百卷。又《南宋畫院録》《遼史拾遺》《東城雜記》諸書，皆博洽詳贍。詩刻煉，尤工五言，有自得之趣。詩餘亦擅南宋諸家之長。先世本慈谿，徙居錢塘，故仍以四明山樊榭名其集云。鶚嘗與趙信、符曾等人各爲《南宋雜事詩》一百首，自采諸書爲之注，徵引浩博，考史事者重之。

（見《清史稿》卷四百八十五）

内閣中書小米汪君傳

仁和胡敬譔

吾鄉自杭、厲後，續學能文有稱於時者不多見。獨山舟學士以翰墨名動四裔，餘事發爲詩古文辭。繼以曜北、處素兩先生，經史各名家，兼通聲韻之學。其所自出，能成梁氏宅相而以著述聞者，羣推吾友汪君小米焉。

君名遠孫，字久也。係出安徽黟縣，世居縣之宏村。十世祖文宇公諱元台，始遷錢塘。曾祖容谷公諱寬，早世。本生曾祖千波公，諱憲，乾隆甲子舉人，乙丑進士，官刑部陝西司員外郎。祖仲連公，諱璐，丙午舉人，官太常寺博士。父孔皆公，諱諴，甲寅舉人，官刑部江西司主事。母梁宜人，文莊公曾孫女，沖泉少司空孫女，處素孝廉之女也。

君幼聰穎，十歲遭梁宜人之喪，侍祖父受經，能通大義。嘉慶甲戌入郡庠，孔皆公督課嚴，命寄居中表孫午泉大令家，偕午泉攻舉子業。夜漏未盡，輒篝燈起讀，如是者二年。丙子，舉於鄉，兩赴計偕，循例爲內閣中書。戊寅，在京待銓，聞父疾，歸里。是秋，孔皆公捐館，君銜哀風木，遂絶意進取，而肆力於著書。

先是，千波公性耽書，插架多善本，甲乙編排，丹黄半所手定。吾鄉藏書家，若趙氏小山堂、吴氏瓶花齋，杭、厲輩所借觀賞鑒者，今皆散佚不存，惟振綺堂所藏，巋然具在。孔皆公以君之嗜學也，病中指楹書示曰：「他日以畀汝。」君著書務爲根柢之學，排日讀十三經注疏，以心得者輯爲《考異》。又以抱經堂釋文本尚多譌闕，欲爲補正，功雖未竟，其宗尚可概見矣。著述之暇，與同里耆彦結東軒吟社，凡爲歲十，爲集百，薈萃所作且繪爲圖。於湖濱起水北樓，春秋佳日，棲息其中。勘經之餘，焚香晏坐。時復登山臨水，寄其曠逸之情，因自號曰借閒漫士。

吾鄉志乘，以南宋咸淳《臨安志》爲最古，君重雕以廣其傳。他若厲樊榭《遼史拾遺》《東城雜記》、梁處素《左通補釋》、汪選樓《三祠志》，俱次第梓行。以及亡友詩文，代爲校栞者，更難悉數。

事繼母姚以順，率諸弟以端，待戚黨以厚。言孔皆公棄養時，君年甫二十六，五弟一妹皆幼。友愛備至，爲擇姻舊家，十八年來，婚嫁咸畢。治家遵祖、父遺訓，豐約得中，不染習俗流弊。重然諾，見事明決，與人交以至誠。貧者感其施，饒裕者亦倚以定是非可否。易簣之日，里中士大夫，無親疏遠邇，皆咨嗟太息，且有泣下霑襟者。

娶於梁，爲萊子教諭女。生子一，曾撰；女五。而梁孺人没，篤於伉儷，鰥居九載。以内顧事冗，不獲已繼娶於湯，爲醴泉茂才女。未踰年，又以瘵没。副室李氏，生女一。君卒於道光丙申五月八日，年四十三。所著有《詩考補遺》《國語考異發正》《古注漢書地里志校勘記》《借閒生詩詞》。配梁孺人著有《列女傳校注》，湯孺人著有《玉臺畫史》，半爲君所訂正云。

論曰：余官京師時，即聞君名。癸未歸田，得與君締交，暨丙申歲星更始矣。余齒長於君二十餘歲，既老且病，間有所作，方謂異時當賴君訂定，不圖君之先我辭世也。余里中所交友，凡通詁訓、擅詞章者，前後無慮數十輩，至晨夕晤聚，殷嚮往而深知性情者，始則汪選樓家禧，繼則陳扶雅善，最後惟君耳。選樓學博而志鋭，力於抗衡古人，於詩不多作；扶雅明易學，工古文辭，詩詞亦非所長；能兼而有之者，君也。今選樓墓木已拱，幸君梓其遺編，以行於世。扶雅之没，後君祇半載餘。所注《晉書》已垂成，君獨未及與爲商榷，惜哉！君既承梁氏兩世學，此二人亦素爲山舟學士所稱，而又皆爲君所推重者。志合道同，故連類及之。嗟乎！以君之處境，與君之學之才，倘得及余年，其著述當不讓杭、厲。何天故靳之，俾造詣止於是耶！然其所造詣，根柢深厚，非泛騖家所能窺測。余證其必傳於後無疑也。

（見《借閒生詩》卷首）

二、參考引用書目

四庫全書簡明目録　文淵閣四庫全書本　臺灣商務印書館（以下簡稱「四庫本」）
四庫全書總目提要　四庫本
玉臺新詠　南朝梁徐陵　成都古籍書店影印一九三五年吴兆宜注本
列女傳校注　清梁端　四部備要本
借閒生詩　清汪遠孫　續修四庫全書本　上海古籍出版社（以下簡稱「續四庫本」）
借閒生詞　清汪遠孫　續四庫本

清代閨閣詩人徵略　清施淑儀　清代傳記叢刊本　臺灣明文書局
竹笑軒吟草　明李因　遼寧教育出版社二〇〇三年版
露書　明姚旅　續四庫本
名媛詩緯初編　清王端淑　康熙刊本
花簾詞　清吴藻　小檀欒室彙刻閨秀詞第五集　光緒刊本
畫塵　清沈顥　美術叢書本　上海神州國光社一九二〇年版
漢書　中華書局一九六二年版
後漢書　中華書局一九六五年版
後漢書　四庫本
三國志　中華書局一九八二年版
晉書　中華書局一九七四年版
書斷　唐張懷瓘　四庫本
南史　中華書局一九七五年版
述書賦　唐竇臮　四庫本

書史會要　元陶宗儀　四庫本
魏書　中華書局一九七四年版
隋書　中華書局一九七三年版
舊唐書　中華書局一九七五年版
新唐書　中華書局一九七五年版
宣和書譜　四庫本
金石録校證　宋趙明誠　金文明校證　上海書畫出版社一九八五年版
吕衡州集　唐吕温　四庫本
貴耳集　宋張端義　四庫本
馬氏南唐書　宋馬令　四庫本
陸氏南唐書　宋陸游　四庫本
默記　宋王銍　中華書局一九八一年版
老學庵筆記　宋陸游　中華書局一九七九年版
歸田録　宋歐陽修　中華書局一九八一年版

韻石齋筆談　明姜紹書　知不足齋叢書本
錢氏私志　宋錢世昭　四庫本
清賞録　明包衡　張翼　四庫存目叢書本　齊魯書社一九九七年版（以下簡稱「四庫存目本」）
南宋館閣録　宋陳騤　四庫本
蘭亭博議　宋桑世昌　四庫本
呼桓日記　明項鼎鉉　北京圖書館古籍珍本叢刊本
南宋院畫録　清厲鶚　四庫本
真蹟日録　明張丑　四庫本
隨隱漫録　元陳世崇　四庫本
晞髮集　元謝翺　四庫本
名山藏　明何喬遠　續四庫本
明史稿　清王鴻緒　雍正刊本　臺灣文海出版社影印版
列朝詩集　清錢謙益　續四庫本
棗林雜俎　明談遷　廣陵書社筆記小説大觀本

洞玄靈寶真靈位業圖　南朝梁陶弘景　正統道藏本
誠齋雜記　元林坤　四庫存目本
墨莊漫録　宋張邦基　四部叢刊三編本
紫薇詩話　宋吕本中　叢書集成初編本
攻媿集　宋樓鑰　四庫本
研北雜志　元陸友仁　四庫本
道園學古録　元虞集　四庫本
寒夜録　明陳弘緒　續四庫本
玉堂嘉話　元王惲　四庫本
裴鉶傳奇　唐裴鉶　上海古籍出版社一九八〇年版
精選名儒草堂詩餘　元鳳林書院　續四庫本
續仙傳　唐沈汾　四庫本
杜陽雜編　唐蘇鶚　四庫本
青瑣高議　宋劉斧　宋元筆記小説大觀本　上海古籍出版社二〇〇一年版

雲笈七籤　宋張君房　四庫本
神仙感遇傳　五代杜光庭　三家道藏本
墨池編　宋朱長文　四庫本
墨藪　唐韋續　四庫本
書苑菁華　宋陳思　四庫本
法書要録　唐張彥遠　四庫本
山谷題跋　宋黃庭堅　叢書集成初編本
淳化閣帖釋文　清徐朝弼　遯盦金石叢書本
書畫書録解題　余紹宋　北京圖書館出版社二〇〇三年版
雲麓漫鈔　宋趙彥衛　中華書局一九九六年版
北史　中華書局一九七四年版
古今法書苑　明王世貞　中國書畫全書本
妝樓記　五代張泌　叢書集成初編本
學林　宋王觀國　四庫本

集古録　宋歐陽修　四庫本
柳河東集　宋柳宗元　四庫本
玉泉子　唐佚名撰　廣陵書局筆記小説大觀本
太平廣記　宋李昉等　中華書局一九六一年版
萬曆金華府志　中國方志叢書本
雲谿友議　唐范攄　古典文學出版社一九五七年版
全唐詩話　清尤袤　叢書集成初編本
小畜集　宋王禹偁　四庫本
安陽集　宋韓琦　四庫本
文忠集　宋歐陽修　四庫本
宛陵集　宋梅堯臣　四庫本
蜀中詩話　明曹學佺　全明詩話本　齊魯書社二〇〇五年版
止齋集　宋陳傅良　四庫本
西塘集　宋鄭俠　四庫本

文忠集　宋周必大　四庫本
彤管遺編　明酈琥　四庫未收書輯刊本
朱子文集大全類編　清朱玉　四庫存目本
雪履齋筆記　元郭翼　四庫本
游宦紀聞　宋張世南　中華書局一九八一年版
耆舊續聞　宋陳鵠　四庫本
寶慶四明志　中國方志叢書本
容齋隨筆　宋洪邁　四部叢刊本
華陽集　宋張綱　四部叢刊本
古今女史　明趙世傑　崇禎刊本
洪武蘇州府志　中國方志叢書本
松雪齋集　元趙孟頫　四庫本
石園全集　清李元鼎　四庫存目本
霏雪録　明鎦績　四庫本　臺灣筆記小説大觀本

因樹屋書影　清周亮工　續四庫本
求古録　清顧炎武　四庫本
金石文字記　清顧炎武　四庫本
宋學士全集　明宋濂　金華叢書本
清江集　明貝瓊　四部叢刊本
震澤集　明王鏊　四庫本
吴中人物志　明張昶　四庫存目本
大泌山房集　明李維楨　四庫存目本
名媛詩歸　明鍾惺　崇禎刊本
弇州山人續稿　明王世貞　萬曆刊本
弇州山人四部稿　明代論著叢刊本　臺灣偉文書局版
千頃堂書目　清黄虞稷　上海古籍出版社二〇〇一年版
白石樵真稿　明陳繼儒　四庫禁毁書叢刊本
陳眉公集　明陳繼儒　續四庫本

蘇軾詩集　宋蘇軾　中華書局一九八二年版
蘇軾文集　宋蘇軾　中華書局一九八六年版
圖繪寶鑑續纂　清馮仙湜　畫史叢書本
翠樓集　清劉雲份　四庫存目本
鶴林玉露　宋羅大經　中華書局一九八三年版
紫桃軒又綴　明李日華　四庫存目本
雲仙雜記　五代馮贄　四部叢刊本
臨漢隱居詩話　宋魏泰　叢書集成初編本
春渚紀聞　宋何薳　中華書局一九八三年版
嬾真子　宋馬永卿　臺灣新文豐叢書集成續編本
黄庭堅全集　宋黄庭堅　四川大學出版社二〇〇一年版
酒邊集　宋向子諲　臺灣新文豐叢書集成三編本
後村大全集　宋劉克莊　四部叢刊本
睽車志　宋郭彖　四庫本

耕石齋石田集　明沈周　四庫存目本
絡緯吟　明徐媛　四庫未收書叢刊本
詞苑叢談校箋　清徐釚　人民文學出版社一九八八年版
梅村集　清吴偉業　四庫本
識小録　明徐樹丕　上海書店叢書集成續編本
香祖筆記　清王士禛　廣陵書局筆記小説大觀本
石民四十集　明茅元儀　四庫禁毁書叢刊本
陶朱新録　宋馬純　四庫本
兩宋名賢小集　宋陳思　四庫本
鹿裘石室集　明梅鼎祚　四庫禁毁書叢刊本
歷代名畫記　唐張彦遠　四庫本
疑耀　明張萱　四庫本
説文解字　漢許慎　中華書局一九六三年版
越縵堂讀書記　清李慈銘　遼寧教育出版社二〇〇一年版

拾遺記　晉王嘉　中華書局一九八一年版
李遐叔文集　唐李華　四庫本
全唐文　四庫本
十國春秋　清吴任臣　四庫本
佩文齋書畫譜　清王原祁等　四庫本
類説　宋曾慥　四庫本
六藝之一録　清倪濤　四庫本
至大金陵新志　元張鉉　四庫本
五代詩話　清王士禛　中華書局一九八九年版
江淮異人録　宋吴淑　正統道藏本
宣和畫譜　四庫本
范太史集　宋范祖禹　四庫本
宋詩紀事　清厲鶚　四庫本
聲畫集　宋孫紹遠　四庫本

兩宋名賢小集　宋陳思　四庫本
參寥子詩集　宋釋道潛　四庫本
遺山集　元元好問　四庫本
畫繼　宋鄧椿　人民美術出版社一九六三年版
圖繪寶鑑　元夏文彦　中國書店一九八三年影印版
志雅堂雜鈔　宋周密　美術叢書本
萬曆杭州府志　中國方志叢書本
珊瑚網　明汪砢玉　四庫本
武林舊事　宋周密　浙江人民出版社一九八四年版
繪事備考　清王毓賢　四庫本
弇州山人四部稿　明王世貞　明代論著叢刊本　臺灣偉文書局一九七六年版
七修類稿　明郎瑛　四庫本
金史　中華書局一九七五年版
明史　中華書局一九七四年版

中州集　元元好問　四庫本
誠齋新録　明朱有燉　續四庫本
南疆逸史　清温睿臨　中華書局一九五九年版
池北偶談　清王士禛　筆記小説大觀本　揚州廣陵古籍刻印社一九八三年影印版
北窗炙輠録　宋施德操　宋元筆記小説大觀本
東觀餘論　宋黄伯思　四庫本
雲溪友議　宋范攄　四庫本
張燕公集　唐張説　四庫本
增訂注釋全唐詩　陳貽焮主編　文化藝術出版社二〇〇一年版
全唐詩　四庫本
瑯嬛記　元伊世珍　筆記小説大觀叢刊本　臺灣新興書局一九八四年版
趙氏鐵網珊瑚　四庫本
都氏鐵網珊瑚　四庫存目本
玉溪編事　叢書集成新編本　臺灣新文豐出版公司一九八五年版

世説新語箋疏　余嘉錫　中華書局一九八三年版
宛陵集　宋梅堯臣　四庫本
梅溪集　宋王十朋　四庫本
山谷集　宋黄庭堅　四庫本
洪龜父集　宋洪朋　四庫本
居士集　宋歐陽修　四部叢刊本
癸辛雜識　宋周密　四庫本
松隱集　宋曹勛　四庫本
西塘集　宋鄭俠　四庫本
清河書畫舫　明張丑　四庫本
太平清話　明陳繼儒　叢書集成初編本
李清照集校注　王學初　人民文學出版社一九七九年版
宋學士全集　明宋濂　叢書集成新編本
誠齋集　宋楊萬里　四庫本

咸淳重修毗陵志　中國方志叢書本
齊東野語　宋周密　中華書局一九八三年版
皇宋書録　宋董史　叢書集成新編本
夷堅志　宋洪邁　中華書局一九八一年版
萬曆龍游縣志　中國方志叢書本
東原集　明杜瓊　四庫存目叢書本
石田稿　明沈周　續四庫本
宋史　中華書局一九七七年版
輟耕録　元陶宗儀　四庫本
書畫記　清吴其貞　續四庫本
式古堂書畫彙考　清卞永譽　四庫本
庚子銷夏記　清孫承澤　四庫本
書畫題跋記　明郁逢慶　四庫本
秋澗集　元王惲　四庫本

臨川文集　宋王安石　四庫本
漢泉漫稿　元曹伯啓　上海書店叢書集成續編本
陵川集　元郝經　四庫本
元詩選癸集　光緒刊本
道園遺稿　元虞集　四庫本
湧幢小品　明朱國楨　明代筆記小説大觀本　上海古籍出版社二〇〇五年版
畫史會要　明朱謀垔　四庫本
金陵瑣事　明周暉　中國方志叢書本
國朝閨閣正始集　清惲珠　道光刊本
列朝詩集小傳　清錢謙益　明代傳記叢刊本
婦人集　清陳維崧　叢書集成初編本
吴郡丹青志　明王穉登　中國書畫全書本　上海書畫出版社一九九三年版
無聲詩史　清姜紹書　續四庫本
嘉定錢大昕全集　陳文中主編　江蘇古籍出版社一九九七年版

初學集　清錢謙益　上海古籍出版社一九八五年版
畫引　明顧凝遠　美術叢書本
靜志居詩話　清朱彝尊　明代傳記叢刊本
居易録　清王士禛　四庫本
敬業堂詩集　清查慎行　四庫本
百末詞　清尤侗　續四庫本
明詩綜　清朱彝尊　四庫本
觚賸　清鈕琇　廣陵書局筆記小説大觀本
檇李詩繫　清沈季友　四庫本
甲行日注　清葉紹袁　中國野史集成本
欽定石渠寶笈三編　續四庫本
西湖游覽志餘　明田汝成　四庫本
嘉慶義烏縣志　中國方志叢書本
明畫録　清徐沁　續四庫本

古今圖書集成　中華書局一九三四年影印本
范文忠集　明范景文　四庫本
萬曆野獲編　明沈德符　中華書局一九五九年版
樊榭山房集　清厲鶚　四庫本
國朝畫徵録　國朝畫徵續録　清張庚　續四庫本
國朝畫徵補録　清劉瑗　續四庫本
乾隆山東通志　中國方志叢書本
魏叔子文集　清魏禧　中華書局二〇〇三年版
庸閒齋筆記　清陳其元　中華書局一九八九年版
秘殿珠林　四庫本
拜經樓詩集　清吴騫　拜經樓叢書本
初月樓聞見録　清吴德旋　清代傳記叢刊本
道古堂詩集　清杭世駿　續四庫本
歷代笑話集　王利器輯録　上海古典文學出版社一九五六年版

松泉文集　清汪由敦　四庫本
西河詩話　清毛奇齡　續四庫本
安序堂文鈔　清毛際可　四庫存目本
會侯先生文鈔　清毛際可　四庫存目本
洪亮吉集　清洪亮吉　中華書局二〇〇一年版
玉几山房聽雨録　清陳撰　續四庫本
聞見偶録　清朱象賢　上海書店叢書集成續編本
雪橋詩話　清楊鍾羲　北京古籍出版社一九八九年版
夢厂雜著　清俞蛟　續四庫本
吴語　清戴延年　續四庫本
國朝閨秀正始集　清惲珠　道光刊本
歷代畫史匯傳　清彭藴璨　續四庫本
清河書畫舫　明張丑　四庫本
梅山續稿　宋姜特立　四庫本

六研齋筆記　明李日華　四庫本
珂雪齋集　明袁中道　上海古籍出版社一九八九年版
靈芬館詩話　清郭麐　續四庫本
曝書亭集　清朱彝尊　世界書局一九三七年版
松桂堂全集　清彭孫遹　四庫本
精華録　清王士禛　四庫本
錦繡萬花谷　宋佚名　四庫本
後村詩話　宋劉克莊　四庫本
江湖長翁集　宋陳造　四庫本
青泥蓮花記　明梅鼎祚　四庫存目本
耕石齋石田詩鈔　明沈周　四庫存目本
皇甫司勳集　明皇甫汸　四庫本
甲乙剩言　明胡應麟　叢書集成新編本
板橋雜記　清余懷　新興書局筆記小說大觀本

翁山詩外　清屈大鈞　續四庫本
本事詩　清徐釚　光緒刊本
容臺集　明董其昌　四庫存目本
説郛　元陶宗儀　四庫本
説郛續　明陶珽　續四庫本
亘史鈔　明潘之恒　四庫存目本
五石瓠　清劉鑾　上海書店叢書集成續編本
湖海樓詩集　清陳維崧　四部叢刊初編本
閨秀詩話　清雷瑨　掃葉山房一九二二年石印本
有正味齋詞集　清吴錫麒　續四庫本
笛漁小稿　清朱昆田　世界書局一九三七年版
揚州畫舫録　清李斗　中華書局一九六〇年版
帶經堂集　清王士禛　續四庫本

人名字號筆畫索引

説　明

一、本索引收入本書所有人物之姓名字號等，以姓名爲主條目，字號異稱等爲參見條目。校記文字中的姓氏字號等亦酌予收録。所有條目按筆畫順序排列，首字筆畫相同者，依横、豎、撇、點、鉤筆順爲序，首字筆畫筆順全同者，依次字筆畫筆順爲序，餘如例。若有條目筆畫筆順全同者，則依其在本書中的頁碼順序排列。

二、主條目後的括號内，依次排列参見條目，後標頁碼。參見條目後注"見某某"，其後亦標明所在頁碼，以省讀者二次翻檢之勞。若某條目在本書中二見或二見以上，則於頁碼之間以斜線（"/"）相隔。

三、中國古代婦女姓氏多佚，習稱某夫人某氏。如本書有四王氏、八劉氏、三楊夫人、五李夫人等，如無字號異稱可資區别，則於其後括注"某妻"、"某女"或"某地人"等加以區分，此類注釋文字不列爲參見條目。

四、爲便使用，後附索引首字音序檢字表。

二畫

二喬　見張喬　328
丁夫人　102
丁瑜（懷瑾）　295
卜韞蕙　273
八達太夫人（八達氏、巴約特氏）　114
八達氏　見八達太夫人　114
九華玉真安妃　見劉氏　34
九華安妃　見劉氏　34

又寒　見朱如玉　289

三畫

士齋　見鄒賽真　262
大周后　見周氏　30
上元弟子　見陳書　281
上官昭容（上官婉兒、惠文）　27
上官婉兒　見上官昭容　27
小淑　見徐夫人　126
小寶　見吳淨鬘　306
子佩　見吳瓊仙　298
子惠　見趙昭　286
子霞　見王朝雲　144
女羅　見蔡含　309

四畫

王夫人（王圭卿、圭卿、春温）　114/234
王友雲　330
王少君（王曼容、長楊君）　167
王氏（王秋兒、王昭儀、會寧郡夫人）　43
王氏（越國夫人、魏越國夫人）　45/199
王氏（和國夫人）　89/202
王氏女　221
王正（端淑）　285
王圭卿　見王夫人　114/234
王妃（明武宗妃）　49
王伯姬　267
王阿昭（王昭兒）　336
王英英　153
王昭兒　見王阿昭　336
王昭儀　見王氏　43
王秋兒　見王氏　43
王皇后（王神愛、安僖皇后）　20
王美人（漢靈帝美人）　16
王美人（唐代王美人）　212
王神愛　見王皇后　20
王朗（孱提道人、無生子）　253
王排岸女孫　106
王曼容　見王少君　167
王敬　285
王朝雲（子霞）　144
王煒（功史、辰若）　286
王端淑（玉映、映然子）　275
天自在山人　見耿先生　31/198
天后　見武則天　25
天素　見林雪　330
元妃　見李氏　46/207
太穆皇后　見竇皇后　24

五郎　見薛素素　324
比大先生　見耿先生　31/198
比玉　見曹妙清　118
中姬　見管夫人　106/230
毛周(榴村)　292
仁懷皇后　見朱氏　203
仇氏(杜陵内史)　242
介畹　見孫蘭媛　285
今是　見李因　301
今暉　見鮑詩　297
月液(玉液、纖黛)　128
月嬌　見馬湘蘭　163/320
殳默(齋季、墨姑)　287
卞氏　291
卞敏　327
卞德基　288
卞賽(卞賽賽、賽賽、玉京道人)　166/327
卞賽賽　見卞賽　166/327
文氏(張昌嗣母)　220
文成文明皇后　見馮皇后　23
文明皇后　見馮皇后　23
文青　見吴媛　338
文昭皇后　見甄皇后　17
文俶　見文淑　245
文淑(文俶、端容、趙文淑、趙文俶)　245
方夫人(蕭大茹妻)135/266
方夫人(張計部妻)　135/266
方氏　101/225
方孟式(如耀)　243
方維儀　見姚夫人　252
心惠　見倪仁吉　279
巴延珠(佛圓)　344
巴約特氏　見八達太夫人　114
孔素瑛(玉田)　294
孔蘭瑛　294
孔繼瑛　294

五畫

玉田　見孔素瑛　294
玉京道人　見卞賽　166/327
玉映　見王端淑　275
玉卿　見蔡夫人　132/270
玉卿　見徐範　260
玉液　見月液　128
未央　見沙嫩　172
功史　見王煒　286
艾氏　312
古研道人　見姜桂　295
左小娥　見左姬　17
左姬(左小娥)　17

北大先生　見耿先生　31
田田　145
史炎（史琰、炎玉）　90
史琰　見史炎　90
白門　見寇湄　331
白金鑾　82
白雲道人　見何玉仙　147/303
白蓮花夫人　見朱億女　105
令暉　見鮑詩　297
用之　見邵安人　100
玄兒　見馬湘蘭　163/320
幼芳　見嚴蕊　157

六畫

邢氏（慶國夫人）　91
邢慈靜　123/242
圭卿　見王夫人　114/234
西來　見頓喜　326
夷素　見梁夷素　250
吕文安　344
朱氏（仁懷皇后、朱氏道人）　203
朱氏（常州人）　223
朱氏道人　見朱氏　203
朱斗兒（秦娥、素娥）　319
朱玉耶　303
朱如玉（又寒）　289
朱柔則（道珠）　340
朱淑真（幽棲居士）　103/226
朱無瑕　見朱馥　165/334
朱篘（梅侣）　345
朱新（雨花）　347
朱億女（白蓮花夫人、慈濟廣慧大師）　105
朱馥（朱無瑕、泰玉）　165/334
朱嚴妻　87
竹雪居士　見姜舜玉　161
仲玉　見温琬　156
仲圭　見温琬　156
仲姬　見管夫人　106/230
仲淑　見姚淑　255
仲婉　見曹氏　201
向皇后（欽聖憲肅皇后）　34
全氏（全皇后）　206
全皇后　見全氏　206
危郡君（危德馨、蘭玉、建安郡君）　116
危德馨　見危郡君　116
江上女子　見周淑禧　248
江香　見馬荃　284
汝太君　267
守真　見馬湘蘭　163/320

守真子　見馬湘蘭　163/320
安妃　見劉氏　34
安國夫人　見崔氏　87
安福郡主　51
安僖皇后　見王皇后　19
如光　見柴貞儀　346
如是　見柳如是 148
如燕　見趙麗華　169/323
如耀　見方孟式　243

七畫

芷居　見馬閒卿　121/241
花妥　見豐質　339
芳垂　見姜桂　295
杜陵內史　見仇氏　242
李大　見李貞儷　169/335
李夫人(高慎妻)　77
李夫人(郭崇韜姬妾)　86/214
李夫人(黄至規、澹軒、淡軒)　102/233
李夫人(黄庭堅母)　217
李夫人　見李氏　217
李太后(慈聖太后、慈聖宣文明肅皇太后)　46
李氏(李師兒、元妃)　46/207
李氏(鄧敞妻)　83
李氏(崇德郡君、崇德君、崇德、南昌縣君、李夫人)　217
李因(今是、是庵)　301
李佗那(李陀那、李陀娜)　303
李陀那　見李佗那　303
李陀娜　見李佗那　303
李易安　見李清照　92/222
李貞儷(李貞孋、李大、淡如)　169/335
李貞孋　見李貞儷　169
李師兒　見李氏　46/207
李彪女　77
李清照(易安居士、李易安)　92/222
李琪　154
李媛　174
李意如　76
李衛　見衛夫人　67
辰若　見王煒　286
步仙　見楊妍　329
吹聆　見項珮　259
吴中女子　237
吴氏(素聞)　278
吴氏三一娘　105
吴玖(瑟兮)　345
吴貞閨(首良)　141
吴映瑜(韞輝、秋水)　348

吴皇后（憲聖皇后、憲聖慈烈皇后、慈福皇太后）　36
吴娟（眉生）　265
吴規臣（飛卿、香輪）　346
吴梅仙　330
吴彩鸞　53
吴淨鬘（胡淨鬘、鬘華、華鬘、淨德、小寶）　306
吴琪　見吴蕊仙　254
吴媛（文青、梁溪女史）　338
吴瑟瑟（數青）　305
吴綺（繡君）　327
吴蕊仙（吴琪）　254
吴靜閨（佩典）　141
吴興老儒女（瑞丸）　252
吴興郡夫人　見管夫人　106
吴應貞（含五）　283
吴瓊仙（子佩、珊珊）　298
兕子　見晉陽公主　28
我聞居士　見黄媛介　276
秀隱君（隱秀君）　229
延平妓（延平樂妓）　159/316
延平樂妓　見延平妓　159/316
何玉仙（何曇、白雲道人）　147/303
何曇　見何玉仙　303
佛圓　見巴延珠　344
含五　見吴應貞　283
汪夫人（王珉妻）　74
汪亮（映暉、采芝山人）　297
沙宛在　見沙嫩　172
沙彩姝　見沙嫩　172
沙嫩（沙宛在、沙彩姝、未央）　172
沈氏　244
沈伯姬　130
沈皇后（沈婺華、觀音）　22
沈彦選　281
沈紉蘭（閒靜、閒靚）　134
沈無非　140
沈婺華　見沈皇后　22
沈瑴（采石）　346
君嫕　見袁氏　130
阿環　見謝宜休妻　228
妙湛　63
妙慧　見馬如玉　322
邵安人（邵道沖、用之）　100
邵道沖　見邵安人　100

八畫

武元皇后　見楊皇后　19
武昌縣君　見郭氏　88/220
武則天（武曌、順聖皇后、天后、則天大聖皇帝）　25

武宣皇后　見章皇后　21
武德皇后　見郗皇后　21
武曌　見武則天　25
青峨居士　見姚氏　125
青蛾居士　見姚氏　125
長楊君　見王少君　167
若蘭　見蘇蕙　211
茂漪　見衛夫人　67
范珏(雙玉)　331
范秋蟾　238
范珠(照乘)　332
范雪儀　291
范隆坤　271
范景姒　272
范傅　見傅道坤　271
范道坤　247
林奴兒(林金蘭、秋香、秋香亭中人)　162/317
林金蘭　見林奴兒　162/317
林雪(天素)　330
林媛 256
東光縣主　197
雨花　見朱新　347
叔琬　見高妙瑩　119
尚溫居士　見劉氏　234
盱江驛舍婦人　176
明達　見晉陽公主　28
明節皇后　見劉氏　34
易安居士　見李清照　92/222
易睞娘　見睞娘　274
呼文如(胡文如、呼祖)　319
呼祖　見呼文如　319
和政公主　197
和國夫人　見王氏　89/202
季嫺　見柴靜儀　346
佩典　見吴靜閨　141
侶真　見楊璆姬　333
金士珊　340
金夫人　240
金元賓妻　122
金氏(金飛山)　198
金玥(曉珠、圓玉)　309
金飛山　見金氏　198
金淑修　273/284
采芝山人　見汪亮　297
采石　見沈穀　346
周氏(周薔、娥皇、昭惠皇后、大周后)　30
周炤(寶鐙、絡隱)　257
周祜　見周淑祜　248
周淑祜(周祜)　248
周淑禧(周禧、江上女子)　248

周薔　見周氏　30
周禧　見周淑禧　248
周蘭秀(淑英)　260
炎玉　見史炎　90
河東君　見柳如是　148
河東君　見楊影憐　307
宛若　見楊宛　333
宛叔　見楊宛　171
建安郡夫人　見游夫人　97
建安郡君　見游夫人　116
建安郡君　見危郡君　116

九畫

春温　見王夫人　114/234
珊珊　見吴瓊仙　298
封絢(景文)　85
郝氏　見温瑰　156
郝文姝(郝文珠、昭文)　167
郝文珠　見郝文姝　167
郝宛然　見郝賽　168
郝婉然　見郝賽　168
郝賽(郝宛然、郝婉然、郝藝娥、蕊珠)　168
郝藝娥　見郝賽　168
荆國大長公主(萬壽長公主)　44
荀夫人(王洽妻)　74
荀夫人(庾亮妻)　74
胡夫人(胡與可、蕙齋居士)　98/224
胡文如　見呼文如　319
胡茂生　335
胡皇后(宣武靈皇后)　23
胡淨鬘　見吴淨鬘　306
胡與可　見胡夫人　98/224
南昌縣君　見李氏　217
南陽驛女子　176
南樓老人　見陳書　281
南嶽魏夫人　見魏夫人　52
柯氏　117
柳夫人(崔簡妻)　81
柳如是(柳是、如是、蘼蕪、楊愛、河東君)　148
柳如是　見楊影憐　307
柳是　見柳如是　148
皆令　見黄媛介　137/276
是庵　見李因　301
郢王楝妃　見郭氏　208
則天大聖皇帝　見武則天　25
映然子　見王端淑　275
映暉　見汪亮　297
昭文　見郝文姝　167
昭陽殿中人　見趙麗華　169/323

昭惠皇后　見周氏　30
昭齊　見葉紈紈　131
幽棲居士　見朱淑真　103/226
段氏　118
香輪　見吴規臣　346
种氏(時光)　30
秋水　見吴映瑜　348
秋香　見林奴兒　162/317
秋香亭中人　見林奴兒　317
俞光蕙(滋蘭)　292
郗夫人　72
郗皇后(郗徽、武德皇后)　21
郗徽　見郗皇后　21
施　見彭西園侍兒　306
宫婉蘭　253
姜如真　329
姜桂(芳垂、古研道人)　295
姜淑齋(廣平内史)　139
姜舜玉(竹雪居士)　161
首良　見吴貞閨　141
洪度　見薛濤　151
洽君　見湯尹嫺　269
恒齋　見盧允貞　241
宣武靈皇后　見胡皇后　23
室奴　見温琬　156
祝次仲女　226
韋氏(華國夫人、韓魏國夫人)　45
眉生　見吴娟　265
眉生　見顧媚　308
姚(周淑禧弟子)　248
姚夫人(方維儀)　252
姚夫人(顧升妻)　342
姚月華　213
姚氏(青蛾居士、青峨居士)　125
姚淑(仲淑、鍾山秀才)　255
飛卿　見吴規臣　346

十畫

耕畹　見黄之淑　346
泰玉　見朱馥　165/334
秦娥　見朱斗兒　319
秦國夫人　見潘夫人　94
素汝　見郭璿　141
素英　見歸淑芬　260
素素　見薛素素　163/324
素娥　見朱斗兒　319
素聞　見吴氏　278
馬夫人　65
馬氏　見馬閒卿　121
馬文玉(馬珪)　322
馬玉徵　291
馬守真　見馬湘蘭　163/320

馬如玉(楚嶼、妙慧)　164/322
馬荃(江香)　284
馬昒　154
馬珪　見馬文玉　322
馬閒卿(芷居、馬氏、馬孺人)　121/134/241
馬湘　見馬湘蘭　320
馬湘君　見馬湘蘭　320
馬湘蘭(馬湘君、馬湘、馬守真、守真、守真子、玄兒、月嬌)　163/320
馬孺人　見馬閒卿　134
袁九淑　見袁氏　130
袁氏(袁九淑、君嫕)　130
華國大人　見皐氏　45
華鬘　見吴淨鬘　306
耿先生(天自在山人、比大先生、北大先生)　31/198
恭聖仁烈皇后　見楊皇后　39
桓夫人　75
晉陽公主(明達、兕子)　28
柴貞儀(如光)　346
柴靜儀(季嫺)　346
時光　見种氏　30
倩扶　338
倪仁吉(心惠)　279
徐夫人(徐藴行、悟空道人)　94
徐夫人(徐媛、小淑)　126
徐夫人(陸右黄徐夫人)　261
徐夫人　見顧媚　308
徐氏　120
徐安生　274
徐如珪　117
徐佛　334
徐昭華　289
徐媛　見徐夫人　126
徐蓉　288
徐範(儀靜、玉卿、蹇媛)　135/260
徐翩翩　323
徐燦(湘蘋、紫管氏)　279
徐藴行　見徐夫人　94
針絶　見趙夫人　18
高氏　79
高妙瑩(叔琬)　119
高密單氏妾　見單氏妾　150
郭氏(武昌縣君)　88/220
郭氏(郢王楝妃)　208
郭良璞　209
郭琤(素汝、瑑汝)　141
唐氏　90

悟空道人　見徐夫人　94
書仙　見曹文姬　62
陸大家(陸卿子)　127
陸卿子　見陸大家　127
陳二妹　見陳司綵　49
陳小住　337
陳氏(魏國夫人、智願)　29
陳司綵(陳二妹、瑞貞)　49
陳自幼　119
陳李　341
陳述古女　99
陳相　157
陳書(上元弟子、南樓老人)　281
陳燕子丁　83
陳瓊圃(閬真、鉏月)　347
孫九畹(蘭暉)　259
孫夫人　見孫氏　251
孫氏(孫夫人)　251
孫瑤華(靈光)　170
孫蘭媛(介畹)　285
陰皇后　14
娥皇　見周氏　30

十一畫

堵霞　290
菊窗女史　見劉氏　268
梅侶　見朱筠　345
曹夫人　見曹氏　201
曹太后　見曹皇后　33
曹氏(曹夫人、仲婉)　201
曹文姬(書仙)　62
曹妙清(雪齋、比玉)　118
曹皇后(曹太后、慈聖皇后)　33
盛氏　238
雪齋　見曹妙清　118
婁妃　50
崔子忠妻女　251
崔氏(安國夫人)　87
崔瑗　81
崔聯芳　335
崔徽　314
崔繡天　268
崇德　見李氏　217
崇德君　見李氏　217
崇德郡君　見李氏　217
許氏　244
許皇后　13
章要兒　見章皇后　21
章皇后(章要兒、武宣皇后)　21
章煎　89/221
章德皇后　見竇皇后　14
康夫人　256

清于　見惲冰　292
清於　見惲冰　292
清音道人　300
淑英　見周蘭秀　260
淨德　見吴淨鬘　306
淡如　見李貞儷　335
淡軒　見李夫人　102
婆喜　見楊璆姬　333
梁小玉　136
梁夷素(梁孟昭、夷素)　250
梁㛸　見梁皇后　15
梁孟昭　見梁夷素　250
梁昭(道昭)　170
梁皇后(梁㛸)　15
梁園秀(劉氏)　160
梁溪女史　見吴媛　338
寇五　見寇湄　331
寇湄(寇五、白門)　331
張夫人(宋若水妻)　97
張夫人(張德性)　212
張氏(喬夫人、靜華)　235
張玉祥　266
張在貞(惠婉)　142
張因　見張淨因　343
張昌嗣母　見文氏　220
張家婢　148
張淨因(張因)　343
張喬(二喬)　328
張德性　見張夫人　212
張徽卿　128
張穠(雍國夫人)　98
習忍　283

十二畫

項珮(吹聆)　259
越國夫人　見王氏　45/199
彭西園侍兒(喬、施)　306
黄之淑(耕畹)　346
黄氏(南唐後主保儀)　31
黄氏(黄峨)　122
黄氏(趙景之妻)　124
黄至規　見李夫人　102/233
黄皆令女　139
黄峨　見黄氏　122
黄崇嘏　86/215
黄媛介(皆令、我聞居士)
137/276
葉小鸞(瓊章、瑶期)
129/247
葉紈紈(昭齊)　131
萬壽長公主　見荆國大長公
主　44
惠文　見上官昭容　27
惠婉　見張在貞　142
葛姬(曉雲)　319

雲濤(煙鬟) 128
紫姑 175
紫箮氏 見徐燦 279
骰首 見嫘 195
閒靚 見沈紉蘭 134
閒靜 見沈紉蘭 134
景文 見封絢 85
單氏妾(高密單氏妾) 150
無生子 見王朗 253
無名氏女子 255
智願 見陳氏 29
喬 見彭西園侍兒 306
喬夫人 見張氏 235
喬氏 32
傅夫人 73
傅道坤(范傅) 271
傅德容 291
順聖皇后 見武則天 25
欽聖憲肅皇后 見向皇后 34
鄒賽貞 見鄒賽真 262
鄒賽真(鄒賽貞、士齋) 262
馮女郎 344
馮夫人 見馮嫽 16
馮皇后(文明皇后、文成文明皇后) 23
馮嫽(馮夫人) 16
童氏 214
道昭 見梁昭 170
道珠 見朱柔則 340
惲冰(清於、清于) 292
惲懷英(蘭陵女史) 294
湘蘋 見徐燦 279
温琬(仲玉、仲圭、室奴、郝氏) 156
湯夫人 225
湯尹嫺(洽君) 269
游夫人(建安郡夫人) 97
游夫人(建安郡君) 116
滋蘭 見俞光蕙 292
畫奴 見睞娘 274
畫嫘 見嫘 195
孱提道人 見王朗 253
賀氏 見龍夫人 276
絡隱 見周炤 257
絲絶 見趙夫人 18/196

十三畫

瑟兮 見吴玖 345
瑞丸 見吴興老儒女 252
瑞貞 見陳司綵 49
楚秀 333
楚珍 155
楚嶼 見馬如玉 164/322
楊夫人(柳宗元妻) 82

楊夫人(夏竦妻)　88
楊夫人(邢侗嫂)　121
楊氏　見楊貴妃　29
楊妃　50
楊妍(步仙)　329
楊叔卿(楊婉素)　173
楊宛(宛若、宛叔)　171/333
楊妹子(楊娃)　40/205
楊皇后(楊艷、瓊芝、武元皇后)　19
楊皇后(恭聖仁烈皇后)　39
楊娃　見楊妹子　40/205
楊婉素　見楊叔卿　173
楊貴妃(楊氏)　29
楊愛　見柳如是　148
楊新勻　見楊璆姬　333
楊璆姬(楊新勻、侶真、婆喜)　333
楊蕙娘(楊曉英)　172
楊影憐(柳如是、河東君)　307
楊曉英　見楊蕙娘　172
楊韻　160
楊艷　見楊皇后　19
甄宓　見甄皇后　17
甄皇后(甄宓、文昭皇后)　17
賈節婦　見韓希孟　227
頓喜(西來、瑶英)　326
睞娘(易睞娘、畫奴)　274
照乘　見范珠　332
畹芳　見顧蕙　346
蜀國公主　見魏國大長公主　44
嵩山女子　61
圓玉　見金玥　309
鉏月　見陳瓊圃　347
會寧郡夫人　見王氏　43
廉女貞(廉女真)　83
廉女真　見廉女貞　83
意真　146
雍國夫人　見張穠　98
慈聖太后　見李太后　46
慈聖皇后　見曹皇后　33
慈聖宣文明肅皇太后　見李太后　46
慈福皇太后　見吴皇后　36
慈濟廣慧大師　見朱億女　105
煙鬟　見雲濤　128

十四畫

瑹汝　見郭琤　141
瑶英　見頓喜　326
瑶期　見葉小鸞　129/247
趙夫人(機神、鍼絶、絲絶、機

絶、針絶） 18/196
趙夫人（俞似妻） 101
趙夫人（趙鸞、應善） 115
趙文俶　見文淑　245
趙文淑　見文淑　245
趙昭（子惠、德隱） 286
趙淑貞　269
趙總憐　158
趙麗華（如燕、寶英、昭陽殿中人） 169/323
趙鸞　見趙夫人　115
嘉國長公主　見蔡國長公主　200
蔡夫人（羊衡母） 75
蔡夫人（蔡石潤、玉卿） 132/270
蔡氏（韓奕妻） 120
蔡文姬（蔡琰、蔡炎） 66
蔡石潤　見蔡夫人　132/270
蔡含（女羅） 309
蔡炎　見蔡文姬　66
蔡國長公主（嘉國長公主） 200
蔡琰　見蔡文姬　66
蔣氏　235
榴村　見毛周　292
管夫人（管道昇、仲姬、中姬、吴興郡夫人、魏國夫人） 106/230
管道昇　見管夫人　106/230
廣平内史　見姜淑齋　139
端容　見文淑　245
端淑　見王正　285
嫘（畫嫘、敤首） 195
翠翹　145/301
鄧皇后（鄧綏） 15
鄧綏　見鄧皇后　15
綵華　見緑華　205
緑華（綵華） 205

十五畫

蕙齋居士　見胡夫人　98/224
蕊珠　見郝賽　168
賢安　見魏夫人　52
數青　見吴瑟瑟　305
閬真　見陳瓊圃　347
墨姑　見殳默　287
墨娥　143
儀靜　見徐範　260
德恒　見盧允貞　241
德隱　見趙昭　286
衛夫人（衛鑠、茂漪、李衛） 67
衛鑠　見衛夫人　67

魯秋胡妻　64
劉夫人（劉希、劉娘子、劉貴妃、劉氏）　38/203
劉氏（安妃、九華安妃、九華玉真安妃、明節皇后）　34
劉氏　見劉秦妹　78
劉氏（孟運判妻）　117
劉氏　見梁園秀　160
劉氏（尚溫居士）　234
劉氏　見劉夫人　38/203
劉氏（劉脊儀、菊窗女史）　268
劉氏（王藹妻）　273
劉别駕妾　304
劉希　見劉夫人　38/203
劉秦妹（劉氏）　78
劉脊儀　見劉氏　268
劉娘子　見劉夫人　38/203
劉貴妃　見劉夫人　38/203
劉媛　261
廚娘　146
慶國夫人　見邢氏　91
鄭貴妃　47
潘夫人（秦國夫人）　94
潤娘　見薛素素　324
寫竹妓　316
遲煓妾　312

十六畫

靜君　見薛濤如　258
靜華　見張氏　235
薛五　見薛素素　163/324
薛素　見薛素素　324
薛素素（薛素、薛五、素素、五郎、潤娘）　163/324
薛媛　84/211
薛濤（洪度）　151
薛濤如（靜君）　258
薩克達氏　342
横波　見顧媚　308
機神　見趙夫人　18/196
機絶　見趙夫人　18
盧丹婦　258
盧氏　216
盧允貞（德恒、恒齋）　241
盧昭容　209
盧眉娘　61
曉珠　見金玥　309
曉雲　見葛姬　319
曇陽子　177
錢錢　145
鮑夫人　221
鮑詩（今暉、令暉）　297
龍夫人（賀氏）　276
澹軒　見李夫人　233

憲聖皇后　見吴皇后　36
憲聖慈烈皇后　見吴皇后　36
隱秀君　見秀隱君　229
豫章女巫　53

十七畫

戴氏　240
韓夫人(韓氏)　208
韓公　見韓蘭英　20
韓氏　見韓夫人　208
韓玉父　96
韓希孟(賈節婦)　227
韓玥　246
韓郎中姬　149
韓魏國夫人　見韋氏　45
韓蘭英(韓公)　20
臨川公主　28
魏夫人(南嶽魏夫人、魏華存、賢安)　52
魏夫人(北齊時人)　78
魏華存　見魏夫人　52
魏國大長公主(蜀國公主)　44
魏國夫人　見陳氏　29
魏國夫人　見管夫人　106/230
魏越國夫人　見王氏　199
鍼絶　見趙夫人　196
鍾山秀才　見姚淑　255
謝天香　156
謝夫人(謝道韞、謝韞)　72
謝夫人(孔琳之妻)　76
謝夫人(譚文初妻)　92/222
謝自然　60
謝宜休妻(阿環)　228
謝道韞　見謝夫人　72
謝韞　見謝夫人　72
應善　見趙夫人　115
齋季　見殳默　287
賽賽　見卞賽　166/327
蹇媛　見徐範　135

十八畫

豐質(花妥)　339
瓊芝　見楊皇后　19
瓊華　205
瓊章　見葉小鸞　129/247
雙玉　見范珏　331
歸淑芬(素英)　260
韞輝　見吴映瑜　348

十九畫

蘇翠　158/315
蘇蕙(若蘭)　211
關氏　84
懷瑾　見丁瑜　295

繡君　見吴綺　327

二十畫

蘭玉　見危郡君　116
蘭陵女史　見惲懷英　294
蘭暉　見孫九畹　259
嚴蕊（幼芳）　157/315
寶英　見趙麗華　169/323
寶鐙　見周炤　257
竇皇后（章德皇后）　14
竇皇后（太穆皇后）　24

二十一畫

鬘華　見吴淨鬘　306
權太君　88
顧夫人　見顧媚　308
顧文英　166
顧眉　見顧媚　308
顧媚（顧眉、眉生、横波、顧夫人、徐夫人）　308
顧蕙（畹芳）　346

二十二畫

蘼蕪　見柳如是　148

二十三畫

纖黛　見月液　128

二十四畫

觀音　見沈皇后　22
靈光　見孫瑶華　170

二十八畫

艷艷　299

首字音序檢字表

A

ā

阿　6

ài

艾　3

ān

安　5

B

bā

八　1
巴　3

bāi

白　4

bǎo

寶　18

bào

人名字號筆畫索引

鮑	16	辰	5
	běi	陳	11
北	4		chí
	bǐ	遲	16
比	3		chóng
	biàn	种	9
卞	3	崇	11
	bǔ		chú
卜	1	鉏	14
	bù	廚	16
步	5		chǔ
C		楚	13
	cǎi		chuī
采	7	吹	5
綵	15		chūn
	cài	春	8
蔡	15		cí
	cāo	慈	14
曹	11		cuī
	chái	崔	11
柴	10		cuì
	chán	翠	15
孱	13	**D**	
	chāng		dà
長	7	大	2
	chén		dài

戴		17		**E**	
	dàn			é	
淡		12	娥		11
澹		16		èr	
	dào		二		1
道		13		**F**	
	dé			fàn	
德		15	范		7
	dèng			fāng	
鄧		15	方		3
	dīng		芳		5
丁		1		fēi	
	dōng		飛		9
東		7		fōng	
	dòu		封		8
竇		18	豐		17
	dǔ			féng	
堵		11	馮		13
	dù			fó	
杜		5	佛		6
	duān			fù	
端		15	傅		13
	duàn			**G**	
段		9		gāo	
頓		14			

高	10	郭		10
	gě		H	
葛	12		hán	
	gēng	含		6
耕	9	韓		17
	gěng		hǎo	
耿	10	郝		8
	gōng		hé	
功	3	何		6
宫	9	和		7
恭	10	河		8
	gǔ		hè	
古	3	賀		13
	gù		héng	
顧	18	恒		9
	guān	橫		16
關	17		hóng	
觀	18	洪		9
	guǎn		hū	
管	15	呼		7
	guǎng		hú	
廣	15	胡		8
	guī		huā	
圭	4	花		5
歸	17		huá	
	guō	華		10

人名字號筆畫索引

· 21 ·

	huà		江		4
畫		13	姜		9
	huái			jiǎng	
懷		17	蔣		15
	huán			jiē	
桓		10	皆		8
	huáng			jiè	
黃		12	介		3
	huì			jīn	
惠		12	今		3
會		14	金		7
蕙		15		jìn	
	J		晉		10
	jī			jīng	
機		16	荊		8
	jì			jǐng	
季		7	景		13
	jiā			jìng	
嘉		15	淨		12
	jiǎ		靜		16
賈		14		jiǔ	
	jiǎn		九		1
蹇		17		jú	
	jiàn		菊		11
建		8		jūn	
	jiāng		君		6

· 22 ·

人名字號筆畫索引

K		梁	12		
kāng			lín		
康	11	林	7		
kē		臨	17		
柯	8		líng		
kě		靈	18		
敤	13		lìng		
kǒng		令	4		
孔	3		líu		
kòu		榴	15		
寇	12	劉	16		
L			lǐu		
lài		柳	8		
睞	14		lóng		
lán		龍	16		
蘭	18		lóu		
làng		婁	11		
閬	15		lú		
léi		盧	16		
嫘	15		lǔ		
lǐ		魯	16		
李	5		lù		
lián		陸	11		
廉	14		lǚ		
liáng		呂	4		
		侶	7		

	lǜ		南		8
绿		15		ní	
络	luò	13	倪		10
	M		女	nǚ	2
	mǎ			**P**	
马		9		pān	
鬘	mán	18	潘		16
	máo		佩	pèi	7
毛		3		péng	
茂	mào	7	彭	pó	12
	méi		婆		12
眉		9		**Q**	
梅	mí	11		qià	
蘼		18	洽	qián	9
妙	miào	6	钱		6
	míng		倩	qiàn	10
明	mò	7		qiáo	
墨		15	乔	qīn	13
	N				
	nán		钦		13

	qín		瑞		13
秦		9		rùn	
	qīng		潤		16
青		7		ruò	
清		12	若		7
	qìng		**S**		
慶		16		sà	
	qióng		薩		16
瓊		17		sài	
	qiū		賽		17
秋		9		sè	
	qiú		瑟		13
仇		3		shā	
	quán		沙		6
全		4		shān	
權		18	珊		8
	R			shàn	
	rén		單		13
				shàng	
仁		3	上		2
	rú		尚		7
如		5		shào	
	rǔ		邵		6
汝		4		shěn	
	ruǐ		沈		6
蕊		15		shèng	
	ruì				

· 25 ·

盛	11	順		13
	shī		sī	
施	9	絲		13
	shí		sì	
時	10	凇		6
	shǐ		sōng	
史	4	嵩		14
	shì		sū	
士	2	蘇		17
是	8		sù	
室	9	素		9
		璲		14
	shǒu		sūn	
守	4			
首	9	孫		11
	shū		**T**	
			tài	
殳	3			
叔	7	太		2
書	11	泰		9
淑	12		tán	
	shǔ	曇		16
			tāng	
蜀	14	湯		13
	shù		tǎng	
數	15	唐		10
	shuāng		tiān	
雙	17	天		2
	shùn			

人名字號筆畫索引

	tián		我		6
田		4		wú	
	tóng		吳		5
童		13	無		13
	W			wǔ	
	wǎn		五		3
			武		6
宛		8		wù	
畹		14	悟		11
	wàn			**X**	
萬		12		xī	
	wāng				
汪		6	西		4
	wáng		郗		9
王		2		xí	
	wēi		習		12
危		4	纖		18
	wèi			xián	
未		3			
韋		9	閒		13
魏		17	賢		15
衛		15		xiàn	
	wēn		憲		17
溫		13		xiāng	
	wén		香		9
文		3	湘		13
	wǒ			xiàng	

向	4		xuē		
項	12	薛		16	
	xiǎo		xuě		
小	2	雪		11	
曉	16		xún		
	xiě	荀		8	
寫	16		**Y**		
	xiè		yān		
謝	17	煙		14	
	xīn		yán		
心	3	延		6	
	xíng	炎		8	
邢	4	嚴		18	
	xiù		yàn		
秀	6	豔		18	
繡	18		yáng		
	xū	楊		13	
盱	7		yáo		
	xú	姚		9	
徐	10	瑤		14	
	xǔ		yè		
許	11	葉		12	
	xuān		yí		
宣	9	夷		4	
	xuán	儀		15	
玄	4		yì		

易 7
意 14
yīn
陰 11
yǐn
隱 17
yīng
應 17
yǐng
郢 8
yìng
映 8
yōng
雍 14
yòng
用 4
yōu
幽 9
yóu
游 13
yòu
又 2
幼 4
yú
俞 9
yǔ
雨 7
yù
玉 3
豫 17
yuán
元 2
袁 10
圓 14
yuè
月 3
越 12
yún
雲 13
yùn
惲 13
韞 17

Z

zé
則 8
zhāi
齋 17
zhāng
章 11
張 12
zhāo
昭 8

ISBN 978-7-5340-7485-1
9 787534 074851 >
定價：79.80圓

京城新安官方微信

新儒文化官方微信